A Política do Desenvolvimento

Uma Introdução a Problemas Globais

John L. Seitz

A Política do Desenvolvimento

Uma Introdução a Problemas Globais

Tradução
Octavio Alves Velho

Jorge Zahar Editor
Rio de Janeiro

Para Leski e Abigail
com esperança para seu futuro

Título original:
The Politics of Development

Tradução autorizada da primeira edição norte-americana
publicada em 1988 por Basil Blackwell Inc, Nova York, EUA

Jorge Zahar Editor Ltda.
rua México 31 sobreloja
20031 Rio de Janeiro, RJ

Capa: Gustavo Meyer

Editoração eletrônica: TopTextos Edições Gráficas Ltda.

Impressão: Tavares e Tristão Ltda.

ISBN: 0-631-15801-4 (ed. orig.)

ISBN: 85-7110-172-8 (JZE, RJ)

Sumário

Prefácio

Nas décadas de 50 e 60, fui como funcionário do governo dos Estados Unidos ao Irã, Brasil, Libéria e Paquistão, a fim de ajudá-los nos seus planos de desenvolvimento. A desilusão chegou quando constatei que não sabia realmente como auxiliar aqueles países a minorarem sua pobreza generalizada. E desilusão maior ainda nos acometeu quando olhei para minha própria pátria e dei-me conta de que ela mesma tinha também muitos problemas ainda não solucionados. Era chamada "desenvolvida", mas enfrentava situações tremendas, que haviam chegado com a industrialização - explosão e imundície urbana, poluição, criminalidade, materialismo e feiúra, dentre outras. Então, indaguei-me, o que é desenvolvimento? É bom ou mau? Se existem aspectos bons nele, como muita gente no mundo inteiro acredita, como se pode alcançá-los, e como se controlam ou evitam os traços nocivos? Foram perguntas como essas que me levaram a um estudo mais aprofundado do desenvolvimento e a escrever este livro.

O livro focaliza o papel exercido pela política na solução de certos problemas fundamentais que acompanharam o desenvolvimento econômico, tanto nas nações desenvolvidas como nas menos desenvolvidas.[1] A política envolve certos esforços feitos para possibilitar às pessoas viverem como uma comunidade. Esses esforços levam à elaboração de regulamentos e à tomada de decisões obrigatórias para todas as pessoas dessa sociedade. O governo é a única instituição das sociedades modernas que tem o direito de recorrer à força física para fazer as pessoas obedecerem às suas decisões. Os regulamentos e decisões tomadas em política geralmente têm a ver com conflitos entre grupos de uma sociedade que desejam coisas diferentes ou discordam acerca da melhor maneira de alcançarem os objetivos desejados de modo geral pela sociedade. Conquanto conflito seja amiúde característica da política, a cooperação também faz parte dela, quando uma sociedade se esforça por alcançar metas comumente desejadas. Empregaremos esta definição de política neste livro, ao investigarmos como sistemas políticos lidam com importantes problemas de desenvolvimento ligados a padrões de vida, crescimento populacional, produção e consumo de alimentos, utilização de energia, ambiente e emprego da tecnologia.

"Desenvolvimento", segundo a compreensão que fazemos dele neste trabalho, significa crescimento econômico mais as mudanças sociais provocadas ou concomitantes com as mudanças sociais provocadas ou que acompanham esse crescimento econômico. Nas décadas de 50 e 60 era comum pensar em desenvolvimento apenas em termos econômicos. Para muitos economistas, cientistas políticos e autoridades do governo, o desenvolvimento queria dizer um incremento da renda nacional *per capita* de um país ou um aumento de seu produto nacional bruto (PNB), ou seja, o total de bens e serviços produzidos. Desenvolvimento e desenvolvimento econômico eram encarados como sinônimos. Nos anos 70, começou-se a compreender - tanto nas nações em desenvolvimento do Terceiro Mundo[2] quanto nas nações industrializadas já desenvolvidas - que parte das mudanças sociais que acompanhavam o crescimento econômico era indesejável. Um número maior de pessoas passou a entender que para o desenvolvimento econômico resultar em seres humanos mais felizes, ter-se-ia de prestar atenção aos efeitos que o crescimento econômico vinha acarretando para os fatores sociais. Estava sendo criado um número de empregos satisfatórios e desafiadores? Havia disponibilidade de habitações adequadas, assistência médica e educação? As pessoas trabalhavam em ambiente saudável e agradável? Dispunham de suficiente alimentação nutritiva? Todo país é deficiente em algum desses fatores e, portanto, se acha em processo de desenvolvimento.

Neste livro, encararemos algumas das mais importantes questões atuais relacionadas com desenvolvimento. O bem-estar do povo depende de como o governo lida com tais questões. Não é exagero afirmar que a extinção da vida humana neste pequeno planeta tornou-se uma possibilidade, por não terem alguns governos aprendido a alcançar um controle adequado da tecnologia e de seu mais perigoso produto - as armas nucleares. Pobreza disseminada, explosão demográfica, carências alimentares, poluição, exaustão de recursos, assim como carências de energia, são todas questões de desenvolvimento. É minha esperança que este livro venha ajudar o leitor a compreender alguns dos principais pontos em debate atualmente e as escolhas políticas a eles vinculadas.

A dificuldade para fazer algumas dessas escolhas políticas é exemplificada por dois estudos de caso. Argumentos pró e contra certas opções ligadas aos problemas da energia nuclear e da guerra nuclear habilitarão o leitor a mergulhar nos debates em torno dessas questões.

Este livro não teria sido escrito, caso não se tivesse recebido uma subvenção da Fundação Andrew W. Mellon. Essa bolsa, administrada pelo Wofford College, permitiu-me ser dispensado dos meus deveres no magistério tempo suficiente para ter o projeto bem encaminhado. Numerosos colegas ajudaram-me com seus comentários sobre partes do manuscrito. Especialmente úteis foram os de Ab Abercrombie, Bud Talley, Crawford Young e Tom Oleszczuk, que leram todo ou a maior parte do manuscrito. Valiosos serviços de secretariado me foram concedidos por Mildred Thompson, Martha Mathews e Joyce Blackwell. Jeanne Cheatham transferiu a maioria dos capítulos para disquetes de computador, facilitando enormemente a preparação do livro. Denise Watson contribuiu com ajuda na pesquisa.

Finalmente, autores masculinos com freqüência terminam com agradecimento às esposas por terem datilografado o manuscrito ou mantido as crianças quietas. A minha não fez nem uma coisa nem outra. Mas minha mulher, Merike Tamm, deu-me a idéia para o curso de onde se originou este livro. Ela foi igualmente uma excelente revisora e proporcionou-me apoio carinhoso enquanto o trabalho progredia. Por isso, sou-lhe grato.

NOTAS

1. A expressão "menos desenvolvida" refere-se a uma nação relativamente pobre na qual predominam a agricultura ou recursos minerais, enquanto a indústria e os serviços exercem papel inferior. Cerca de três quartos da população mundial vivem em nações como estas, que também se chamam "em desenvolvimento". Como a maior parte delas fica no hemisfério Sul, são às vezes citadas como "o Sul". Nações industrializadas, tanto capitalistas quanto comunistas, são chamadas "desenvolvidas". A maior parte delas acha-se localizada no hemisfério Norte, pelo que são chamadas "o Norte".
2. "Terceiro Mundo" refere-se às nações mais pobres, ou nações em desenvolvimento, da América Latina, Ásia e África. O "Primeiro Mundo" compreende as nações industrializadas capitalistas, enquanto o "Segundo Mundo" refere-se às nações industrializadas comunistas. "Quarto Mundo" é às vezes empregado com referência à parte do Terceiro Mundo que é muito pobre e com escassa probabilidade de industrializar-se.

1. A riqueza e a pobreza das nações

> O mero fato de maneiras de ver opostas chegarem a modelar a agenda internacional é, em certo sentido, apenas um indício de que as preocupações com o desenvolvimento estão recebendo atenção em escala global pela primeira vez na história.
>
> Lynn Miller, *Global Order*

Durante a maior parte da história, os seres humanos foram pobres. Ainda hoje, em alguns países do Terceiro Mundo, a expectativa de vida média mal passa dos 40 anos, e a desnutrição, o analfabetismo e outras deficiências são comuns. Poucos indivíduos em muitas sociedades tiveram um padrão de vida superior ao de seus semelhantes, mas a vasta maioria das pessoas na Terra compartilhou sempre uma situação comum de pobreza.

A Revolução Industrial acarretou uma mudança fundamental. Uma nova riqueza foi gerada nas nações industrializadas da Europa e acabou sendo compartilhada por um número maior de pessoas. E a diferença entre ricos e pobres no mundo começou a mudar. Poucas nações principiaram a alcançar padrões de vida mais elevados e começaram a afastar-se do resto do mundo que ainda não iniciara a industrialização. Estima-se que por volta de 1850 a diferença entre as rendas médias das pessoas na Europa, que se industrializava, e as dos países não-industrializados foi de 2 por 1. Em 1950, o hiato na renda entre países ricos e pobres foi estimado como tendo aumentado de 10 para 1 e, em 1960, de 15 para 1. Prediz-se, agora, que a prosseguirem as tendências presentes, o hiato entre as nações ricas e pobres poderá alcançar 30 para 1 no final do século.[1]

A distância crescente entre os ricos e os pobres é apenas uma parte do quadro das condições econômicas em âmbito mundial. Outra evolução importante é a melhoria dos padrões de vida para muita gente, mesmo nas nações mais pobres. Conquanto seja provavelmente verdade que os benefícios do impressionante crescimento econômico ocorrido em muitas nações em desenvolvimento desde o término da Segunda Guerra Mundial foram compartilhados de maneira desigual - com muitas das mais pobres recebendo escasso benefício, quando o receberam -, é também verdade que as vidas de muitas outras melhoraram. De 1960 a 1982 a expectativa média de vida das pessoas nos países em desenvolvimento cresceu de 40 para cerca de 60 anos, enquanto a taxa de mortalidade infantil caiu de aproximadamente 40 para 50% e as matrículas em escola primária subiram de aproximadamente 50 para 95%.[2] Mas a esperança, que era relativamente comum no mundo, desaparecera quase completamente nos anos 80. O mundo continua a suportar vastas desigualdades de riqueza. Cerca da metade das pessoas do mundo vive nos chamados países de baixa renda, com um produto nacional bruto (PNB) por pessoa de mais ou menos 250 dólares, enquanto os países capitalistas ocidentais em 1983 tinham um PNB por pessoa de mais de 11 mil dólares.[3]

O que faz alguns países ricos e outros pobres? Não há concordância quanto à resposta a essa indagação, mas várias maneiras de ver foram apresentadas através dos anos. Embora vastas diferenças entre as nações do mundo tornem arriscadas as generalizações, pode ser útil considerar três das mais amplamente aceitas abordagens ou visões do desenvolvimento econômico. A primeira abordagem - a ortodoxa ou neoclássica - é adotada por muitos nos países capitalistas.[4] Variedades da segunda abordagem - a radical ou da exploração - são comumente aceitas em países comunistas e em grande parte do Terceiro Mundo. A terceira maneira de ver tem suas raízes em ambas as abordagens anteriores e é denominada abordagem do crescimento eqüitativo.[5]

A ABORDAGEM ORTODOXA

A abordagem ortodoxa sustenta que as nações podem adquirir riqueza seguindo quatro regras básicas: primeiro, os meios de produção - as coisas necessárias para produzir bens e serviços tais como mão-de-obra, recursos naturais, tecnologia e capital (prédios, maquinaria, e dinheiro que pode ser usado para comprá-los) - têm de ser controladas ou possuídas por indivíduos particulares; segunda, tem de haver mercados nos quais os meios de produção e os bens e serviços produzidos sejam comprados e vendidos livremente; terceiro, tem de haver firmas capitalistas que convertam os meios de produção em bens e serviços; e quarto, deve haver comércio sem restrição nos níveis local, nacional e internacional.

Adam Smith, o fundador da abordagem ortodoxa, acreditava que as operações da mão-de-obra eram a chave para o aumento de produção. Ele sustentava que era mais eficiente os trabalhadores especializarem-se em sua lida, concentrando-se em um produto, ao invés de fazer muitos produtos diferentes. Se os trabalhadores fizessem isso, e se fossem reunidos em um local de maneira que seu serviço pudesse ser fiscalizado, o resultado seria o aumento de produção. Smith apresentou também a idéia de que, se aos donos dos meios de produção fosse facultado vender livremente seus serviços ou bens ao preço mais vantajoso que pudessem conseguir, seria produzido o máximo de produtos e serviços e todos se beneficiariam disso. São os preços no mercado que sugerem ao negociante novas oportunidades lucrativas de investimento e processos de produção mais eficientes. Smith não focalizou o papel do empreendedor, mas ulteriores teóricos ortodoxos o fizeram, fazendo do empreendedor - aquele que reúne os meios de produção de maneira a produzir bens e serviços - um componente fundamental nesta abordagem. Finalmente, Smith e outros teóricos ortodoxos ressaltaram a importância do livre comércio. Se uma nação se concentra em produzir aquilo em que leve vantagem comparativamente a outras nações, dada por clima, recursos naturais, mão-de-obra barata ou tecnologia, e se comercia com outras nações que também se concentram em produtos nos quais *elas* levem maior vantagem na produção, então todas se beneficiarão.

A abordagem ortodoxa sustenta que o governo tem um papel crucial mas limitado em sustentar um ambiente no qual possam florescer as atividades econômicas. O governo deve limitar suas atividades a: proporcionar tranqüilidade interna que assegure a proteção da propriedade privada; assegurar certos serviços, como defesa nacional, pelos quais todos devem pagar; e ajudar a manter um fornecimento estável de dinheiro e de crédito.

A razão pela qual algumas nações são pobres, segundo o modo de ver ortodoxo, é serem elas deficientes em um ou mais dos fatores de produção, tal como o capital financiador ou uma força de trabalho preparada, ou não seguirem as regras fundamentais acima relacionadas.

Defensores da abordagem ortodoxa indicam a riqueza dos Estados Unidos e da Europa Ocidental como prova da correção de sua maneira de ver. Até Karl Marx disse que os 100 anos de domínio por capitalistas foram os mais produtivos da história do mundo. E apesar de uma desigual distribuição de renda ocorrer durante seu período inicial de industrialização, a distribuição de renda mais tarde tornou-se menos desigual. Isso indica que a nova riqueza estava sendo compartilhada por número crescente de pessoas.

Nações como o Japão e a Alemanha Ocidental, que saíram da devastação da Segunda Guerra Mundial para criar economias extremamente sólidas ao adotar os princípios básicos da abordagem ortodoxa, também são citadas como prova da validade da abordagem. Finalmente, algumas nações em desenvolvimento conseguiram crescimento econômico tão impressionante ao obedecer aos princípios dessa abordagem, que passaram para uma categoria independente do Terceiro Mundo: os novos Estados industrializados. Muitos deles, como a Coréia do Sul, Taiwan (Formosa), Cingapura e a colônia britânica de Hong Kong, alcançaram seu elevado crescimento econômico sobretudo exportando produtos manufaturados leves para as nações desenvolvidas.

Críticos da abordagem ortodoxa apontam para as altas taxas de desemprego que ocorreram em certas ocasiões na Europa Ocidental e nos Estados Unidos. Atualmente, existe grande desemprego em todo o Terceiro Mundo, mesmo em diversas nações que adotaram a abordagem ortodoxa e tiveram acréscimos impressionantes em seu PNB. Grande parte da indústria que foi para o Terceiro Mundo era intensiva em capital; isto é, utiliza grandes doses de capital físico e financeiro, mas emprega relativamente poucos operários. Também é evidente que em países como o Brasil, que foi basicamente seguidor da abordagem ortodoxa nestas últimas décadas, a distribuição da renda interna tornou-se mais desigual durante o período em que o país experienciava elevados índices de crescimento. Os ricos detinham a maior proporção da renda total produzida no país antes de começar o crescimento; e, ainda pior do que isso, é a prova de que os pobres em países como o Brasil provavelmente ficam absolutamente mais pobres ainda durante o período de crescimento elevado.[6] A expansão econômica que ocorreu em algumas nações em desenvolvimento, adotando a abordagem ortodoxa, deixou de fazer escoar alguma coisa para os pobres e, como efeito, talvez tenha tornado sua vida ainda pior.

Críticos da abordagem ortodoxa também chamaram a atenção para o fato dos preços de bens e serviços estabelecidos por um mercado livre freqüentemente não refletirem os custos verdadeiros da produção dos mesmos. Prejuízos para o ambiente ou para a saúde do povo, que ocorrem na produção de um produto, são amiúde um preço ocultado que não é coberto pelo preço do produto. Considere-se, por exemplo, uma fábrica que polui o ar ao produzir automóveis; os custos de limpar roupas e prédios sujos e de tratar doenças provocadas por pulmões afetados não são suportados pelo dono da fábrica ou pelo comprador do carro, antes pela comunidade como um todo.

A ABORDAGEM RADICAL

A abordagem radical tem mais a dizer acerca das causas do subdesenvolvimento do que sobre como ocorre o desenvolvimento. Em um país socialista, a maioria dos fatores de produção - terra, recursos e capital - é controlada publicamente, a fim de garantir que o lucro obtido na produção de bens e serviços seja trazido de volta para beneficiar a comunidade como um todo. A proibição de propriedade ou controle privado desses chamados fatores de produção conduz, segundo a abordagem radical, a uma distribuição relativamente eqüitativa da renda, já que todos se beneficiam da atividade econômica, e não uns poucos. São atendidas as necessidades básicas de todos. O mercado livre do sistema capitalista é abolido e substituído pelo planejamento centralizado. Os preços são estabelecidos por planejadores centralizados, e o capital é investido em áreas necessárias para beneficiar a sociedade.

A raiz do atual sistema econômico internacional, onde umas poucas nações são ricas, enquanto a maioria continua pobre, reside em padrões de comércio criados no século XVI pela Europa Ocidental.[7] ("Teoria da dependência" é o nome dado a esta parte da abordagem radical.) Primeiro Espanha e Portugal e depois Grã-Bretanha, Holanda e França adquiriram colônias - muitas delas no hemisfério Sul com que comerciaram. As nações européias imperialistas do hemisfério Norte criaram um padrão de comércio do qual ainda se pode hoje em dia ver sinais. Os países-metrópole, no "âmago", tornaram-se os centros manufatureiros e comerciais, e suas colônias na "periferia" viraram fornecedores de comida e minerais. Estradas de ferro foram construídas nas colônias para ligar as plantações e minas aos portos. Esse sistema de transporte, a par do desencorajamento de manufaturas locais que competiriam com as da metrópole, impediu o desenvolvimento econômico das colônias. Os termos de comércio - o que se pode conseguir das exportações próprias - favoreciam as nações européias, já que os preços dos produtos primários produzidos nas colônias permaneciam baixos, enquanto os dos produtos manufaturados mandados de volta para as colônias cresciam continuamente.

Quando a maioria das colônias conseguiu a independência após a Segunda Guerra Mundial, esse padrão de comércio prosseguiu. Muitos dos países menos desenvolvidos ainda produzem alimentos e minerais para o mercado mundial e comerciam primordialmente com suas antigas metrópoles do tempo de colônia. A procura mundial dos produtos das nações mais pobres flutua imensamente, e os preços desses produtos permanecem rebaixados. Os sistemas políticos e sociais que se estabeleceram nas ex-colônias também servem para manter pobre a maioria dessas nações em desenvolvimento. Uma elite local, que se formou quando esses países ainda estavam sob o domínio colonial, aprendeu a beneficiar-se da dominação pelos países ocidentais. Em certo sentido, duas sociedades foram criadas nesses países: uma, relativamente moderna e próspera, girando em torno do setor exportador, enquanto a outra consistia do restante do povo que permaneceu no sistema tradicional e era pobre. A elite local, que se tornou a elite governante ao ocorrer a independência, adquiriu gosto pelos produtos ocidentais que as nações industriais continuaram a lhes vender por bom preço.

O atual veículo de dominação econômica do Sul pelo Norte é a empresa multinacional. Existem mais de 4.000 destas hoje em dia, a maioria sediada dos Estados Unidos, mas, em número crescente, outras na Europa e no Japão. Essas corporações esmagam pequenas firmas concorrentes das nações em desenvolvimento, escapam à tributação local por uma série de artifícios, remetem grandes lucros para suas sedes e criam relativamente poucos empregos, já que as firmas manufatureiras que elas estabelecem utilizam a mesma tecnologia intensiva em capital comum nos países industrializados. Anunciam extensivamente seus produtos, criando a procura assim por coisas como Coca-Cola e televisores a cores, enquanto gente dos países onde operam ainda não tem o suficiente para comer.

Os defensores da abordagem radical assinalam as condições adversas de comércio com que se defrontam em nossos dias muitas nações em desenvolvimento. Concorda-se em geral que houve um declínio, que só tende a aumentar, nos termos de comércio para muitos produtos agrícolas e minerais que as nações menos desenvolvidas exportam. Também ocorreu grande volatilidade nos preços de alguns desses produtos, com mudança de 25% ou mais de um ano para o seguinte não incomum para cacau, borracha, açúcar, cobre, chumbo e zinco.[8] Tais flutuações tornam bastante difícil o planejamento econômico pelas nações em desenvolvimento. Há também indícios claros de que os países industrializados, embora comerciando sobretudo entre si, dependem grandemente dos países menos desenvolvidos para muitas matérias-primas cruciais. Estas compreendem cromo, manganês, cobalto, bauxita, estanho, e, claro, petróleo.

Embora o comércio internacional esteja ainda longe de ser o mais importante componente da economia dos Estados Unidos, é um fator assaz importante para muitas das mais ricas empresas. Em 1980, cerca de metade das 500 corporações mais ricas relacionadas pela revista *Fortune* conseguiu mais de 40% de seus lucros através de operações com o estrangeiro.[9] E algumas corporações multinacionais têm recursos financeiros superiores aos de muitas nações do Terceiro Mundo.

Finalmente, os defensores da abordagem radical sustentam que há escassa oportunidade para muitas nações pobres alcançarem uma distribuição mais justa de renda conforme a Europa conseguiu após industrializar-se, porque as elites controladoras das nações subdesenvolvidas dispõem de instrumentos repressivos à sua disposição (tais como dispositivos requintados de vigilância da política e armas possantes) que as elites européias não possuíam, e podem assim lidar com as pressões dos destituídos* de uma forma que os europeus nunca puderam.

Críticos da abordagem radical apontam para a supressão de liberdades individuais na União Soviética, China e outros Estados comunistas como

* No original: "*have-nots*". (N. T.)

prova de que o modelo socialista de desenvolvimento implica custos que muitos povos não gostariam de assumir. Com efeito, a maioria das revoluções acarreta custos imensos, levando a muito sofrimento e deterioração econômica antes que se possa perceber qualquer melhoria nas condições de vida; a própria sobrevinda dessas melhorias, entretanto, não dispensa os opressivos controles de que se valem os líderes para se perpetuarem no poder. Por outro lado, as nações que adotam esse modelo de desenvolvimento substituem, em termos de dependência, os Estados Unidos pela União Soviética, como aconteceu no caso de Cuba.

Onde quer que tenha sido adotado, o planejamento centralizado provou ser um ineficaz alocador de recursos. Sem preços do mercado livre para indicar os custos reais de bens e serviços, os planejadores centrais não podem tomar decisões corretas. E se o eficiente planejamento centralizado mostrou-se impossível em um país desenvolvido como a União Soviética, também provou, e mais ainda, ser um mau instrumento em nações subdesenvolvidas, onde a capacidade administrativa do governo é reduzida. Um aspecto negativo final de planejamento centralizado é que sempre conduz a uma grande burocracia governamental.

As corporações multinacionais geraram empregos no Terceiro Mundo que sem elas não teriam existido; trouxeram novas tecnologias para nações menos desenvolvidas e ajudaram estas nos problemas de equilíbrio de pagamentos ao trazerem capital escasso e ajudá-las a criar indústrias de exportação que conseguem ganhar moeda estrangeira bastante necessária. Essas vantagens são assaz conhecidas no Terceiro Mundo, e explicam por que corporações multinacionais são bem-vindas por muitos países menos desenvolvidos.

Elites políticas das nações em desenvolvimento empregaram a teoria da dependência, especialmente na América Latina, onde essa teoria é popular, para conseguir apoio político entre a burocracia, os militares e as massas. Culpar as nações industrializadas pela sua pobreza livra-as de assumirem responsabilidade por seu próprio desenvolvimento e desculpam a ausência de seu progresso. Também as liberta de terem de livrar a própria casa da corrupção e incompetência governamentais, e de parar de adotar abordagens de desenvolvimento econômico desorientadas. As nações recém-industrializadas mostraram que o progresso econômico pode ser realizado mesmo por nações em desenvolvimento com população densa e poucos, quando os há, recursos naturais - seguindo-se os princípios ortodoxos.

A ABORDAGEM DE CRESCIMENTO EQÜITATIVO

A abordagem do crescimento eqüitativo toma empréstimos ao mesmo tempo que critica tanto a abordagem radical quanto a ortodoxa. Critica esta por não melhorar a situação das pessoas mais pobres; também critica o modelo socialista de desenvolvimento, que se baseia na abordagem radical, porque os defensores do crescimento com eqüidade acreditam ser improvável que muitas nações pobres venham a ter revoluções. Mesmo que tenham tido, não há garantia da revolução melhorar a situação dos mais pobres. A história mostra claramente que as liberdades individuais são muito restringidas após revoluções modernas.

A par dessas críticas, tanto da abordagem radical quanto da ortodoxa, vêm agora os elogios. A abordagem do crescimento com eqüidade adota muitas das instituições capitalistas defendidas pela abordagem ortodoxa, já que admite que elas promovam crescimento econômico; ressalta igualmente valores igualitários importantes na abordagem radical, pois alimentam a crença de que esses valores garantirão que o crescimento venha a beneficiar os que dele mais necessitam.

A abordagem do crescimento eqüitativo é criação relativamente recente e contém diversos componentes. O mais comum deles (apresentados abaixo) é serem diferentes - em parte devido à crença de que as diferenças individuais entre as nações pobres exigem soluções diferentes para diminuir-lhes a pobreza. Quase todos os que defendem o crescimento com eqüidade compartilham a crença de que novos esforços devem ser voltados para as áreas rurais das nações em desenvolvimento, onde a maioria ainda vive e onde se acham concentrados os pobres. Há acordo também em ser preciso mais ação do governo do que a abordagem ortodoxa defende, para que o crescimento com eqüidade possa ser alcançado. O mercado livre não pode realizar isso por si mesmo na maioria dos países subdesenvolvidos.

1 *Expandir oportunidades de emprego.* A única maneira de erradicar-se a pobreza no Terceiro Mundo é o povo ter empregos. Planos de desenvolvimento em nações do Terceiro Mundo devem passar do destaque dado ao crescimento do PNB para a geração de empregos. Muitos dos métodos industriais que chegam hoje ao Ocidente utilizam grandes doses de capital sonante mas relativamente poucos empregados, criando uma situação ruim para a média das nações em desenvolvimento adotar tais métodos, já que dispõem de capital escasso mas de muita gente em busca de trabalho. Tecnologia apropriada ou intermediária, que utiliza muitos trabalhadores, deve ser adotada pelas nações pobres em vez da alta tecnologia utilizada pelas nações industrializadas ocidentais tanto capitalistas como socialistas.

2 *Corrigir distorções do mercado.* Há diversas distorções nos mercados das nações em desenvolvimento que favorecem o emprego de capital em lugar de mão-de-obra. Subsídios do governo ao capital existem; a legislação do salário mínimo e extensos programas de bem-estar social tornam o custo da mão-de-obra maior para a indústria local do que

deveria ser, assim desencorajando o uso dela; e as políticas fiscais do governo mantêm juros artificialmente baixos.

3 *Transferência de investimentos de capital.* Os investimentos devem ser transferidos de projetos centralizados, em grande escala, que beneficiam sobretudo as indústrias de alta tecnologia e áreas urbanas, para projetos que beneficiam os pobres. Recursos educacionais, crédito para fazendeiros e a indústria, e serviços públicos para áreas rurais devem ser ressaltados.

4 *Atender às necessidades básicas.* Alimentação, água pura, vestuário e abrigo, serviços médicos incluindo planejamento familiar, educação e participação na tomada de decisões devem ser estendidos a todos. O destaque ao desenvolvimento dos recursos humanos incluído nesta e na recomendação anterior pode levar a um crescimento econômico menor a curto prazo, mas a longo o aumento da produtividade dos pobres beneficiará a sociedade toda. É uma estratégia de deixar escorrer gota a gota.

5 *Desenvolver áreas agrícolas e rurais.* A reforma agrária deve retirar a terra dos poucos grandes latifundiários, alguns dos quais moram nas cidades, e transferi-la para pessoas que de fato a cultivem. Deve ser concedida ajuda para incrementar a produtividade agrícola, de sorte a que não só aumentem a produção como igualmente o emprego nas fazendas. A infra-estrutura rural, tal como estradas, represas, escolas e sistema de irrigação, deve ser aperfeiçoada, e devem ser fomentadas as indústrias rurais em pequena escala.

6 *Adotar uma nova ordem econômica internacional.* O atual sistema econômico internacional foi instaurado após a Segunda Guerra Mundial, quando a maior parte das nações do Terceiro Mundo era ainda colônia. Uma reorganização de vulto é agora necessária a fim de auxiliar as nações pobres do mundo a receberem um quinhão mais justo da riqueza mundial. As grandes flutuações que ocorrem nos preços das mercadorias que muitas nações pobres exportam têm de ser reduzidas; mais crédito internacional tem de ser posto à disposição das nações pobres e também deve ser dado certo alívio à sua imensa dívida. Nações ricas têm de baixar suas tarifas e retirar suas quotas das exportações do Terceiro Mundo, conceder mais ajuda ao estrangeiro e dar papel mais importante a elas na tomada de decisões de instituições fundamentais, como o Fundo Monetário Internacional (FMI) e o Banco Mundial.

Defensores da abordagem de crescimento eqüitativo apontam os exemplos de Sri Lanka, Taiwan, Coréia do Sul e Costa Rica, que seguiram basicamente essa linha de ação com bons resultados. Todos esses países tiveram governos que encorajaram instituições capitalistas a funcionar neles, mas também empreenderam esforços a fim de assegurar a ampla distribuição dos benefícios decorrentes do crescimento econômico. A China e Cuba revolucionárias também adotaram políticas de crescimento com eqüidade, mas ao custo de extensa burocratização e da restrição das liberdades individuais.

Os críticos da abordagem de crescimento eqüitativo podem ser divididos entre tradicionalistas - defensores da abordagem ortodoxa e os revolucionários - socialistas que apóiam a abordagem radical. Os tradicionalistas asseveram que os dados não são adequados para mostrar conclusivamente que o método ortodoxo não beneficiou a maioria nas nações mais pobres. Igualmente, que as normas ortodoxas estão sendo julgadas demasiadamente cedo, antes de terem tido tempo para surtir efeito. Alguns benefícios foram evidentemente levados até os mais pobres; por exemplo, a melhoria das condições sanitárias do mundo pode ser vista nas taxas decrescentes de mortalidade infantil. A adoção de tecnologia intermediária por nações em desenvolvimento significa não estarem elas utilizando as técnicas mais modernas, o que as deixa sem condições de alcançar o Ocidente industrializado. Crescimento econômico mais vagaroso será alcançado pelas nações que seguirem algumas das normas defendidas pelos adeptos da teoria de crescimento com eqüidade, tais como a das necessidades básicas. Sri Lanka é indicado com orgulho pelos advogados do crescimento com eqüidade, mas continua a ser um país bastante pobre. E, afinal, dizem os tradicionalistas, como se pode impedir o surgimento de uma mentalidade beneficente e solapar a autodependência das pessoas, quando se adota uma política de necessidades básicas?

Os revolucionários criticam os adeptos da nova ordem econômica internacional por acreditarem estes que uma mudança assim beneficiaria as massas. Indicam que muitos dos seres mais pobres do mundo vivem no sul da Ásia, em países que participam muito pouco do comércio com o estrangeiro. O que há de impedir que os dirigentes das nações mais pobres utilizem os fundos acrescidos de uma nova ordem econômica, a fim de adquirir mais equipamento militar e policial para fortalecer seu próprio controle político? Os revolucionários também perguntam por que os advogados do crescimento com eqüidade admitem que os governos do Terceiro Mundo queiram auxiliar os seus pobres; é mais realístico admitir que as elites dominantes desses países se acham contentes com as condições existentes. Também, não se deve supor que a classe média existente nesses países apoiaria um programa de crescimento real com eqüidade, já que desejaria mais coisas para si mesma, tais como um carro novo ou férias em um país estrangeiro. Também é ingenuidade supor que uma reforma agrária ocorrerá na maioria das nações do Terceiro Mundo. Reforma agrária altera a estrutura básica de poder da sociedade, e os que detêm o poder não permitirão que uma tal reforma se concretize. Taiwan, Coréia do Sul e Japão tiveram a reforma agrária somente depois que uma guerra enfraqueceu a posição dos que controlavam a posse da terra. Outra razão para Taiwan e Coréia do Sul não serem vistas como bons modelos a ser seguidos pelo Terceiro Mundo é que ambos cresceram economicamente sobretudo pela exportação de bens para os Estados Unidos. Quantos bens de nações do Terceiro Mundo os Estados Unidos poderão ou desejarão absorver?

CONCLUSÕES

A força da abordagem ortodoxa reside em que ela parece explicar adequadamente algumas das razões pelas quais certas nações se tornaram ricas, mas sua debilidade será em não explicar adequadamente por que muitas outras permaneceram pobres nem como poderão diminuir essa pobreza. A abordagem radical, pelo contrário, oferece boas indicações sobre as múltiplas causas da pobreza mundial, mais é débil ao explicar como pode ser criada riqueza. A abordagem de crescimento eqüitativo diz algo acerca tanto da riqueza quanto da pobreza de nações e pode, adotando alguma coisa das abordagens ortodoxa e radical, embora rejeitando outras partes, oferecer um caminho para melhorar as condições de vida dos mais pobres deste mundo.

Arthur Lewis, um dos principais especialistas em economia do desenvolvimento (campo da economia dedicado ao estudo das economias das nações em desenvolvimento), identifica o que se aprendeu até aqui a respeito de como auxiliar os mais pobres. Há concordância geral hoje em dia, sustenta ele, de que os pobres rurais podem ser ajudados por uma diversidade de ações governamentais - reforma agrária, serviços de extensão rural, serviços de educação e saúde públicas - e melhoramentos tecnológicos abrangendo irrigação, melhores variedades de sementes e maior utilização de fertilizante.[10] Isso soa muito parecido com as medidas advogadas pela abordagem de crescimento eqüitativo. Lewis afirma haver menos concordância entre os especialistas sobre como melhorar as condições do pobre urbano do Terceiro Mundo. O que está claro, segundo ele, é que as nações mais pobres desde a Segunda Guerra Mundial foram as que tiveram chuvas insuficientes, dificultando a vida dos fazendeiros, e os que sofreram tumulto político interno significativo, tendendo a desestimular seus próprios cidadãos, assim como estrangeiros, de fazer investimentos que teriam levado a nova atividade econômica.[11]

Os Estados Unidos e a Europa Ocidental não oferecem muitas lições significativas para as nações mais pobres. A industrialização no Ocidente teve lugar sob condições imensamente diversas das experienciadas neste momento por muitas nações pobres. As nações ocidentais eram geralmente ricas em recursos naturais com relação a suas necessidades, ou, se deficientes, estavam em condições de consegui-los de suas colônias. A maior parte das nações hoje em desenvolvimento não é rica em recursos naturais necessários para a industrialização (tais como fontes de energia), nem lhe é permitido apoderar-se de colônias. Tampouco pode adotar outros meios (hoje desacreditados) empregados pelo Ocidente durante sua fase inicial de industrialização, como trabalho infantil, semanas de 60 horas de trabalho ou salários baixos, de subsistência, para os operários. A par disso, o Ocidente, embora experienciando uma expansão populacional durante seu desenvolvimento inicial, não chegara sequer perto de experienciar o imenso crescimento demográfico comum hoje em dia em muitas das nações mais pobres. E os norte-americanos, especialmente, precisam lembrar-se de que os traços ímpares que sua nação possui - terra fértil, ricos recursos naturais e clima temperado - tornam seu país atípico no mundo. Os americanos valeram-se desses dotes para criar uma soma sem precedentes de riqueza material - mas com custos reais, muitos dos quais serão examinados neste livro. As orientações advogadas pela abordagem ortodoxa geralmente funcionaram bem nos Estados Unidos, onde a iniciativa individual foi encorajada por um governo patrocinador com poderes limitados.

Já que grande parte do restante do mundo não compartilha os dons que a Europa Ocidental e os Estados Unidos possuem, como deverão fazer para elevar os padrões de vida dos mais pobres? Pode-se advogar revolução destinada a romper os vínculos repressivos comuns em diversas sociedades, porém o sofrimento provocado pelas revoluções e a incerteza de suas realizações dificultam recomendar esse caminho. Mas aconselhar moderação e reformas lentas também é árduo, visto como, segundo nos lembra o historiador Barrington Moore Junior, isso significa ignorar o sofrimento dos que não se revoltaram. Moore crê que "os custos da moderação foram tão atrozes quantos os da revolução, talvez maiores".[12]

As nações pobres devem estudar cuidadosamente as experiências do Japão, Coréia do Sul, Hong Kong, Taiwan e Cingapura. Esses países compartilham com muitas das nações mais pobres a limitação de recursos naturais e populações grandes. Um elevado respeito pela educação e o trabalho árduo nessas sociedades asiáticas, tanto quanto governos estáveis, inegavelmente ajudaram-nas. O governo desempenhou papel mais ativo na promoção de atividade econômica do que o recomendado pela abordagem ortodoxa. Desconhece-se se uma prosperidade baseada em exportações seja uma possibilidade realista para muitas outras nações do Terceiro Mundo, ou se uma tal prosperidade prosseguirá indefinidamente para os países asiáticos.

Aonde nos conduz isso? Deveria, creio, deixar-nos com um sentimento de humildade se somos os ricos, ao reconhecermos quão importantes fatores que escapam a nosso controle pessoal provavelmente colaboraram para assegurar-nos riqueza. Se somos os pobres, isso pode deixar-nos com um entendimento de algumas das causas da pobreza e algumas sugestões sobre como nações podem melhorar a sina de seus mais pobres cidadãos. E tanto para os ricos quanto para os pobres, deverá haver uma conscientização de ser esta a primeira vez na história humana em que existe uma preocupação global com questões ligadas a desenvolvimento - com a questão a respeito dos motivos por que alguns são ricos e muito são pobres. O fato de ainda não termos aprendido a reduzir as vastas desigualdades de riqueza no mundo não deve ser surpreendente. Talvez nunca saibamos como o Sul pode alcançar o Norte. Parece agora plausível que durante nossas prováveis durações de vida o hiato entre os ricos e os pobres do mundo aumentará em vez de decrescer. Mas está claro que agora estamos aprendendo, graças a ensaio e erro, como melhorar a sina dos mais pobres. Quanto às nações ricas e pobres virem a ter a vontade política - e a capacidade - para fazer o necessário a ajudar os pobres do mundo é desconhecido.

As economias de muitas das nações pobres e ricas estão hoje estreitamente entrelaçadas. As ricas nações industrializadas do Norte precisam dos recursos e mercados das nações pobres do Sul, e estas precisam vender seus produtos ao Norte.[13] E há outra maneira pela qual elas estão ligadas. Bancos particulares e governos dos países industrializados e de órgãos internacionais emprestaram vastas quantias de dinheiro às nações subdesenvolvidas - estimadas em 900 bilhões de dólares em meados da década de 1980[14] - e as nações pobres estão tendo grandes dificuldades para pagar os juros desses empréstimos. Os pagamentos de juros de algumas nações latino-americanas são agora maiores que o total de fundos que elas podem granjear através de suas exportações. Se um ou mais dos grandes tomadores de empréstimos atrasar-se nesses empréstimos, como alguns já estiveram a ponto de fazer, isso poderia desencadear uma crise bancária internacional. Nações pobres e ricas hoje em dia estão economicamente vinculadas, e - conforme os próximos capítulos acerca de população, alimentos, energia, ambiente e tecnologia mostrarão - eles também são afetados cada vez mais por diversos interesses globais comuns.

NOTAS

1. Lynn H. Miller, *Global Order: Values and Power in International Politics*, Boulder, Colorado: Westview Press, 1985, p. 129.
2. The World Bank, *World Development Report 1985*, Nova York, Oxford University Press, 1985, p. 1. Conquanto estes dados nos deixem sentir

estimulados, também se deve ter em mente que grande parte dos esforços de governos do Terceiro Mundo para aperfeiçoar os serviços de saúde foi voltada para as classes média urbana e outras superiores em vez de para os pobres urbanos e rurais. E a qualidade do ensino no Terceiro Mundo talvez esteja de fato piorando, já que os salários dos professores declinaram e o número de alunos por professor cresceu em muitas das nações subdesenvolvidas. Thomas W. Merrick, "World Population in Transition", *Population Bulletin*, 41, abril de 1986, p. 23.

3. World Bank, *World Development Report 1985*, p. 174-175.
4. A presente maneira de ver de economistas ocidentais acerca do desenvolvimento econômico é consideravelmente mais complexa do que a opinião simplificada da abordagem ortodoxa acima apresentada.
5. Sou devedor a James Weaver e Kenneth Jameson, *Economic Development: Competing Paradigms*, Washington, DC, University Press of America, 1981, por grande parte do material a seguir acerca das três abordagens.
6. Irma Adelman e Cynthia Taft Morris, *Economic Growth and Social Equity in Developing Countries*, Stanford, Califórnia, Stanford University Press, 1973, p. 189.
7. Para uma discussão completa da teoria da dependência, ver Bruce Russett e Harvey Starr, *World Politics: The Menu for Choice*, 2ª edição, Nova York, W. H. Freeman, 1985, cap. 16.
8. Ibid., p. 450.
9. Frederic S. Pearson e J. Martin Rochester, *International Relations: The Global Condition in the Late Twentieth Century*, Nova York, Random House, 1984, p. 383.
10. W. Arthur Lewis, "The State of Development Theory", *American Economic Review*, 74, março de 1984, p. 6.
11. Ibid., p. 5.
12. Barrington Moore Jr., *Social Origins of Dictatorship and Democracy: Lord and Peasant in the Making of the Modern World*, Boston, Beacon Press, 1966, p. 505. Moore faz algumas críticas ásperas também às revoluções: "Um dos mais revoltantes aspectos das ditaduras revolucionárias tem sido seu recurso ao terror contra os humildes, que foram tão vítimas da velha ordem quanto os próprios revolucionários, amiúde até mais mesmo." (p. 507).
13. Em 1984, os Estados Unidos absorveram aproximadamente 60% das exportações de manufaturados do Terceiro Mundo, enquanto este recebeu cerca de um terço das exportações norte-americanas.
14. Essa estimativa é do Banco Mundial, conforme consta do *New York Times*, edição nacional de 6 de dezembro de 1985, p. 34. Para um exame amplo do assunto da dívida ver Henry L. Bretton, *International Relations in the Nuclear Age: One World, Difficult to Manage*, Albany, NY, State University of New York Press, 1986, pp. 232-237 e 290-296.

2. População e desenvolvimento

Homens prudentes devem julgar os acontecimentos futuros pelo que ocorreu no passado e pelo que está se passando no presente.

Miguel de Cervantes (1547-1616),
Os trabalhos de Persílio e Sigismunda

A POPULAÇÃO DO MUNDO EM MUDANÇA

A população do mundo está crescendo. Ninguém se espantará ante esta frase, mas o que espanta é o ritmo de crescimento e o fato do atual crescimento da população não ter tido precedentes na história humana. A melhor prova histórica de que dispomos hoje indica que havia cerca de 5 milhões de pessoas no mundo por volta de 8000 a.C. No ano 1 da era cristã havia aproximadamente 200 milhões, e em 1650 a população crescera para uns 500 milhões. O mundo alcançou seu primeiro bilhão por volta de 1850; o segundo bilhão chegou mais ou menos em 1930. O terceiro bilhão foi alcançado em cerca de 1960, o quarto por volta de 1975, e o quinto mais ou menos em 1987. Estes dados indicam quão rapidamente o ritmo de aumento da população está crescendo. O quadro 1 revela quanto tempo levou o mundo para acrescer cada bilhão à sua população total.

Há outra maneira de encarar o crescimento demográfico, que ajuda a entender a originalidade de nossa situação e suas espantosas possibilidades de prejudicar a vida neste planeta. Pelo fato dos filhos acabarem tendo seus próprios filhos, a população humana pode - até certos limites serem alcançados - crescer exponencialmente: 1 para 2; 2 para 4; 4 para 8; 8 para 16; 16 para 32; 32 para 64; 64 para 128; etc. Quando alguma coisa aumenta exponencialmente, mal se percebe crescimento nas primeiras etapas, quando então os números disparam nas seguintes. Os franceses têm uma charada que usam para auxiliar a ensinar a natureza do crescimento exponencial a seus escolares. Ela é assim: se você tem um lago com um lírio que duplica de tamanho a cada dia, e que cobrirá completamente o lago dentro de 30 dias, em que dia o lírio cobrirá metade do lago? A resposta é o 29º dia. O que esta charada quer dizer é que se se espera até o lírio cobrir o lago antes de cortá-lo, somente terá um dia para fazê-lo - o 29º dia - porque no dia seguinte ele terá coberto o lago inteiro.

Quadro 1 Tempo levado para acrescer cada bilhão à população mundial, 1850-1987

	População mundial estimada (bilhões)	*Anos levados para acrescer um bilhão à população*
1850	1	2.000.000
1930	2	80
1960	3	30
1975	4	15
1987	5	12

Se você marcar em um gráfico qualquer coisa que tenha crescimento exponencial, obterá uma curva em J. Durante muito tempo não ocorre grande crescimento, e então a curva atingirá a dobra do "J" e o crescimento se tornará espetacular. A figura 1 mostra a curva de crescimento da população da Terra com essa aparência.

O aumento da população da Terra foi comparado a uma espoleta comprida em uma bomba: uma vez inflamada a espoleta, crepita por um certo tempo e aí, de repente, a bomba explode. Isso é o significado de frases como "explosão demográfica" e "bomba demográfica". A analogia não é má. A população do mundo ultrapassou a virada da curva em J e agora está se expandindo rapidamente. O governo norte-americano prevê que, a prosseguir o atual ritmo de crescimento, a população do mundo alcançará mais de 6 bilhões no ano 2000, um acréscimo de 50% em apenas 25 anos. O quadro 2 mostra projeções demográficas até o ano 2000 para o mundo inteiro, as regiões principais e países selecionados.

O quadro 2 revela que o maior crescimento no futuro será nos países mais pobres do mundo. A população dos mais desenvolvidos crescerá aproximadamente cerca de 17%, enquanto a dos países subdesenvolvidos aumentará cerca de 70%. Mais de 90% do aumento da população, de 1975 até 2000, ocorrerão nos países mais pobres. Uma percentagem ainda maior da população do mundo será não-branca e pobre. Altas taxas de aumento ocorrerão nos países subdesenvolvidos, porque grande percentagem de sua população consiste de crianças com menos de 15 anos de idade que estão por sua vez envelhecendo e tendo seus próprios filhos. Se se marcar o número de pessoas de um país segundo as respectivas idades, pode-se ver claramente a diferença entre populações crescendo rapidamente, como ocorre na maioria das nações subdesenvolvidas, e populações relativamente estáveis ou crescendo lentamente como no caso das nações mais desenvolvidas. A figura 2 revela claramente a diferença entre

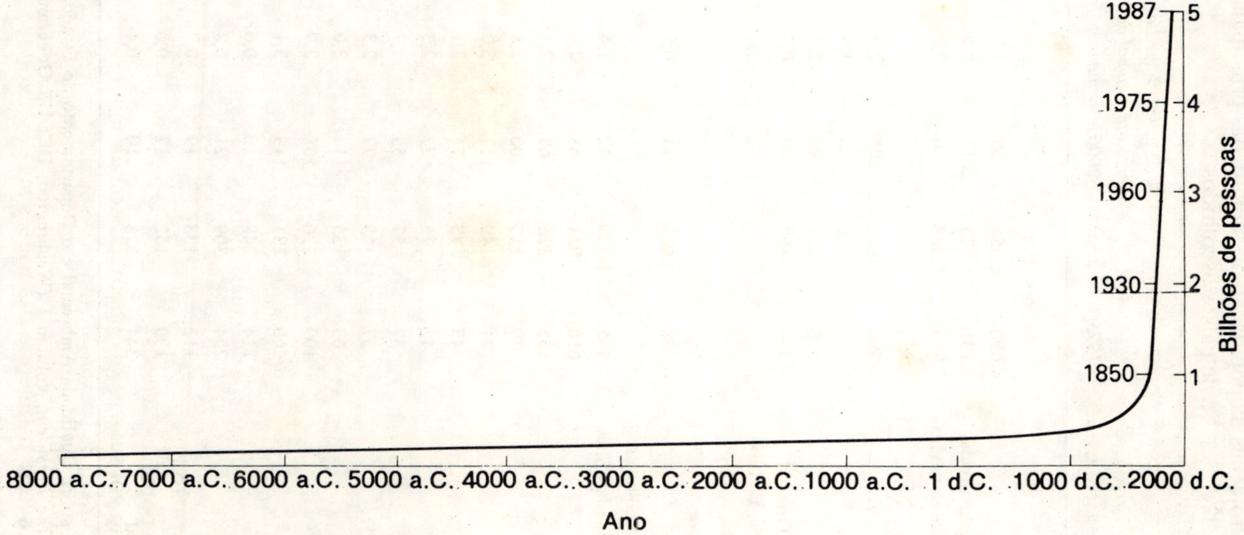

Figura 1 Crescimento da população do ano 8000 a.C. até 1987.

Quadro 2 Projeções da população do mundo, das principais regiões, e de países escolhidos

	Ano		*% de aumento até*	*% média anual de*	*% da população*
	1975	*2000*	*2000*	*aumento*	*mundial*
	(milhões)				
Mundo	4.090	6.351	55	1,8	100
Regiões mais desenvolvidas	1.131	1.323	17	0,6	21
Regiões menos desenvolvidas	2.959	5.028	70	2,1	79
Principais regiões					
África	399	814	104	2,9	13
Ásia e Oceania	2.274	3.630	60	1,9	57
América Latina	325	637	96	2,7	10
URSS e Europa Oriental	384	460	20	0,7	7
América do Norte, Europa Ocidental, Japão, Austrália, e Nova Zelândia	708	809	14	0,5	13
Países e regiões escolhidas:					
República Popular da China	935	1.329	42	1,4	21
Índia	618	1.021	65	2,0	16
Indonésia	135	226	68	2,1	4
Bangladesh	79	159	100	2,8	2
Paquistão	71	149	111	3,0	2
Filipinas	43	73	71	2,1	1
Tailândia	42	75	77	2,3	1
Coréia do Sul	37	57	55	1,7	1
Egito	37	65	77	2,3	1
Nigéria	63	135	114	3,0	2
Brasil	109	226	108	2,9	4
México	60	131	119	3,1	2
EUA	214	248	16	0,6	4
URSS	254	309	21	0,8	5
Japão	112	133	19	0,7	2
Europa Oriental	130	152	17	0,6	2
Europa Ocidental	344	378	10	0,4	6

Fonte: Conselho sobre Qualidade Ambiental e o Departamento de Estado. *The Global 2000 Report to the President*, volume 1 (Washington, DC: US Government Printing Office, 1980), p. 9

a população das nações desenvolvidas e a das subdesenvolvidas do mundo em 1975 e em 2000. A estrutura etária dos países desenvolvidos é geralmente representada por uma coluna, ao passo que a das subdesenvolvidas geralmente tem a forma de pirâmide. Os Estados Unidos, como um país tipicamente mais desenvolvido, tem uma distribuição de população análoga à da figura de cima, enquanto o México, razoavelmente típica nação subdesenvolvida, tem uma distribuição demográfica análoga à da figura abaixo.

Outra modificação importante ocorrida na população mundial é o movimento das pessoas de áreas rurais para urbanas. Conquanto isso esteja ocorrendo no mundo inteiro, a tendência é especialmente espetacular no Terceiro Mundo. As pessoas estão fugindo das áreas rurais do Terceiro Mundo para escapar à pobreza extrema comum nessas áreas, e porque as cidades se afiguram apresentar uma vida mais estimulante. Na maioria dos casos é a gente jovem que vai para as cidades na esperança de encontrar trabalho e melhores condições de vida. Mas, com demasiada freqüência, tampouco nas cidades há empregos disponíveis. Esses migrantes rurais estabelecem-se comumente em favelas nas orlas das grandes cidades. Estima-se que cerca de um quarto da população de muitas das maiores cidades do Terceiro Mundo vive em tais favelas (denominadas "instalações não controladas" em relatórios oficiais), e que conterão cerca de metade da população dessas cidades até o ano 2000.[1] É difícil imaginar uma cidade como Calcutá, na Índia, ficando maior do que já é. Em 1950 tinha uma população de uns 5 milhões, e centenas de milhares dessa gente moravam permanentemente nas ruas.[2] Se prosseguir a atual taxa de crescimento, ela terá uma população por volta de 17 milhões em 2000. O quadro 3 apresenta as dez maiores cidades do mundo em 1950 e 1985 e as projetadas dez maiores para o ano 2000. Note-se que só duas das dez maiores cidades no ano 2000 - Nova York e Tóquio-Iocoama são esperadas pertencer aos países mais desenvolvidos.

CAUSAS DA EXPLOSÃO POPULACIONAL

Embora tenhamos visto que a população humana pode crescer exponencialmente, por si só este fato não explica por que nos achamos atualmente em uma situação de população em rápida expansão. O crescimento exponencial é apenas um de muitos fatores que determinam o tamanho da população. Outros fatores influem em quanto tempo se passará antes que ocorram as duplicações - que se encontram no crescimento exponencial. Outros fatores ainda influem sobre quanto tempo ainda prosseguirá o

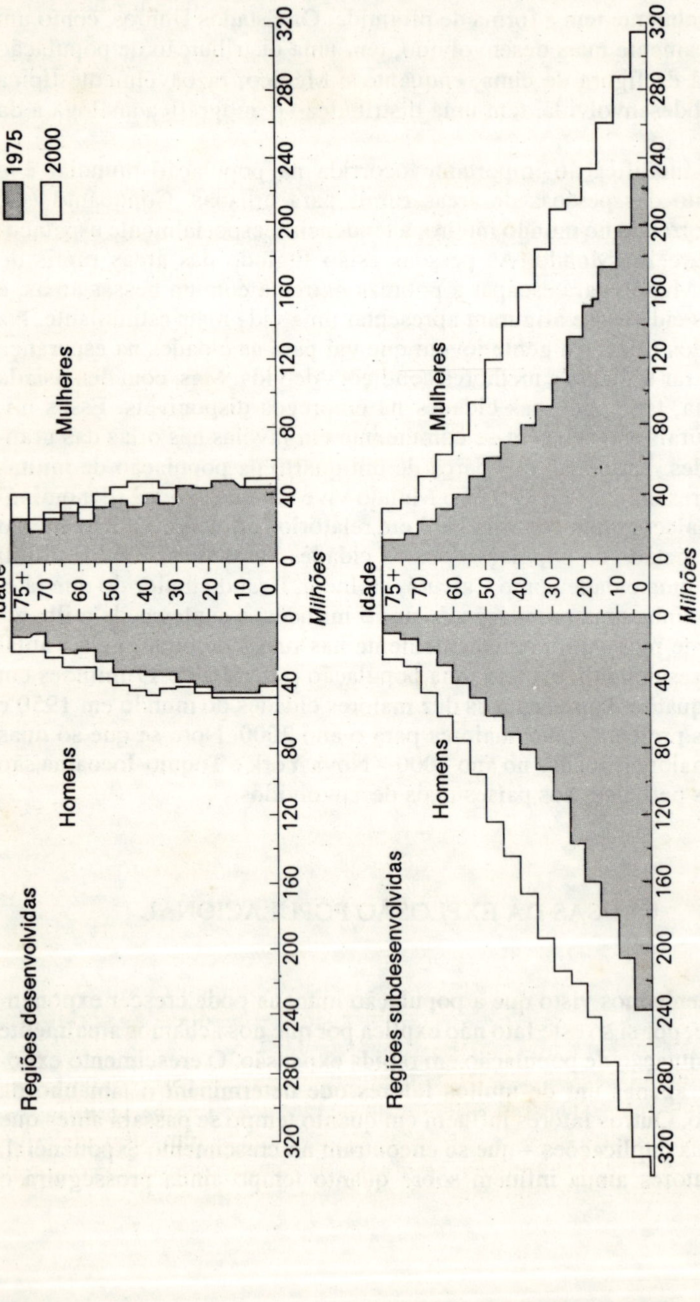

Figura 2 Distribuição etária e por sexo da população das regiões desenvolvidas e subdesenvolvidas.

Fonte: Conselho sobre Qualidade Ambiental e Departamento de Estado, *The Global Report to the President*, Vol. 1 (Washington, DC: US Government Printing Office, 1980), p. 11.

crescimento exponencial e como pode ser sustado. Consideraremos estes dois últimos tópicos adiante neste capítulo, mas primeiramente examinaremos alguns dos fatores que reduziram drasticamente o tempo necessário para a população do mundo dobrar em tamanho.

A Revolução Agrícola, começando por volta de 8000 a.C., foi o primeiro fato importante que deu um empurrão na população. Quando os seres humanos aprenderam a domesticar plantas e animais para convertê-los em alimento, aumentaram grandemente seu suprimento de comida. Nos dez mil anos seguintes, até a Revolução Industrial, houve um ritmo gradativamente acelerado no crescimento demográfico, mas globalmente o ritmo de aumento ainda era baixo devido às altas taxas de mortalidade, provocadas principalmente por doenças e desnutrição. Quando a Revolução Industrial deslanchou nos séculos XVIII e XIX, o aumento demográfico adquiriu novo ímpeto à medida que progressos da indústria, agricultura e transportes melhoraram as condições de vida do ser humano comum. A população crescia exponencialmente, mas os intervalos entre as duplicações ainda eram longos devido à continuação das taxas elevadas de mortalidade. Essa situação alterou-se drasticamente após 1945. Lester Brown, do Instituto Worldwatch, explica por que isso ocorreu:

> O surto de inovações científicas e atividade econômica iniciado durante os anos 40 incrementou substancialmente a capacidade de produção de comida e levou a aperfeiçoamentos espetaculares no controle de doenças. A resultante redução acentuada das taxas de mortalidade criou um desequilíbrio sem precedentes entre as taxas de natalidade e mortalidade e um crescimento da população a taxas explosivas. Assim, enquanto a população mundial aumentou de 2 a 5% *por século* durante os primeiros quinze séculos da era cristã, em certos países a taxa hoje em dia fica entre 3 e 4% *ao ano*, muito próxima do máximo biológico.[3]

Foi primordialmente uma redução drástica da taxa de mortalidade no mundo inteiro após a Segunda Guerra Mundial que deu o mais recente impulso ao crescimento demográfico. A disseminação de medidas de saúde pública - incluindo vacinação - pelos países do Terceiro Mundo habilitou-os a controlarem doenças como varíola, tuberculose, febre amarela e cólera. Crianças e adultos jovens são especialmente vulneráveis às doenças infecciosas; portanto, a erradicação dessas doenças permitiu a mais crianças viver e a gerar filhos, por sua vez.

Enquanto as taxas de mortalidade no mundo inteiro estavam baixando rapidamente, as taxas de natalidade permaneciam altas na maioria dos países do Terceiro Mundo. As taxas de natalidade têm sido elevadas durante toda a história humana. Se tal não tivesse sido verdade, você e eu poderíamos não estar hoje aqui, pois taxas de natalidade elevadas eram

Quadro 3 Dez maiores cidades do mundo, 1950, 1985 e 2000

		1950 População (milhões)		*1985 População (milhões)*		*2000 População projetada (milhões)*
1	Nova York, EUA	12	Tóquio-Iocoama	19	México, México	26
2	Xangai, China	10	México, México	17	São Paulo, Brasil	24
3	Londres, RU	10	São Paulo, Brasil	16	Tóquio-Iocoama, Japão	20
4	Tóquio-Iocoama, Japão	7	Nova York, EUA	16	Calcutá, Índia	17
5	Beijingue, China	7	Xangai, China	12	Grande Bombaim, Índia	16
6	Paris, França	6	Calcutá, Índia	11	Nova York, EUA	16
7	Tianjin, China	5	Buenos Aires, Argentina	11	Xangai, China	14
8	Buenos Aires, Argentina	5	Rio de Janeiro, Brasil	10	Seul, Coréia do Sul	14
9	Chicago, EUA	5	Londres, RU	10	Teerã, Irã	14
10	Moscou, URSS	5	Seul, Coréia do Sul	10	Rio de Janeiro, Brasil	13

Fonte: Departamento de Assuntos Econômicos e Sociais Internacionais da ONU, 1985.

necessárias para substituir as muitas pessoas que morriam ao nascer ou em tenra idade. (Se você caminhar por um velho cemitério dos Estados Unidos, ou especialmente da Europa, poderá ver provas desse fato por si mesmo ao passar pelos jazigos de família com letreiros, indicando as muitas crianças que morreram na infância e na adolescência.) Taxas de natalidade continuaram elevadas até os fins da década de 1960, quando foi vista uma redução dessa taxa em termos mundiais, o que é provavelmente o início de uma gradativa diminuição da taxa de natalidade pelo mundo afora.

A taxa de natalidade hoje em dia caiu significativamente nas nações desenvolvidas, mas permanece elevada na maioria dos países do Terceiro Mundo. Há várias razões para isso. Primeira, muita gente pobre quer ter muitos filhos. Se muitos deles morrem na infância, como ainda ocorre na Índia, Paquistão, Bangladesh e na África tropical, são necessários muitos nascimentos para que algumas crianças sobrevivam. Se as famílias pobres são de camponeses, conforme ocorre com muitas, são necessários filhos para trabalhar nos campos e cuidar dos afazeres domésticos. E como é raro haver planos de aposentadoria e pensões para idosos nos países do Terceiro Mundo, pelo menos um filho (e preferivelmente dois) é necessário, a fim de garantir aos pais quem cuide deles ao ficarem velhos e não mais poderem trabalhar. Essas necessidades se acham por trás da saudação comum a uma mulher na zona rural da Índia: "Que você tenha muitos filhos homens."[4]

Famílias pobres igualmente querem ter filhos para aumentar a renda familiar. Antes da severa legislação sobre trabalho infantil haver restringido a mão-de-obra infantil em fábricas dos Estados Unidos e da Europa, era comum crianças pegarem empregos remunerados para ajudar a aumentar a renda familiar. Um estudo de uma aldeia indiana constatou que as famílias mais pobres tinham muitos filhos por acharem que os números assim acrescidos significavam mais segurança e melhor probabilidade de prosperar.[5]

Outras razões para o prosseguimento de taxas elevadas de natalidade em países pobres são tradição e religião. Tradição é bastante importante na maioria das sociedades rurais, e tradicionalmente famílias têm sido numerosas em ambientes rurais e entre gente pobre. Não se rompe facilmente uma tradição assim. Por outro lado, a religião é uma força poderosa em sociedades rurais e algumas religiões defendem famílias numerosas. A religião católica é pujante na América Latina rural, especialmente entre as mulheres, e muitas obedecem à proibição da Igreja católica contra o uso de anticoncepcionais. No México, os homens comumente têm encarado um grande número de filhos como prova de virilidade.

A indisponibilidade de recursos para controle da natalidade é também amiúde citada como uma razão para elevadas taxas de natalidade em nações em desenvolvimento. Sem dúvida, isso tem certo efeito, mas os especialistas em demografia agora atribuem menos ênfase a essa razão do que outrora. Conquanto muitas crianças das famílias mais pobres sejam não planejadas e indesejadas, bastantes são desejadas. As pessoas geralmente, através da história, encontraram meios de ter menos filhos, caso desejassem seriamente famílias menores. A extraordinária redução da taxa de natalidade na maioria dos países europeus, em fins do século XIX e início do XX, foi alcançada a despeito do fato de os modernos anticoncepcionais terem estado em geral ausentes, sobretudo em países católicos.

O CRESCIMENTO DA POPULAÇÃO INFLUI NO DESENVOLVIMENTO

Como o aumento da população afeta o desenvolvimento? Apesar de não haver resposta fácil à pergunta do que é "demasiado grande" ou "demasiado pequeno", no que toca à população para um país - questão a que retornaremos no último trecho deste capítulo -, podemos identificar alguns aspectos claramente negativos de uma população com aumento rápido, situação essa aplicável a muitos países do Terceiro Mundo.

Demasiado Rápido

Quando se examina a distribuição etária da população das nações do Terceiro Mundo (figura 2), observa-se que elevada percentagem de sua gente está abaixo da idade de 15 anos. Isso significa que esses países possuem uma parte considerável da população que é não-produtiva. Embora crianças produzam alguns bens e serviços, como vimos acima, elas consomem mais do que produzem. Alimento, educação e cuidados com saúde têm de ser-lhes proporcionados antes de terem idade suficiente para se tornarem produtivas. Evidentemente, se uma nação tiver grande parte da população no grupo etário abaixo de 15 anos, sua economia se defrontará com um pesado fardo.

Uma população em crescimento rápido também exerce uma tensão considerável sobre os recursos do país. Se a população é grande demais ou seu aumento excessivamente rápido, a utilização dos recursos do país pelo povo para permanecer vivo pode impedir deveras os recursos biológicos naturais de se renovarem. Isso pode conduzir à menor fertilidade da terra e à destruição das florestas. Um exemplo disso é o costume de fazer bolinhos com esterco de vaca e palha adotado pelas mulheres da Índia e do Paquistão. Esses bolinhos são deixados secar ao sol e depois utilizados como combustível. Com efeito, bolinhos de estrume são o único combustível de que muitos camponeses dispõem para preparar sua comida. Mas a utilização do excremento de animais para combustível impede que nutrientes essenciais retornem ao solo, assim reduzindo a capacidade do solo para sustentar a vegetação.

Uma população grande de jovens significa igualmente que haverá terrível procura de empregos, quando ficarem suficientemente crescidos para ingressar na força de trabalho - empregos que provavelmente inexistirão. As fileiras de desempregados e subempregados crescerão em muitas nações do Terceiro Mundo, e isso poderá facilmente conduzir à intranqüilidade política e social. Segundo vimos antes neste capítulo, gente das áreas rurais em rápido crescimento do Terceiro Mundo estão se encaminhando para as cidades à espera de encontrar trabalho. A escassez de empregos é indiscutivelmente um fator que contribui para os altos índices de criminalidade urbana. Uma experiência na Libéria ajudou-me a entender isto. Morei, em diferentes épocas, tanto na capital do país como em uma pequena aldeia da área rural. Certa vez, quando me achava em Monróvia, a capital, um ladrão roubou minha carteira de dinheiro e o relógio debaixo do travesseiro sob minha cabeça adormecida. Um fato assim era desconhecido na zona rural, mas não incomum na cidade. Após o roubo, fiquei contente de retornar para minha aldeia "primitiva" onde me senti muito mais seguro.

Aumento rápido da população também exerce efeito nocivo na saúde das crianças e das mulheres. Subnutrição na infância pode levar a danos no cérebro, e a gravidez freqüente debilita as mulheres. Isto é o que ocorre com muitas mulheres do Terceiro Mundo:

> Após duas décadas de gravidez e aleitamento ininterruptos, mulheres com trinta e poucos anos de idade estão abatidas e descarnadas, aparentando mais de cinqüenta anos. Como assinalam os pesquisadores Erik Eckholm e Kathleen Newland, essas mulheres estão "desnutridas, amiúde anêmicas, e geralmente debilitadas pela sobrecarga biológica de reprodução excessiva", "tornam-se cada vez mais vulneráveis à morte durante o parto ou a simples doenças infecciosas em qualquer época" e "seus bebês incham as estatísticas de mortalidade infantil".[6]

Uma população em rápido crescimento também exige demais da capacidade de uma nação para proporcionar moradia para seu povo. A péssima situação de grande parte das moradias do Terceiro Mundo é algo que causa impressão duradoura a visitantes estrangeiros desses países - isto é, se eles saem dos Hotéis Hilton onde comumente ficam. O amontoamento também é causado por uma população crescendo rápida e excessivamente, e também conduz à ausência de privacidade e a limitações dos direitos individuais.

Não é de surpreender que um estudo patrocinado pela Academia Nacional de Ciências norte-americana para explorar as relações entre crescimento demográfico e desenvolvimento econômico tenha concluído em meados da década de 1980 que o menor crescimento da população ajudaria o desenvolvimento econômico da maioria das nações menos desenvolvidas.[7]

Demasiado Devagar

O índice de crescimento da população de um país também pode ser demasiadamente vagoroso para sustentar um elevado nível de crescimento econômico. Em parte devido a baixas taxas de natalidade, vários países europeus tiveram de importar trabalhadores não-especializados, durante as décadas de 1950 e 1960, oriundos da Turquia, do sul da Itália e de outras regiões relativamente pobres da Europa e do norte da África. Alguns homens de negócios preocupam-se se a população pára de expandir-se, por verem em uma população crescente mais consumidores para seus produtos. Mas diversos países industrializados revelaram, no período posterior à Segunda Guerra Mundial, que elevado nível de crescimento pode ser alcançado mesmo quando é baixo o aumento demográfico. O Japão é bom exemplo de um país assim.

Distribuição Etária e Problemas Decorrentes

Até agora examinei problemas criados quando um país tem grande parte de sua população com 15 ou menos anos de idade. Mas problemas especiais também são gerados quando a proporção de uma população acima de 65 anos começa a expandir-se. Os Estados Unidos, no começo da década de 80, enfrentou problemas com seu sistema de aposentadoria. À medida que a percentagem da população norte-americana acima de 65 anos se expande, devido aos progressos dos cuidados com a saúde, e o número de novos trabalhadores se reduz por causa de baixos índices de natalidade, a relação entre pessoas com idade para trabalhar e aposentadas declina e exerce pressão sobre o sistema de pagamento de aposentadorias. (São as contribuições dos trabalhadores em atividade que proporcionam dinheiro para os benefícios de aposentadorias e pensões.) Um relatório do Congresso em 1980 afirmou haver cinco pessoas em idade ativa para cada uma acima de 65 anos, mas que a prosseguirem as tendências existentes de natalidade e mortalidade, essa proporção poderia declinar de três para um no ano 2030.[8] Cerca de 25% do orçamento federal destinavam-se a programas de benefícios para os idosos em 1980, e as projeções mostram que isso poderia aumentar para 30% no ano 2000 e para cerca de 50% no ano 2020![9]

O Aumento da População é Causa da Pobreza ou a Pobreza é Causa do Aumento da População?

A primeira conferência internacional sobre população realizou-se na Romênia em 1974, patrocinada pelas Nações Unidas. Antecipou-se que essa reunião dramatizaria a necessidade de programas de controle da natalidade no Terceiro Mundo, mas em vez disso ocorreu um debate entre países ricos e pobres acerca do que estava provocando pobreza: aumento demográfico ou subdesenvolvimento. Os Estados Unidos e outras nações desenvolvidas defenderam a necessidade de medidas de controle da natalidade nos países mais pobres, enquanto diversos países mais pobres sustentaram haver necessidade de mais desenvolvimento econômico no Terceiro Mundo. Alguns países do Terceiro Mundo clamaram por uma nova ordem econômica internacional para auxiliar o Terceiro Mundo a desenvolver-se. Defenderam mais ajuda estrangeira por parte dos países mais ricos e comportamento comercial e de investimentos mais eqüitativos. A conferência terminou com o que pareceu ser uma conciliação implícita: controle da população e desenvolvimento econômico eram ambos necessários. Ressaltar um sem apoiar o outro não funcionaria na redução da pobreza.

Em 1984, no México, a ONU promoveu sua segunda conferência de redução da população do mundo. A questão do relacionamento entre crescimento econômico e aumento da população foi novamente focalizada. Os Estados Unidos, representados pelo governo Reagan, sustentaram que o crescimento econômico gerado pelo sistema de iniciativa privada era a melhor maneira de reduzir o crescimento demográfico. Os Estados Unidos não compartilhavam a urgência sentida pelos demais acerca da necessidade de diminuir o crescimento da população. Avisou estar reduzindo sua ajuda a organizações destinadas a promover o uso do aborto como técnica de controle da natalidade. Em sua rejeição à idéia de que o mundo se defrontava com uma crise global de população, bem como sua defesa do crescimento econômico como principal mecanismo de controle demográfico, os Estados Unidos ficaram quase inteiramente sozinhos. A conferência endossou a conclusão alcançada na primeira conferência realizada dez anos antes, de que tanto as medidas e esforços para controle da natalidade quanto medidas e esforços para reduzir a pobreza eram necessários para reduzir a população em rápida expansão do Teceiro Mundo.

O DESENVOLVIMENTO INFLUI NO CRESCIMENTO DA POPULAÇÃO

Como o desenvolvimento influi no índice de crescimento demográfico? Não há uma resposta simples a esta pergunta, mas especialistas em demografia desconfiam fortemente de que *existe* uma relação, posto que o Ocidente teve um razoavelmente rápido declínio da população depois de ter-se industrializado. No século XIX, a Europa começou a passar pelo que é denominado "transição demográfica".

Transição Demográfica

Uma transição demográfica tem três etapas. Na primeira, que amiúde é característica de sociedades pré-industriais, há elevadas taxas de natalidade e de mortalidade conduzindo a uma população estável ou lentamente crescente. Na segunda etapa, que a maioria das nações industrializadas atravessou, mais ou menos de meados do século XIX a meados do XX, há um rápido declínio da taxa de mortalidade, à proporção que são adotadas medidas de medicina e de saneamento, ao que se segue, após certo retardo, uma queda na taxa de natalidade. Durante esta segunda etapa de transição, a população aumenta rapidamente, visto como a redução da taxa de mortalidade ocorre antes da diminuição da natalidade. Na terceira e final etapa, tanto a taxa de natalidade quanto a de mortalidade são baixas, e, como na primeira, há uma população estável ou ligeiramente crescente.

A figura 3 mostra taxas de natalidade e mortalidade para as nações desenvolvidas assim como para as subdesenvolvidas. A figura mostra que as nações mais desenvolvidas já se acham na terceira etapa da transição demográfica, mas que as subdesenvolvidas ainda se encontram na segunda. Também indica que as nações mais desenvolvidas já se encontram na terceira etapa da transição demográfica, enquanto as menos desenvolvidas ainda estão na segunda. Revela igualmente algumas diferenças expressivas entre a segunda etapa das nações desenvolvidas e a das subdesenvolvidas. Nas nações desenvolvidas, a redução da taxa de mortalidade foi gradativa. A taxa de natalidade caiu abruptamente, mas só após um certo retardo que ocasionou a expansão da população. Nos países em desen-

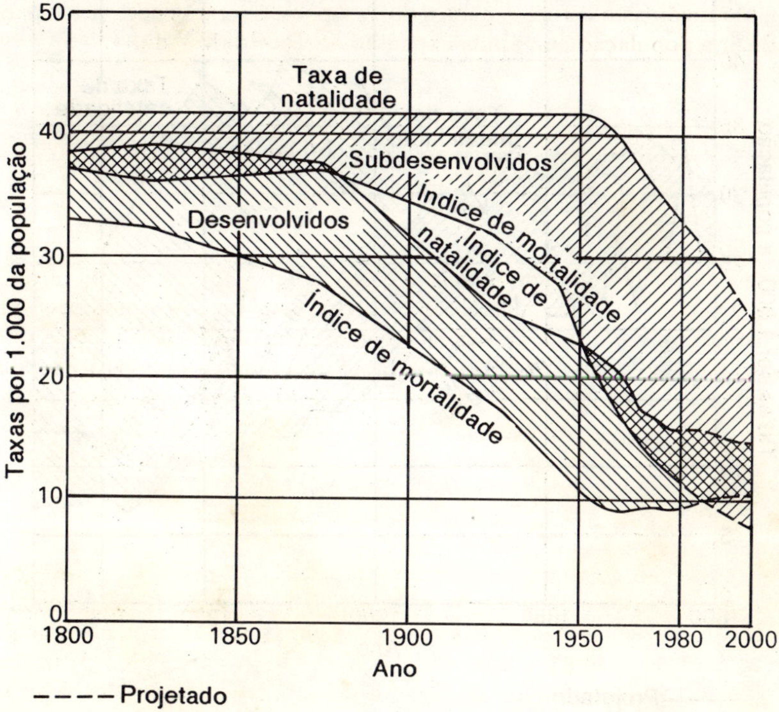

Figura 3 Transição demográfica: países desenvolvidos e subdesenvolvidos.

Fonte: "People" por Halfdan Mahler, *Scientific American* (setembro, 1980), p. 75. Copyright © 1980 por Scientific American, Inc. Todos os direitos reservados.

volvimento, a queda da taxa de mortalidade foi mais aguda do que o fora nas nações desenvolvidas, e a redução nas taxas de natalidade retardou-se mais do que ocorrera nas desenvolvidas. Ambos estes fatos causaram um acréscimo bem maior na população das menos desenvolvidas do ocorrido nas nações desenvolvidas.

A figura 4 revela as experiências de produção de dois países: Suécia e Sri Lanka (outrora conhecida como Ceilão). A Suécia atravessou a transição demográfica e agora alcançou o crescimento de população zero. A de Sri Lanka ainda está crescendo rapidamente, e não tem oportunidade de descartar-se do excesso de população, enviando-o além-mar para os Estados Unidos, como a Suécia o fez.

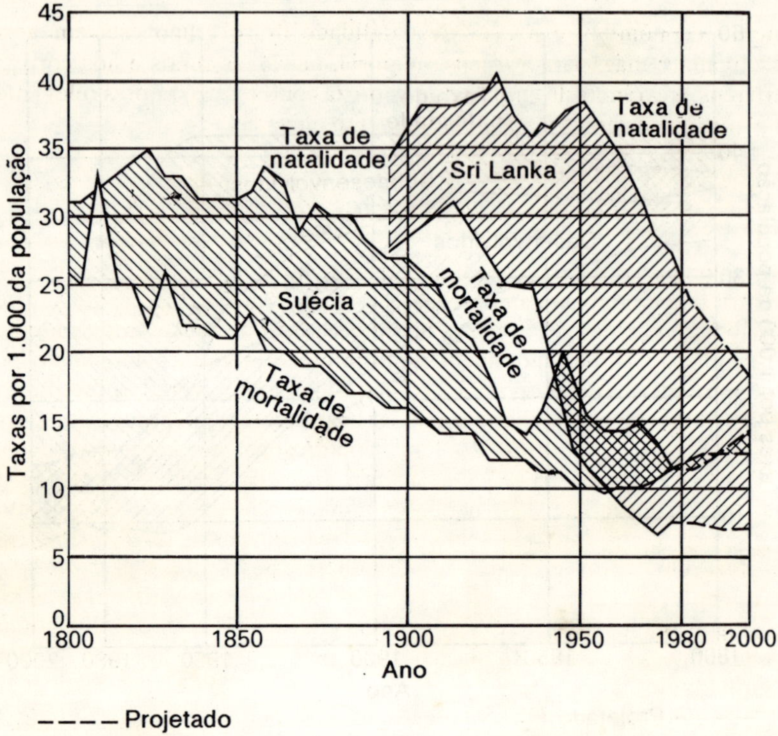

Figura 4 Transição demográfica: Suécia e Sri Lanka.

Fonte: "People" por Halfdan Mahler, *Scientific American* (setembro, 1980), p. 75. Copyright © 1980 por Scientific American, Inc. Todos os direitos reservados.

As diferenças de experiências que a Suécia e Sri Lanka estão tendo, bem como as de outras nações desenvolvidas e em desenvolvimento, levaram muitos demógrafos a modificar a opinião que tinham na década de 50 de que o desenvolvimento econômico faria as nações do Terceiro Mundo passarem pela mesma transição demográfica - e assim conseguir menor crescimento populacional - como a do Ocidente. Há, evidentemente, diferenças importantes entre a experiência do Ocidente e a do Terceiro Mundo. Provavelmente tão importante quanto o fato das taxas de mortalidade terem caído muito mais depressa no Terceiro Mundo do que ocorrera no Ocidente é o fato de a industrialização em curso, em grande parte do Terceiro Mundo, não estar proporcionando muitos empregos nem estar beneficiando a vasta maioria das pessoas nesses países. Um setor moderno, relativamente pequeno, *está* beneficiando-se desse desenvolvimento econômico, e a taxa de natalidade desse grupo está em geral declinando; mas, para a imensa maioria, nas áreas rurais e nos cortiços urbanos, a carência de empregos e pobreza contínua são fatores relevantes em suas persistentes taxas de nascimento elevadas.

Fatores que Reduzem Taxas de Natalidade

Se a industrialização, como está ocorrendo no Terceiro Mundo, não contribui automaticamente para baixar as taxas de natalidade, que fatores colaboram para isso? Por certo, melhores cuidados com a saúde e melhor alimentação; ambos diminuem a mortalidade infantil, aumentando por conseguinte as expectativas de quantos filhos sobreviverão na família. (A ironia disso, é claro, está em que esses progressos, pelo menos a curto prazo, tendem a piorar o problema populacional, já que mais crianças vivem para reproduzir-se.) Outro fator propenso a reduzir as taxas de nascimento é a mudança do papel feminino. A alfabetização das mulheres é o fator social que parece relacionar-se mais de perto com o decréscimo da fertilidade.[10] A educação das mulheres possibilita-lhes retardar o casamento, aprender a evitar a gravidez, além de adquirir novas idéias acerca de seu papel na sociedade. E sua educação lhes possibilita conseguir empregos amiúde mais benéficos para a família do que ter uma família maior.

Contudo, um pouquinho de modernização pode, também, na verdade, ser mau se se quiser reduzir taxas de natalidade. Em grandes porções do Terceiro Mundo, as mulheres ligeiramente expostas a costumes ocidentais estão renunciando a amamentar os bebês e mudando para o uso da mamadeira. Sua fertilidade aumenta quando isso ocorre, pois a amamentação prolongada naturalmente atrasa - às vezes por anos - a capacidade da mulher para novamente engravidar.

À medida que as nações ocidentais se industrializaram, leis sobre trabalho infantil, educação obrigatória das crianças e pensões e aposentadorias para os velhos reduziram os incentivos econômicos para a geração de muitos filhos. Quando o Ocidente se industrializou, as crianças deixaram de ser produtores nas fazendas e nas primitivas fábricas para tornarem-se consumidores e um fardo econômico para a família. Por outro lado, à medida que se industrializou, o Ocidente ficou mais urbano, e espaço para morar em sociedades urbanas é mais escasso, e mais caro, do que nas rurais. A disponibilidade de bens e serviços cresce nas sociedades urbanas, e as famílias freqüentemente resolvem aumentar seu consumo em vez de gastar sua renda com a criação de mais filhos. Crenças religiosas tradicionais, que muitas vezes defendem famílias grandes, também tendem a declinar em sociedades modernas. Todos esses fatores levaram muitos demógrafos atuais a acreditar que *tanto* o desenvolvimento econômico, que beneficia os muitos e não apenas os poucos, *quanto* medidas de controle da natalidade são precisos para o Terceiro Mundo conter seu excessivo crescimento populacional.

POLÍTICAS DEMOGRÁFICAS DOS GOVERNOS

Controle do Crescimento

Muitos governos hoje em dia têm algumas políticas que tentam controlar o aumento de suas populações, mas isso é uma tendência muito recente. Tradicionalmente, os governos visaram a ampliar suas populações, seja encorajando a imigração (como os Estados Unidos fizeram em seus primeiros anos) ou por meio de impostos e outra ajuda econômica às famílias numerosas. Tão recentemente quanto em meados da década de 70, muitos governos não dispunham de programas de controle demográfico. Um levantamento de nações em desenvolvimento realizado em conjunto com a conferência sobre população da ONU em 1974 constatou que, dos 110 países em desenvolvimento, cerca de trinta dispunham de programas de controle demográfico, outros trinta tinham programas de informação e assistência social, e cerca de cinqüenta não tinham absolutamente qualquer programa de limitação demográfica.[11] Essa conferência da ONU terminou sem consenso explícito dos participantes acerca da existência, afinal, de um problema demográfico mundial. Os delegados à conferência aprovaram uma resolução declarando que todas as famílias têm o direito de planejar seu crescimento e que é responsabilidade dos governos garantir que todas as famílias o possam fazer.

A capacidade para controlar o número e época de nascimento dos filhos de um casal denomina-se planejamento familiar. Serviços de planejamento familiar proporcionam cuidados médicos e informações sobre anticoncepcionais. Estimou-se que há disponibilidade de serviços de planejamento familiar para cerca de um terço de todos os casais em nações em desenvolvimento e que um quarto deles utiliza tais serviços.[12] Um levantamento mundial sobre práticas anticoncepcionais no início da década de 1980 indicou que aproximadamente 50% das mulheres de países em desenvolvimento não queriam mais filhos.[13] Solicitações por nações em desenvolvimento de ajuda externa para controlar o crescimento de suas populações, agora, pela primeira vez, excederam a disponibilidade de ajuda internacional para tal atividade. Cerca de 2% dos orçamentos de ajuda ao estrangeiro de países da Europa Ocidental, Estados Unidos, Canadá e Japão destinaram-se à ajuda demográfica nos primeiros anos da década de 80. Em meados dessa década, o governo norte-americano e fundações privadas dos Estados Unidos proporcionaram cerca de 40% de toda a ajuda externa para o controle demográfico. Em dólares reais (compensada a inflação), a ajuda norte-americana realmente decresceu durante a década de 70.[14]

O México é um país que teve um grande sucesso com seu programa de planejamento familiar. O governo iniciou esse programa apenas em 1973, quando tinha um dos mais altos índices de natalidade do mundo. Naquele ano o crescimento anual da população foi estimado em 3,5%, ao passo que em 1982 caiu para 2,5%. Além de facilitar a aquisição de anticoncepcionais, o governo montou uma vasta campanha de propaganda, usando novelas de televisão, cartazes, anúncios em ônibus e nas estações do metrô, além de avisos avulsos no rádio e na TV. Essa campanha foi dirigida sobretudo às áreas urbanas, mas, no início dos anos 80, fizeram-se esforços para dirigir uma novela popular, com vigorosa mensagem sobre planejamento familiar, para a zona rural onde ainda moram 40% da população.[15] Emigração de rapazes para os Estados Unidos em busca de empregos e melhoramentos na posição das mulheres também foram creditados à espetacular queda da taxa de natalidade. Mesmo com esta redução no crescimento da população, espera-se que ela duplique em quarenta anos.[16]

Poucos países adotaram medidas mais vigorosas do que planejamento familiar na tentativa de reduzir o crescimento demográfico. O Japão reduziu espetacularmente o crescimento de sua população, legalizando o aborto após a Segunda Guerra Mundial. A Índia, que tivera resultados decepcionantes com seus programas voluntários de planejamento familiar, promulgou medidas mais duras em meados da década de 70, tais como a esterilização compulsória de alguns funcionários públicos com mais de dois filhos. Diversos Estados indianos aprovaram leis exigindo esterilização e/ou prisão dos casais que tivessem mais de dois ou três filhos. Um programa de vasectomia masculina foi também adotado vigorosamente, sendo dados como incentivos rádios-transistores e dinheiro para os que concordassem em se submeter à operação de esterilização. O ressentimento público contra tais medidas cresceu e ajudou a levar à derrota do governo da Primeira-ministra Indira Gandhi, em 1977. O governo indiano agora retornou às medidas voluntárias para tentar limitar o aumento de sua população, que está crescendo atualmente em mais de um milhão por mês.

A China, que possui cerca de um quarto da população do mundo, mas apenas 7% de sua terra arável, deslanchou vigoroso programa a fim de limitar seu crescimento demográfico e reduziu drasticamente a taxa de natalidade. Durante muitos anos, o governo comunista, sob a direção de Mao Tsé-Tung, encorajou o crescimento da população, já que Mao acreditava existir força nos números. A política foi afinal invertida, e o atual governo espera limitar a população a 1,2 bilhão até o ano 2000. (Um recenseamento nacional em 1982 revelou haver cerca de um bilhão de pessoas no país.) Ampla diversidade de medidas vem sendo utilizada para limitar o crescimento. Os anticoncepcionais são largamente promovidos, a esterilização é encorajada, e o aborto é facilmente realizado. O governo, através de extensos esforços publicitários, promove a família de um único filho como ideal. São seriamente estimulados os casamentos em idade mais avançada, e casais que têm um único filho recebem melhores empregos e moradia, enquanto casais com mais de dois filhos têm o pagamento reduzido e os impostos aumentados. O sociólogo Ronald Freedman descreve por que os esforços chineses têm sido bem-sucedidos:

> o maciço programa chinês de planejamento demográfico ... foi organizado por intermédio da rede de organização política e social que mobiliza as massas da população em grupos primários nos respectivos locais de residência e de trabalho ... Esse sistema é empregado para promover objetivos prioritários - tais como planejamento dos nascimentos - por meio de mensagens insistentes e repetitivas, debates e pressão tanto dos companheiros como de autoridades, tão formidável em extensão que se torna difícil para o nosso entendimento.[17]

Promoção do Aumento

Conquanto muitos países agora pareçam dar-se conta da necessidade de limitar o crescimento da população, uns poucos favorecem o seu aumento. A Romênia é um exemplo. A taxa de natalidade da Romênia caiu tão abruptamente após a Segunda Guerra Mundial, que dali a poucos anos a população teria de fato começado a declinar. Em meados da década de 60 o governo decidiu tentar reverter essa propensão proibindo o aborto, uma das principais técnicas empregadas pelos casais no período pós-guerra, a fim de limitar o tamanho de suas famílias. A taxa de natalidade imediatamente disparou para cima, mas dali a poucos anos estava quase de volta ao mínimo anterior quando os casais descobriram outras maneiras de limitar suas famílias.

A União Soviética preocupa-se por causa da baixa taxa de natalidade e premia os casais com família grande. Foram concedidas medalhas a mulheres com muitos filhos e feitos apelos ao patriotismo dos cidadãos. O governo ainda não adotou a ação romena; abortos ainda são acessíveis através dos serviços de saúde pública e permanecem como a forma mais empregada pelas mulheres soviéticas para limitar suas famílias. O governo soviético agora está especialmente preocupado com os desequilíbrios nas taxas de natalidade dentro do país: as baixas taxas russas e de outras nacionalidades européias na parte ocidental e as elevadas taxas de vários países asiáticos na parte oriental. Os russos são a força política dominante do país atualmente. A nova situação demográfica poderia gerar um problema político muito delicado para o governo no futuro, caso os povos das repúblicas orientais exijam maior poder de voto na conduta do governo.

Os governos militares que mandaram na Argentina e no Brasil nas décadas de 60 e 70 favoreceram uma expansão de suas populações. Ambos os países têm vastas áreas ainda escassamente povoadas, e ambos rivalizam para ser o poder dominante da América Latina. Uns poucos oficiais brasileiros até defenderam a idéia de estímulo ao crescimento da população, a fim do Brasil ultrapassar a dos Estados Unidos e tornar-se a nação dominante do hemisfério Ocidental. É duvidoso que mais gente pudesse um dia colocar o Brasil nessa posição, a menos que a economia faça enorme progresso. Parte importante do país com população já relativamente densa - o Nordeste - é uma das áreas mais pobres do mundo, e vastos trechos da terra brasileira, tal como a bacia do rio Amazonas, não podem sustentar grandes populações.

Outros países, como a Mongólia e os da África ao sul do Saara, advogaram populações maiores tanto por motivos estratégicos quanto pela crença de que uma população grande é necessária para o desenvolvimento econômico. Até o governo norte-americano, que geralmente reconhece a necessidade de uma redução no crescimento da população, tem certas normas que promovem famílias grandes, como a legislação sobre imposto de renda, que autoriza deduções por filhos, taxando menos as pessoas casadas. Muitas nações desenvolvidas têm políticas contraditórias, algumas encorajando o aumento demográfico e outras desencorajando-o. Algumas nações em desenvolvimento também têm tais contradições, se bem que a maior concordância atual nesses países quanto à necessidade de limitar o crescimento costuma evidenciar tais contradições para eliminá-las.

Uma generalização possível a respeito das políticas governamentais que visam a influenciar o crescimento demográfico é a de que, à parte certas medidas drásticas, as normas dos governos não têm sido muito bem-sucedidas, seja promovendo seja limitando as taxas de natalidade, quando estas não estão de acordo com aquilo que a população deseja. Pode-se também generalizar que no mundo inteiro assuntos atinentes à reprodução são ainda considerados como privativos da esfera pessoal e não questões para a política pública controlar.

O FUTURO

Estabilização da População do Mundo

As Nações Unidas prevêem que a população mundial poderá estabilizar-se entre oito e 14 bilhões, dependendo do sucesso dos esforços para controlar seu crescimento. O total mais provável, segundo a ONU, é 10,2 bilhões e será atingido por volta do ano 2100. A ONU baseia sua predição na suposição de que as taxas de crescimento demográfico continuarão a diminuir, tendência observada a partir do final dos anos 60.[18]

O departamento responsável pelo recenseamento nos Estados Unidos prediz que o crescimento demográfico zero será alcançado nos Estados Unidos em torno do ano 2050, quando a população atingirá um auge de 310 milhões (em 1985 foi estimada em 240 milhões) e aí começará a declinar.[19]

A Capacidade de Sustento da Terra

Será a Terra capaz de sustentar uma população de 10 bilhões, ou sobrevirá uma catástrofe antes de ser alcançado esse número? Compreender o conceito de "capacidade de sustento" auxilia a encarar possíveis respostas a essa pergunta. Capacidade de sustento é o número máximo de indivíduos de certa espécie que possam ser sustentados por um determinado ambiente. Existem quatro relacionamentos básicos entre uma população crescente e a capacidade de sustento do meio em que ela vive. Uma descrição simplificada desses relacionamentos é dada na figura 5.

No quadro A tem-se uma população e uma capacidade de sustento continuamente crescentes. Essa situação não é considerada relevante para os seres humanos terrestres, já que muitos recursos indispensáveis à sua sobrevivência são finitos. Por essa razão, a capacidade de sustento da Terra não pode continuar crescendo indefinidamente, conquanto - mormente devido aos progressos alcançados na agricultura - tenha aumentado muito acima do previsto por Robert Malthus, que escreveu acerca dos perigos da superpopulação no final do século XVIII. Recursos indispensáveis aos seres humanos incluem ar, energia, alimento, espaço, recursos não-renováveis, calor e água. Malgrado exista o potencial para incrementar a disponibilidade de alguns deles, como alimento, outros são limitados e fora das possibilidades humanas para aumentar - agora ou em futuro previsível. Uma lei ecológica básica é que o tamanho de uma população é limitado pelo recurso necessário à sobrevivência que seja menos disponível. A escassez de apenas um dos elementos essenciais aos humanos basta para restringir o crescimento da população.

No quadro B da figura 5 vê-se uma situação estável, já que a população estabilizou um pouco abaixo da sua capacidade de sustento. Exemplos disso aparecem no pardal, no estorninho e no faisão ingleses e no pombo comum das cidades dos Estados Unidos. Após serem introduzidos na América do Norte por colonizadores europeus, espalharam-se prontamen-

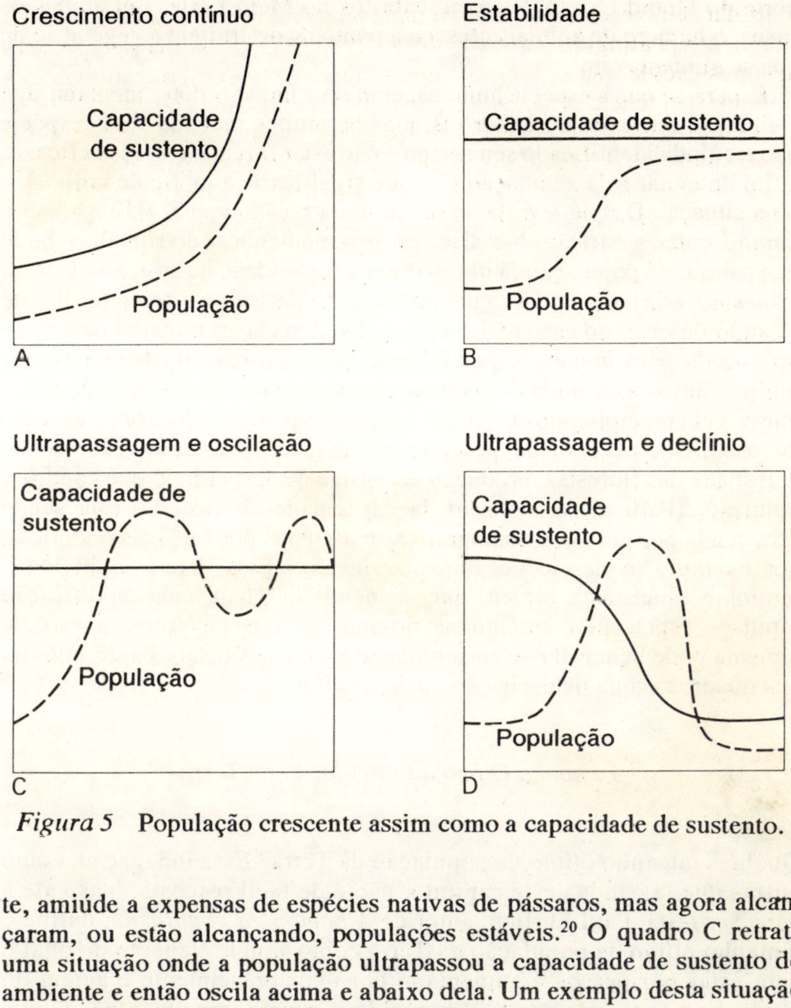

Figura 5 População crescente assim como a capacidade de sustento.

te, amiúde a expensas de espécies nativas de pássaros, mas agora alcançaram, ou estão alcançando, populações estáveis.[20] O quadro C retrata uma situação onde a população ultrapassou a capacidade de sustento do ambiente e então oscila acima e abaixo dela. Um exemplo desta situação pode ser o dos lemingos no Alasca. Foi observado, durante um período de vinte anos, que a população desses roedores oscilava fortemente com a disponibilidade e a saúde das plantas da tundra ártica. (Alguns pesquisadores acreditam que tal oscilação seja motivada por fatores genéticos internos dos lemingos, não por terem eles excedido a capacidade de sustento do ambiente.[21] No quadro D vemos uma situação na qual a ultrapassagem do limite da capacidade de sustento leva a um declínio precipitado da população, ou até a sua extinção, e também a um declínio da capacidade de sustento. Tal situação ocorreu com veados na borda norte do Grand Canyon[22] e com cabritos no Meio Leste. Em ambos os casos, o número de animais cresceu a ponto de destruírem a vegetação de que se alimentavam.

Espera-se que a espécie humana, com seus ímpares dotes mentais, siga a situação retratada no quadro B, mas há muitos indícios dessa espécie não ter ainda identificado seu perigo e não estar fazendo esforços eficazes a fim de evitar seja a situação C - que significaria a morte de milhões - ou a situação D, que levaria ao declínio da raça humana. Há lugares no mundo, como a África sub-saárica e a área montanhosa do Himalaia, onde a expansão da população já ultrapassou a capacidade de sustento da terra e mesmo esta encontra-se em processo de destruição; terra fértil está virando deserto, no caso africano, ou abandonada ao trabalho da erosão provocada pelo homem e pelas inundações, no caso do Himalaia. Há muitos outros exemplos de redução da capacidade de sustento da terra, que se vem precipitando em ritmo vertiginoso pelo mundo afora - excesso de pastoreio, excesso de pescaria, excesso de plantação, excesso de derrubada das florestas, produção excessiva de desperdício que conduz à poluição. (Parte desta redução da capacidade de sustento está sendo provocada por pressões demográficas e algumas por forças econômicas, por exemplo, o desejo de aumentar lucros.) Essa deterioração levou muitos ecologistas a crerem que, a menos que haja uma modificação rápida e espetacular em muitas orientações dos governos, a espécie humana pode bem estar se encaminhando para as situações apresentadas nos quadros acima de oscilação ou de declínio.

Tamanho Ótimo da População da Terra

Qual é o tamanho ótimo da população da Terra? Essa indagação, como outras que fazemos neste capítulo, não é de fácil resposta, mas vale a pena ser feita. Paul Ehrlich, autor de *A bomba da população*, define o tamanho ótimo da população da Terra como aquele "abaixo do qual o bem-estar por pessoa é aumentado por mais crescimento e acima do qual o bem-estar por pessoa é reduzido por mais crescimento". O que quer dizer "bem-estar"? Ehrlich explica:

> As necessidades físicas - comida, água, roupa, abrigo, um ambiente sadio - são ingredientes indispensáveis ao bem-estar. Uma população demasiado grande ou demasiado pobre para ser suprida adequadamente com isso excedeu o ponto ótimo, independente de outros quaisquer aspectos do bem-estar poderem, em tese, ser melhorados com maior crescimento. Analogamente, uma população tão grande que possa ser abastecida com

> necessidades materiais somente ao custo do rápido consumo de recursos não-renováveis ou por atividades que desgastem o ambiente também excedeu o ótimo, pois está reduzindo a capacidade de sustento da Terra para as gerações futuras.[23]

Ehrlich acredita que, dados os presentes padrões de comportamento humano - comportamento que abrange a distribuição grosseiramente iníqua de artigos essenciais como comida e o mau uso do ambiente - e o atual nível de tecnologia, já ultrapassamos o tamanho ótimo de população para este planeta. O interessante é que um grupo de cientistas na China chegou à conclusão análoga relativamente a seu próprio país. Concluíram que a população mais adequada à China dentro de cem anos seria aproximadamente de 650 a 700 milhões, ou cerca de um terço abaixo da população atual. Essa redução só poderia ser alcançada se a família de um filho único for mantida nos próximos 75 anos.[24]

Problemas Relacionados com a População em nosso Futuro

Neste livro estamos procurando muitos problemas atuais causados pelo excesso de população ou de que esta seja uma das causas. Agora mencionaremos apenas algumas das mais importantes. Fome é um problema evidente no qual a população excessiva exerce papel predominante, e o número de pessoas famintas está indiscutivelmente crescendo. Os veículos noticiosos são empregados para dramatizar este problema somente quando há muitas crianças de barriga inchada a serem fotografadas, mas muito mais comum do que a criança faminta de hoje, e provavelmente no futuro, será a criança ou o adulto permanentemente debilitado ou que morra por causa de doenças ligadas à desnutrição. Poluição e esgotamento de recursos não-renováveis aumentarão à medida que crescer a população do mundo. Migração de gente para terras que não a queiram provavelmente crescerá no futuro e isso causará tensão internacional. O Fundo do Meio Ambiente estimou que em 1980 cerca de 30% do aumento da população dos Estados Unidos provinham de imigração ilegal, grande parte sendo de mexicanos à procura de serviço.[25] Outro possível exemplo do que se pode esperar para o futuro é o massacre de vários milhares de imigrantes indesejados em Assã, na Índia, ocorrido em 1983. O excesso de população desempenhou importante papel em guerras passadas, e provavelmente o mesmo se dará no futuro. Na década de 60 irrompeu uma guerra de fronteira entre El Salvador e Honduras por causa de salvadorenhos indesejados em Honduras.

Um último problema pode ser o declínio de nossa civilização devido à pressão da população. Pesquisa recente sobre o misterioso colapso da civilização maia na América Central insinua que uma população exponencialmente crescente pode ter aplicado pressões no meio ambiente que levaram a um colapso.[26]

CONCLUSÕES

Como deverei concluir este capítulo? Ao examinar as declarações de diversos especialistas em população, percebe-se que compartilham a opinião de que a Terra se defronta com um problema aterrador com sua presente população crescendo um milhão de pessoas a cada quatro ou cinco dias. Este é um problema que só perde para a ameaça de guerra nuclear em matéria de potencialidade para provocar incalculável sofrimento humano. Mas muitos desses especialistas também ressaltam que o pensamento humano e orientações de governos começam a mudar e que algumas impressionantes reduções de taxas de natalidade estão ocorrendo em uns poucos países. Em vez de tentar ser otimista ou pessimista relativamente a esse final, preferiria ser realista. Lester Brown, creio, enuncia o realismo de nossa situação melhor do que ninguém:

> Algumas dimensões do problema da população são econômicas, algumas ecológicas e outras são políticas, mas quase todas têm uma coisa em comum: pode-se esperar que fiquem bem piores antes que melhorem.[27]

NOTAS

1. Council on Environmental Quality and the Department of State, *The Global 2000 Report to the President: Entering the Twenty-First Century*, vol. 1, Washington, DC, US Government Printing Office, 1980, p.12.
2. The New York Times, edição nacional, 17 de outubro de 1985, p. 3.
3. Lester R. Brown, *The Twenty-ninth Day*, Nova York; W.W.Norton, 1978, p.73.
4. Paul R. Ehrlich, Anne R. Ehrlich e John P. Holdren, *Ecoscience: Population, Resources, Environment*, São Francisco, W. H. Freeman, 1977, p. 777.
5. Citado em Ehrlich et al., *Ecoscience*, pp. 777-8.
6. Brown, *Twenty-ninth Day*, p. 77.
7. Nâtional Research Council, *Population Growth and Economic Development: Policy Questions*, Washington, DC, National Academy Press, 1986, p. 90.
8. *The New York Times*, últ. edição local, 17 de novembro de 1980, p. A20.
9. *The New York Times*, últ. edição local, 9 de março de 1981, p. A21.

10. Brown, *Twenty-ninth Day*, p. 275.
11. *The New York Times*, últ. edição local, 18 de agosto de 1974, p. 2.
12. Council on Environmental Quality and the Department of State, *Global Future: Time to Act*, Washington, DC, US Government Printing Office, 1981, p. 4.
13. Population Action Council, *Popline*, 4, agosto de 1982, p. 1.
14. Thomas W. Merrick, "World Population in Transition," *Population Bulletin*, 41, abril de 1986, p. 34.
15. *The New York Times*, últ. edição local, 5 de janeiro de 1982, p. A2.
16. Population Reference Bureau, *1982 World Population Data Sheet*, Washington, DC, Population Reference Bureau, 1982. Quarenta anos para duplicar a população é mais do que se esperaria, dada a atual taxa de natalidade do México. Esta projeção baseia-se em admissões razoáveis quanto a futuras taxas de natalidade e mortalidade.
17. Ronald Freedman, "Theories of Fertility Decline: A Reappraisal," em Philip M. Hauser (org.), *World Population and Development*, Syracuse, NY: Syracuse University Press, 1979, p. 75.
18. Merrick, "World Population in Transition", pp. 14, 48.
19. *The New York Times*, últ. edição local, 9 de novembro de 1982, p. A19.
20. Burton S. Guttman e John W. Hopkins III, *Understanding Biology*, Nova York, Harcourt Brace Jovanovich, 1983, p.745.
21. Amos Turk e al., *Environmental Science*, 2ª ed. Filadélfia, W.B. Saunders, 1978, pp. 111-12.
22. Edward J. Kormondy, *Concepts of Ecology*, 2ª ed., Englewood Cliffs, NJ: Prentice-Hall, 1976, pp. 111-12.
23. Ehrlich et al., *Ecoscience*, p. 716.
24. *The New York Times*, últ. edição local, 15 de março de 1982, p.A6.
25. Environmental Fund, *The Other Side*, nº 22, Primavera de 1981, p.1.
26. E.S.Deevey et al., "Mayan Urbanism: Impact on a Tropical Karst Environment", *Science*, 206, 19 de outubro de 1979, pp. 298-306, e *The New York Times*, últ. edição local, 23 de outubro de 1979, p. Cl.
27. Brown, *Twenty-ninth Day*, p. 77.

3. Alimento e desenvolvimento

> O cérebro humano, tão frágil, tão perecível, tão cheio de inexauríveis sonhos e fomes, arde pela força das folhas.
>
> Loren Eiseley (1907-1977), *The Unexpected Universe*

Uma civilização pode ser julgada por seu sucesso em reduzir o sofrimento. Isto também pode ser usado para aferir o desenvolvimento. Será ele o fato de reduzir a miséria existente no mundo? Através da história humana, a fome tem provocado sofrimentos indescritíveis. Por ser o alimento uma necessidade básica, quando se acha ausente ou é escasso, os seres humanos têm de empenhar a maior parte de seus esforços tentando consegui-lo; se não tiverem sucesso na obtenção de comida suficiente, sofrem e, é claro, podem acabar morrendo. Nos Estados Unidos, onde seguir uma dieta é uma importante preocupação generalizada, há uma tendência a ignorar o problema da fome. É algo tão longínquo da experiência quotidiana da maioria de nós que tendemos a esquecer ser ela um problema para muitos no mundo. Neste capítulo, examinaremos este problema e também outro mais perto de nós: como nosso próprio desenvolvimento afeta o que comemos.

PRODUÇÃO DE ALIMENTOS

Quanta comida existe atualmente no mundo? Há o bastante para todos? A resposta, que talvez surpreenda, é que sim: há o bastante. Há suficientes cereais no mundo atualmente para proporcionar a cada homem, mulher e criança 3.000 calorias diárias, o que é pouco abaixo do consumido pela pessoa média nos países industrializados e bem acima da exigência mínima para seres humanos.[1] Entre meados da década de 60 e da de 80, a produção de trigo e de bagaço de cereais no mundo duplicou, à medida que foram sendo utilizados melhores sementes, maquinaria, fertilizantes e pesticidas, a fim de aumentar a produção, e cultivaram-se novas terras. Este impressionante desempenho foi contrabalançado, todavia, pelo veloz crescimento da população, que também ocorreu no mundo nessa época. Mas a produção de comida aumentou suficientemente depressa nas décadas de 60 e 70, de sorte que, mesmo com as elevadas taxas de aumento da população em muitos países do Terceiro Mundo, o volume físico da produção de alimentos no mundo subiu ligeiramente mais depressa do que o crescimento da população.[2] Foi só na África que houve um declínio na produção *per capita* de comida nessas duas décadas (mais que 10%), por causa de mau desempenho da agricultura e aumento muito rápido da população.[3]

QUANTOS ESTÃO FAMINTOS?

Quantidades de comida nunca vistas no mundo e dados numéricos *per capita* cada vez melhores infelizmente não significam que todos estejam recebendo comida suficiente. Ninguém sabe ao certo quão disseminada se acha a fome hoje em dia[4]. Estimativas variam de cerca de 450 milhões a perto de um bilhão de famintos.[5] Realmente morte à míngua é mais rara hoje em dia do que foi no passado. Grandes carências de víveres ainda ocorrem por causa de súbitas perturbações políticas, como no Camboja em 1979 e 1980, ou em parte devido a desastres naturais, como as secas na região africana do Sahel no início da década de 70 e na África sub-saárica nos meados dos anos 80; todavia, por causa da melhoria das comunicações e dos transportes, a ajuda internacional geralmente mitiga a calamidade. Número bem maior de pessoas morre atualmente devido à subnutrição, que os enfraquece e torna mais suscetíveis a muitas doenças.

Quem são os famintos e onde vivem? A resposta à primeira parte da pergunta é que, segundo estimativas do Banco Mundial, 80% são mulheres e crianças. A subnutrição é comum entre os pobres de muitos países em desenvolvimento, e a maioria deles mora em pequenas aldeias. Por serem os homens necessários para adquirir comida para a família, são mais bem alimentados. Uma organização privada norte-americana que trabalha para aliviar a fome mundial estimou que aproximadamente 40% dos famintos são agricultores arrendatários e trabalhadores agrícolas, outros 40% são dos que plantam para comer, e os últimos 20% moram em cortiços e favelas urbanos.[6] Eis como alguns dos pobres comem em Calcutá, conforme descrição de um jornalista norte-americano que teve a sorte de compartilhar uma refeição com eles:

> Ahmed... convidou-me para tomar chá no quiosque onde ele engraxava sapatos. Caiu um temporal e cerca de uma dúzia de nós acabamos passando uma ou duas horas conversando. Todos eram engraxates, mendigos ou batedores de carteira. Chowringhee Road era o universo deles. Uma refeição foi servida em uma grande lata de *tiffin* (merenda, almoço). Eram arroz

e caril misturados – restos raspados de travessas de uma cantina do governo vizinha dali por algum bengali cheio de iniciativa. Uma porção custava uns cinco centavos de dólar. Era jogada sob a forma de uma grande pilha em uma folha de jornal e todos se acocoravam em volta num círculo, comendo avidamente com os dedos.[7]

Cerca de metade do que o Banco Mundial denominou os "absolutamente pobres" (os com tão pouco dinheiro, mercadorias e esperança para serem incluídos em uma classe especial) vive na índia, Bangladesh e Paquistão. Grande número deles vive na Indonésia e na África sub-Saárica. O restante acha-se disseminado pelo Oriente Médio, América Latina e o Caribe.[8]

Há indícios de que o número mundial de mortes relacionadas com a fome decresceu nos últimos 30 anos, a despeito da crescente população do mundo. Estima-se atualmente que cerca de 15 milhões de pessoas morrem anualmente de motivos relacionados com a fome.[9]

CAUSAS DA FOME DO MUNDO

Se existe comida mais do que suficiente atualmente para a população do mundo, mas cerca de até um quarto das pessoas da Terra são subnutridas, o que está provocando a fome no mundo? Autoridades no assunto em geral concordam que a pobreza é a principal causa da fome mundial. Milhões de pessoas não têm dinheiro bastante para comprar toda comida de que precisam, ou melhores qualidades de comida. Esta é a razão por que um especialista em alimentação escreveu que "subnutrição e inanição continuam mais ou menos imutáveis durante os períodos de pletora de comida e de carência dela em termos mundiais".[10] Os mais pobres do mundo não têm como comprar a comida de que precisam, seja qual for o preço. Outras pessoas de baixa renda do Terceiro Mundo sofrem em épocas de carência de alimentos quando o preço deles sobe espetacularmente, como ocorreu nos primeiros anos da década de 70, quando os preços mundiais do arroz, trigo e milho duplicaram em apenas dois anos. Os pobres tradicionalmente gastam 60 a 80% de sua renda em alimentação. Se a demanda mundial é alta por certos alimentos, como carne de vaca para o mercado norte-americano de comida à minuta, então os grandes donos de terras do Terceiro Mundo cultivam alimentos ou criam gado para exportar, em vez de carreá-los para o consumo interno. Isso tende a provocar aumento dos preços internos de alimentos devido à queda do seu suprimento para consumo interno. Muita terra estava sendo usada para culturas de exportação, como algodão e amendoim, no Sahel, uma enorme área da África logo ao sul do deserto do Saara, quando uma grande fome atingiu essa região no começos dos anos 70. Seis anos de seca, rápido crescimento da população e má utilização da terra levaram a insucessos de colheita generalizados e mortes do gado. Estima-se que de 200 a 300 mil pessoas morreram de fome antes de serem alvo de ajuda internacional.[11]

A fome também atingiu o Camboja nos anos 70. Vários anos de guerra internacional e civil, a par da política genocida do governo comunista chefiada por Pol Pot, resultaram em aproximadamente 10 a 15 mil pessoas mortas por dia durante a fase pior de fome em 1979. Um esforço de ajuda internacional muito bem-sucedido, primeiro organizado por organizações privadas e depois apoiado por órgãos oficiais, salvou o povo cambojano da destruição.

A fome atingiu de novo a África em meados da década de 80. Imagens televisionadas de pessoas morrendo à míngua na Etiópia levaram a um grande esforço internacional por organizações privadas e por governos para fornecer ajuda de alimentos. A fome da Etiópia e de outros países subsaarianos não foi provocada apenas pela volta de uma séria temporada seca à região. Muitas das causas dessa fome foram as mesmas que haviam levado fome à África no início da década de 70. Além das razões acima expostas, a pobreza disseminada da região, uma recessão de âmbito mundial que prejudicou gravemente as economias baseadas em exportação do países africanos, instabilidade política e políticas oficiais de desenvolvimento que atribuíam baixa prioridade à agricultura, foram identificadas como causas prováveis.[12]

É mais fácil indicar as razões para essas fomes do que para a subnutrição global hoje existente. Vejamos o Bangladesh, que foi chamado um "caso de cesta internacional" por alguns comentaristas. Sua situação é deveras desesperadora. Num país aproximadamente do tamanho do Estado americano de Wisconsin (que tem uma população de 5 milhões) vivem cerca de 90 milhões de pessoas. É um dos países mais densamente povoados do mundo, tem uma das elevadas taxas de natalidade e é um dos mais pobres. Nutricionistas afirmam que o consumo médio de alimento está mal e mal acima do nível da inanição.[13] No entanto, sua terra é verde e viçosa e Bangladesh tem parte do solo mais fértil do planeta. Tem bastante água, e, a par de freqüentes tempestades devastadoras, desfruta de um clima que permite sustentar três colheitas por ano. Segundo alguns estudos, há provavelmente comida bastante ali, agora, para alimentar adequadamente a atual população, e muito mais poderia ser cultivada até para permitir um grande aumento de população que ocorrerá nos próximos vinte anos. Então, o que está provocando fome em Bangladesh? Conforme os estudos acima citados, a distribuição extremamente desigual da terra, com sistemas econômico e social feudais, é a principal culpada. Há uma repartição assaz desigual da terra, com os 17% mais ricos da população rural de posse de dois terços da terra. Quase 60% da população rural possuem menos de 0,4 hectares de terra e, com o rápido crescimento da população, o número dos que não possuem terra alguma está crescendo. O salário médio rural é de aproximadamente meio dólar por dia. O sistema de arrendamento de terras é comum, e, como os donos de terras exercem grande influência no governo, é improvável que seja aprovada alguma medida séria de reforma agrária.[14]

Consoante um estudo sobre a fome mundial apresentado ao presidente dos Estados Unidos em 1980, as nações subdesenvolvidas e desenvolvidas têm de compartilhar a culpa por permitirem a existência de fome no mundo. Eis o que o relatório da comissão presidencial disse acerca da responsabilidade das nações em desenvolvimento:

> Nos países em desenvolvimento, problemas políticos internos, questões de segurança nacional e o desenvolvimento industrial geralmente atraíram mais atenção e recursos do que mitigar a pobreza ou investir em agricultura. De fato, poucas nações jamais chegaram sequer a fazer destas últimas preocupações, prioridades elevadas para o desenvolvimento. A expansão de zonas rurais longínquas e atrasadas pouco atrativo político ou psicológico exerceu para os governantes civis ou militares propensos a manter seu controle e a modernizar suas sociedades segundo diretrizes tecnológicas e industriais requintadas. Adotando as prioridades do mundo industrializado, muitos líderes do Terceiro Mundo modernizaram seus exércitos e partes de suas cidades ao custo da agricultura e das preocupações com a saúde e a educação.

A comissão declarou que os Estados Unidos e outras nações desenvolvidas deviam compartilhar a responsabilidade pela fome mundial devido a suas diretrizes de ajuda ao estrangeiro terem sido conduzidas em outras direções.

> Os Estados Unidos e outras nações desenvovidas também têm atribuído prioridade baixa a aliviar a fome do mundo. Desde a Segunda Guerra Mundial, os países industrializados têm estado preocupados com tensões Leste-Oeste e sustentado o desenvolvimento econômico interno. Essas preocupações primordiais foram em grande parte determinadas pela natureza e pela extensão do envolvimento do Ocidente com o mundo em desenvolvimento. Tendo como preocupações prioritárias a segurança nacional e o anticomunismo, mais dinheiro tem estado disponível sempre para ajuda militar, transferência de armamento e instrução de pessoal militar do que para a formação de professores, cientistas, economistas, fazendeiros e especialistas em assuntos ligados à saúde ...A dura realidade é que a

absoluta maioria das pessoas famintas do mundo vive em países que têm tido escasso significado para os mercados mundiais de cereais e para preocupações geopolíticas ocidentais.[15]

A comissão concluiu que "a questão de acabar com a fome mundial recai em uma questão de decisão política... A Comissão concorda com outros estudos que, se fossem adotadas as escolhas políticas adequadas, o mundo poderia acabar com os aspectos piores da fome e da subnutrição até o ano 2000".[16]

ALIMENTOS INFLUEM NO DESENVOLVIMENTO

A disponibilidade de alimentos exerce efeito direto no desenvolvimento de um país. Possivelmente o efeito mais destrutivo e duradouro da ausência de alimentos - ou, mais comumente, de certos tipos de alimento - é o que encontramos em crianças das nações menos desenvolvidas. Conforme mencionado no capítulo 2, a morte de muitas crianças das nações pobres ao nascer ou em seus primeiros anos de vida é uma das causas de elevadas taxas de natalidade. A ONU estima que cerca de metade das crianças com menos de cinco anos, em uma nação tipicamente subdesenvolvida, sofre de alguma forma de desnutrição.[17] Uma deficiência de vitamina A leva à cegueira algo em torno de 100.000 crianças por ano nos países em desenvolvimento.[18] Mais comuns que a cegueira são os efeitos da subnutrição no desenvolvimento mental das crianças. Oitenta por cento do desenvolvimento do cérebro humano ocorrem antes do nascimento e durante os primeiros dois anos de vida fora do útero. Subnutrição da mãe grávida ou da criança após o nascimento pode afetar adversamente o desenvolvimento do cérebro da criança e, a par da reduzida estimulação que é comum em lares pobres, pode conduzir a uma capacidade de aprendizagem reduzida.

A desnutrição também diminui a capacidade de uma pessoa para defender-se de doenças, já que reduz a resistência natural do corpo à infecção. Sarampo e diarréia, que geralmente não são doenças sérias nas nações desenvolvidas, amiúde levam à morte crianças nas nações em desenvolvimento; com efeito, a diarréia é a maior causa singular de morte de crianças no Terceiro Mundo. Na criança debilitada pela subnutrição, a doença é provavelmente mais freqüente e mais grave do que a experienciada pela criança bem nutrida.

Alguns norte-americanos, quando visitam pela primeira vez o Terceiro Mundo, levam ao sair a impressão de que seus habitantes são preguiçosos, pois é provável verem diversas pessoas sentadas, sem fazer grande coisa. À parte a ausência de empregos ou de terra que possam lavrar, a desnutrição talvez desempenhe um papel nisso, porque, conforme um estudo enunciou, "pessoas cronicamente subnutridas, que comumente sofrem também de parasitas e doenças, são tipicamente apáticas e improdutivas".[19]

A presença de gente enferma e improdutiva em regiões rurais significa que não está sendo plantado tanto alimento quanto possível, e a presença de pessoas enfermas e improdutivas na região urbana provavelmente quer dizer que não estão sendo produzidos muitos artigos manufaturados nem explorados serviços. Uma nação que tem de gastar escassas divisas estrangeiras a fim de importar alimentos não pode usar esses fundos para apoiar seus planos de desenvolvimento. E, mais relevante, uma nação cujo recurso principal e mais importante - seu povo - está enfraquecido pela subnutrição dificilmente estimulará um tipo de desenvolvimento econômico que conduza realmente a uma melhoria de vida para a maioria de sua gente. James Grant, dirigente do Fundo das Crianças da ONU (UNICEF), descreveu corretamente o inter-relacionamento de todos os elementos-chave do desenvolvimento:

> Uma cama de gato de... sinergismos liga todos os aspectos do desenvolvimento: alfabetização da mulher catalisa programas de planejamento familiar; gravidezes menos freqüentes beneficiam a saúde materna e infantil; saúde melhor aproveita ao máximo a educação pré-escolar ou primária; a educação pode incrementar as rendas e a produtividade agrícola; melhores rendas ou melhor alimentação reduzem a mortalidade infantil; menos mortes de crianças tendem a levar a menos nascimentos; famílias menores melhoram a saúde materna; mães mais sadias têm bebês mais saudáveis; bebês mais saudáveis exigem mais atenção; o estímulo auxilia o amadurecimento mental; crianças mais espertas saem-se melhor na escola; ... e assim prossegue num padrão infindável de relações mutuamente fortalecedoras ou retardadoras que podem minimizar ou multiplicar os benefícios de qualquer dada contribuição recebida.[20]

O DESENVOLVIMENTO INFLUI NOS ALIMENTOS

O desenvolvimento ocorrido na Europa e nos Estados Unidos quando se industrializaram levou a um aumento da renda da família comum, e isso significou mais dinheiro para comprar alimentos. Conforme vimos na seção anterior, a pobreza é a principal causa da subnutrição. À medida que a renda cresceu no Ocidente, a fome desapareceu como preocupação da pessoa comum. Excetuando alguns subgrupos em países ocidentais, a desnutrição não é mais um problema comum.

O desenvolvimento também afeta o alimento de outras maneiras. À medida que uma nação se desenvolve, mudanças importantes começam a ocorrer em sua agricultura. Primeiro observaremos como o desenvolvimento afeta a quantidade de alimento produzido e como ele é produzido, e em seguida a maneira pela qual o desenvolvimento afeta o tipo de alimento que as pessoas consomem.

A Produção de Alimento

A agricultura ocidental produz uma quantidade impressionante de alimentos. O supermercado norte-americano, melhor que qualquer outra instituição, exemplifica a abundância que a agricultura moderna pode gerar. Os Estados Unidos produzem tanto alimento que imensas quantidades de colheitas importantes como milho, trigo e soja são exportadas. Grande parte da fartura norte-americana surgiu a partir do término da Segunda Guerra Mundial. De 1950 em diante os Estados Unidos aumentaram sua produção de alimentos em 50%, a despeito do decréscimo de terra cultivada.[21] O quadro 4 revela que, segundo estimativa do Departamento de Agricultura norte-americano, o fazendeiro americano médio, no início da década de 80, produzia alimentos suficientes para 78 pessoas. Qual a razão para esse aumento de produção? Há muitas razões, claro, mas isso se deve essencialmente ao fato de a agricultura norte-americana ter-se tornado mecanizada e científica. Utilizando novas sementes que podem beneficiar-se de generosas quantidades de fertilizantes, pesticidas, maquinaria pesada e irrigação, a produção aumentou enormemente. Mas este feito teve seus custos, como veremos no quadro a seguir.

A agricultura ocidental essencialmente converte combustível fóssil em alimento. Este tipo de agricultura desenvolveu-se quando o petróleo era barato. Grandes quantidades de energia são necessárias a fim de construir e operar a maquinaria da fazenda, bem como os sistemas de irrigação, para criar os pesticidas e para minerar e fabricar os fertilizantes. Igualmente, enormes quantidades de energia são necessárias para processar os alimentos, transportá-los para o mercado, embalá-los e expô-los em lojas de varejo. (Mesmo num período em que o preço da energia aumentou sensivelmente, o freezer aberto é ainda comum em supermercados norte-americanos.) Estimou-se que para aumentar a dieta do restante do mundo ao nível da americana - especialmente incluindo seu elevado consumo de carne bovina - gastar-se-ia quase todas as reservas de petróleo conhecidas no mundo em 15 anos.[22] A figura 6 mostra a quantidade de energia necessária para produzir vários alimentos, e esclarece bem as diferentes quantidades de energia gastas em agricultura moderna de alta produtividade comparada com a agricultura tradicional e a pré-agricultura. A figura revela que importantes alimentos modernos, como peixe oceânico e grande parte de nossa carne bovina e ovos, exigem um investimento de mais energia para produzir o alimento do que é obtida por intermédio deste.

Quadro 4 Números de pessoas para quem é produzido alimento por trabalhador rural americano

Ano	*Nº de Pessoas*
1930	10
1940	11
1950	15
1957	23
1981	78

Fonte: Dados de Wayne Rasmussen e Paul Stone, "Toward a Third Agricultural Revolution", *Food Policy and Farm Programs: Proceedings of the Academy of Political Science*, 34 (1982), p. 183.

Embora a agricultura moderna, mecanizada, geralmente seja - mas nem sempre - muito mais produtiva do que a tradicional mais comumente encontrada em países do Terceiro Mundo, esta é em geral bem mais eficiente energeticamente do que a ocidental. Na agricultura tradicional, a soma de energia gasta sob a forma de mão-de-obra e materiais da fazenda é tipicamente pequena comparada com o rendimento obtido. Resultados de até 50 para 1 são possíveis, conquanto os mais comuns sejam os de 15 para 1, ao passo que na moderna agricultura industrializada se gaste mais energia do que é produzida.[23] Para produzir e entregar uma lata de milho contendo 270 calorias aos consumidores dos Estados Unidos, têm de ser gastos um total de aproximadamente 2.800 calorias de energia. Para produzir cerca de 113 gramas de carne bovina, que também proporciona aproximadamente 270 calorias, é dispendida a espantosa soma de 22.000 calorias de energia.[24] Os antropólogos Peter Farb e George Armelagos dão-nos uma perspectiva do que carecemos para avaliar os efeitos que o desenvolvimento, tal como conseguido no Ocidente, está tendo na agricultura:

> Em suma, a agricultura atual é bem menos eficiente do que os métodos tradicionais de irrigação usados por asiáticos, entre outros, neste século, e por maias, mesopotâmicos, egípcios e chineses na antigüidade. A vantagem

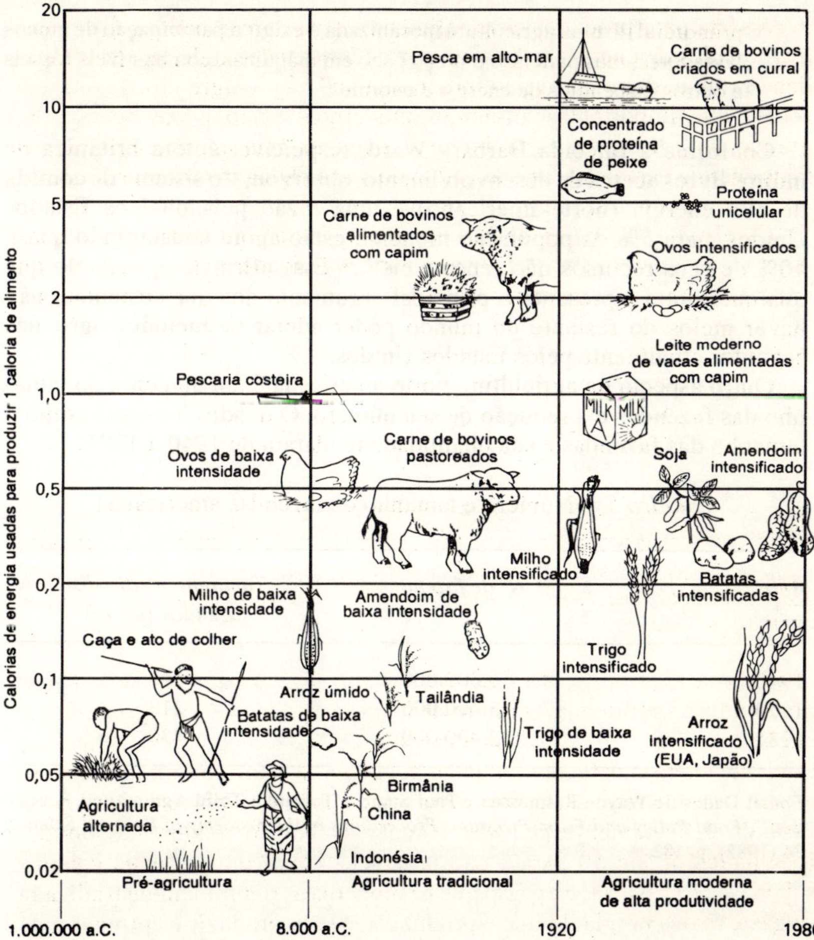

Figura 6 **Energia usada para produzir diversos alimentos.**

Fonte: Adaptado de *Ecoscience: Population, Resources, Environment* por Paul R. Enrlich et al., p. 349. Copyright © 1970, 1972, 1977 W. H. Freeman and Company. Usado com permissão.

primordial de uma agricultura mecanizada é exigir a participação de menos lavradores, mas para isso o preço pago em máquinas, combustíveis fósseis e outros dispêndios de energia é enorme.[25]

Conforme a falecida Barbara Ward, respeitável autora britânica de muitos livros acerca de desenvolvimento, observou, "o sistema de comida de alta energia (norte-americano) é uma razão pela qual os Estados Unidos, para 5% da população mundial, estão agora consumindo quase 40% de seus recursos não renováveis".[26] Essa afirmativa, mais do que qualquer outra, apresenta o principal argumento dos que sustentam não haver meios do restante do mundo poder adotar os métodos agrícolas seguidos atualmente pelos Estados Unidos.

Outro aspecto da agricultura norte-americana é um aumento do tamanho das fazendas e a redução de seu número. O quadro 5 mostra como o tamanho das fazendas e sua quantidade mudaram de 1940 a 1981.

Quadro 5 Número e tamanho de fazendas americanas

Ano	*Nº de fazendas*	*Tamanho médio das fazendas (acres)*
1940	6.000.000	167
1950	5.400.000	213
1981	2.400.000	430

Fonte: Dados de Wayne Rasmussen e Paul Stone, "Toward a Third Agricultural Revolution", *Food Policy and Farm Program: Proceedings of the Academy of Political Science*, 34 (1982), p. 182.

Procura maior de produtos agrícolas, a par de preços sustentados pelo governo, possibilitou aos fazendeiros substituir antigas fontes de energia (cavalos e mulas) por novas fontes (primeiro a máquina a vapor, e a seguir o motor a gasolina) e começar a utilizar mais maquinaria, sementes aperfeiçoadas, fertilizantes e produtos químicos, para combater pestes. Aumentos espetaculares da produtividade resultaram daí, de modo que em 1981 só uns 3% dos norte-americanos eram fazendeiros, tendo diminuído de cerca de 30% do ano de 1920.[27] Com o crescente investimento financeiro necessário para sustentar o novo tipo de agricultura e a concorrência das grandes fazendas, houve um declínio perceptível das pequenas fazendas de uma única família nos Estados Unidos.

O crescimento do que ficou conhecido como "agronegócio" - fazendas dirigidas como grandes firmas - significou uma concentração maior de controle sobre a produção de alimentos nos Estados Unidos, embora exista ainda suficiente concorrência na agricultura, de modo a que a alimentação nos Estados Unidos permaneça relativamente barata. As grandes fazendas industrializadas podem produzir colheitas de 100 milhões de tomates, mas às vezes com menos eficiência que os pequenos agricultores podem conseguir. Quando comissões tomam decisões em lugar do agricultor que cuida da colheita, quando há desatenção para as minúcias, e quando falta dedicação - dedicação que em geral só surge quando alguém tem interesse pessoal na fazenda -, encontra-se amiúde desperdício e "desadministração". Isso ocorreu em grande escala em grandes fazendas estatais na União Soviética e está acontecendo em grandes fazendas industriais nos Estados Unidos. Quando o autor de um livro sobre três diferentes tipos de fazendas nos Estados Unidos viu uma colheita inteira de cenouras sendo arrancada pelo arado ao invés de ser colhida, numa fazenda pertencente a uma grande sociedade anônima, na Califórnia, um supervisor da fazenda deu-lhe a seguinte explicação:

> Já há bastante cenouras no mundo [*sic*] sem estas... O preço não é lá essas coisas, e os armazéns estavam repletos quando estas alcançaram um bom tamanho. Fomos impedidos de colher. Alguém deixou o tempo passar e de repente elas estavam grandes demais. Mais do que trinta hectares cobertos por elas, o que dá sessenta milhões de cenouras mais ou menos. Elas não cabiam nos saquinhos de plástico em que se vendem as cenouras, a menos que fossem cortadas, e isso teria custado uma nota para o beneficiador. Ofereceram-nos 125 dólares por 0,4 hectare - e nos teria custado duzentos dólares só para contratar gente para colhê-las. Portanto, esta é a alternativa mais barata...[28]

Uma fartura de alimento nas nações desenvolvidas parece conduzir a aumento do desperdício. Foi avaliado por um relatório do Congresso que, anualmente, os Estados Unidos jogam fora comida suficiente para alimentar aproximadamente 50 milhões de pessoas.[29]

Além do desperdício de alimentos, há outro esbanjamento nos Estados Unidos que pode afetar sua capacidade para produzi-los no futuro: está ligado à perda de terra arável.

Cerca de 1.214.000 hectares de terra arável estão sendo perdidos anualmente nos Estados Unidos por causa do desenvolvimento; estão sendo cobertos por casas, estradas, centros comerciais, fábricas, e pelo crescimento urbano de modo geral. Se bem que a quantidade perdida seja pequena comparada com a de terra cultivável real e potencial nos Estados Unidos (cerca de 0,5%), a terra desperdiçada é comumente de primeira qualidade, e somente pode ser substituída por terra marginal, que não é tão fértil, é mais exposta à erosão e mais cara para ser utilizada.[30] Outras terras estão sendo perdidas nos Estados Unidos por excesso de plantio e pela erosão. O plantio, ano após ano, de certas colheitas de exportação espolia o solo de valiosos nutrientes. Igualmente, diversos fazendeiros do Oeste estão começando a lavrar frágeis pradarias e outros pastos para plantar trigo destinado à exportação. Quebra-ventos de árvores plantados durante os anos de grandes tempestades de pó da década de 30 estão sendo derrubados para dar lugar a mais terra para trigo. Os Estados Unidos já perderam aproximadamente um terço do solo arável de sua primitiva terra produtiva.[31] Uma estudo, porém, publicado pela Academia Nacional de Ciências norte-americana em meados da década de 80 concluiu que a erosão do solo no país dificilmente prejudicaria a produtividade da colheita no século XXI. Esse estudo constatou que cerca de 75% da terra cultivável do país estavam erodindo a taxas suficientemente baixas para as terras poderem permanecer produtivas indefinidamente.[32] Uma lei, aprovada pelo Congresso norte-americano em 1985, poderá continuar a melhorar a situação, já que visa a tirar da produção aproximadamente 18 milhões de hectares da terra mais erodível, pagando aos fazendeiros para cultivarem capim resistente à erosão e árvores nessa terra.

O Tipo de Alimento

À medida que uma nação se desenvolve, sua dieta muda. Quanto mais rica se torna uma nação, tanto mais calorias e proteínas seus cidadãos consomem. O cidadão médio de uma nação industrializada ocidental consome bem mais calorias e muito mais proteína do que precisa para ter boa saúde. Grande parte do excesso de proteína provém de um vasto incremento do consumo de carne. Amiúde, o consumo de carne, em vez de cereais, a fim de obter proteína necessária ao crescimento e desenvolvimento do ser humano, é um emprego muito ineficiente do alimento.[33] Segundo mostra a figura 7, a cada 3,5 quilogramas de cereais e feijão de soja dados ao gado produtor de carne bovina nos Estados Unidos obtém-se 454 gramas de carne para consumo humano. Aproximadamente três quartas partes da energia alimentar na dieta asiática provêm diretamente de cereais (cerca de 136 a 182 quilos anuais), ao passo que um norte-americano consome quase uma tonelada de cereais por ano, mas 80% deles são primeiro dados a animais.[34] Os Estados Unidos consomem a maior quantidade de carne bovina por pessoa do mundo, se bem que muitas outras nações ocidentais desenvolvidas também tenham elevado consumo de carne. Geralmente peritos em nutrição concordam que excesso de calorias e de consumo de carne pode levar a graves problemas de saúde. Barbara Ward descreve os aspectos nocivos de tal dieta:

> O automóvel, o televisor e o crescente volume de serviço burocrático bem podem ter produzido a população literalmente mais sedentária jamais conhecida pela sociedade humana. Mas, ao mesmo tempo, dietas recheadas com as proteínas e calorias necessárias a um lenhador ou a um pugilista profissional tornaram-se predominantes. Por toda parte, elevado consumo de carne exige animais nutridos com cereais. Entrementes, o pouco cereal que comemos possui escasso valor nutritivo e matérias fibrosas, já que estas são retiradas quando a farinha é refinada. Assim, o intestino humano é privado das fibras de que carece para funcionar bem. A ingestão de verduras frescas - que também fornecem as fibras necessárias - caiu para cerca de um terço e meio neste último meio século. Produtos beneficiados, desfibrados, tomaram-lhes o lugar. Os resultados são praticamente visíveis. Em todas as nações desenvolvidas, a obesidade e doenças ligadas à dieta são agora um grave problema médico... Muitos especialistas médicos estão hoje de acordo em que com gordura, açúcar, colesterol, cereais refinados, aditivos alimentares e a ausência generalizada de fibras, os cidadão modernos estão literalmente comendo e bebendo diretamente rumo à sepultura.[35]

Gostaria de encerrar esta seção com uma breve explicação de como o desenvolvimento afetou o primeiro alimento que os seres humanos recebem após nascer. Se você nasceu antes de 1940, são boas as probabilidades de seu primeiro alimento ter sido leite materno, ao passo que, se nasceu após 1955,[36] seu primeiro alimento foi provavelmente uma fórmula preparada pela mão humana e dada por uma garrafa (utilizando leite de vaca como ingrediente básico). Um rápido declínio da amamentação está ocorrendo agora no Terceiro Mundo, em parte devido à urbanização e aos esforços promocionais dos fabricantes de fórmulas (fator mais importante no passado do que agora), em parte devido a um desejo de imitar os Estados Unidos, de ser "moderninho". Como os pobres do Terceiro Mundo vêem a coisa, se os ricos usam mamadeira para seus bebês, então isso deve ser melhor.

Mas é melhor? Não, não é. Os nutricionistas concordam que o leite humano é o melhor alimento para os bebês. A amamentação é também a maneira mais segura, barata e fácil de alimentar bebês. A amamentação provavelmente melhora a vinculação - uma espécie de sentimento de intimidade - entre a mãe e o bebê, e, conforme vimos no capítulo 2, pode agir como um controle de natalidade natural. O aleitamento ao seio dá ao bebê anticorpos que o habilitarão a combater as infecções; isso é especialmente relevante, já que seu próprio sistema de imunização ainda não está plenamente formado durante o primeiro ano. Um estudo em 1980, nc

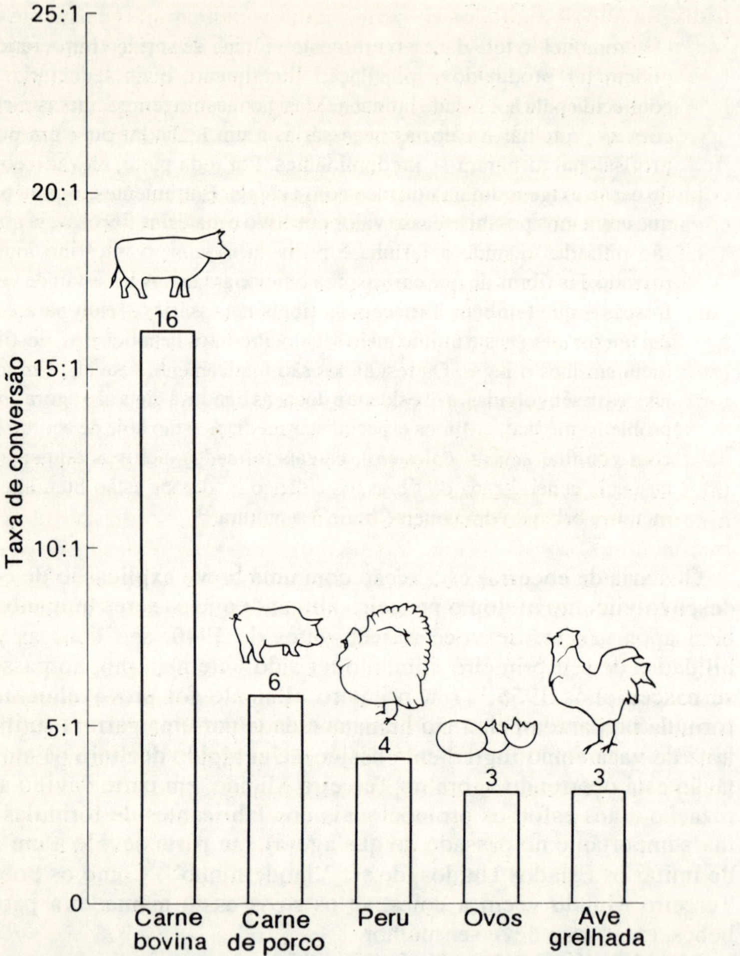

Figura 7 Libras-peso de cereais e soja dados para obter uma libra-peso de carne bovina ou de ave, ou ovos, nos EUA.

Fonte: Frances Lappé, *Diet for a Small Planet* (Nova York: Ballantine Books, 1982), p. 70. Transcrito com permissão de Frances Moore Lappé e seus agentes, Raines & Raines. Copyright © 1971, 1975, 1982 por Frances Moore Lappé.

Brasil, de filhos de pais pobres, mostrou que bebês alimentados com preparados tinham três a quatro vezes mais probabilidade de estar desnutridos do que os aleitados ao peito. Estudos indicaram igualmente que na Índia bebês alimentados com mamadeira têm diarréia três vezes mais freqüentemente do que os alimentados ao peito, e no Egito mortes de bebês são cinco vezes maiores entre os da mamadeira que os amamentados.[37] Muitos dos efeitos nocivos da alimentação com preparados no Terceiro Mundo ocorrem por causa da ausência de refrigeração, e de conhecimentos acerca da importância da esterilização. Também, a mistura engarrafada é cara, de sorte que mães pobres muitas vezes diluem-na com água, o que a deixa demasiado fraca.

Agora existe um movimento de algumas mães norte-americanas para a volta à amamentação ao seio, mas as que o fazem pelo menos por três meses ainda estão em minoria. Mães que trabalham fora acham mais cômodo dar a mamadeira, e a cultura norte-americana ainda considera a amamentação uma cena chocante. Porque as mulheres norte-americanas não mais podem apelar para suas mães em busca de ajuda ou estímulo em amamentação (já que as mães não fizeram isso), uma organização especial - a Liga de La Leche - foi formada por algumas americanas para auxiliar outras a aprenderem acerca de amamentação e a ajudá-las em suas dificuldades. O que descobrimos neste caso é uma sociedade moderna afastando-se de uma das funções humanas mais fundamentais e tendo, depois, de reaprender as vantagens dessa função corporal e como praticá-la.

O reconhecimento generalizado dos efeitos nocivos devidos à adoção da mamadeira por nações do Terceiro Mundo levou a Organização Mundial de Saúde, em 1981, a adotar, por um voto de 118 a 1 (só os Estados Unidos votaram "não"), um código não-obrigatório restringindo a promoção de preparados para a alimentação infantil.[38]

A REVOLUÇÃO VERDE

A introdução de alta tecnologia agrícola no Terceiro Mundo foi denominada Revolução Verde. Esta possui dois componentes básicos: a utilização de novas sementes, especialmente para trigo, arroz e milho, e o emprego de vários "aditivos", tais como fertilizantes, irrigação e pesticidas. As novas sementes, desenvolvidas por mais de vinte anos de polinização recíproca, são altamente suscetíveis à fertilização. Se receberem suficientes fertilizantes e água, e se forem mantidas sob controle das pragas, as sementes produzem alto rendimento. A introdução dessa nova tecnologia agrícola no Terceiro Mundo, em meados da década de 60, acarretou colheitas altamente aumentadas de trigo e impressionantes aumentos da produção de arroz em diversos países asiáticos. Num período de seis anos a Índia dobrou sua produção de trigo e o Paquistão saiu-se quase tão bem. Significativos incrementos da produção de arroz ocorreram nas Filipinas, Sri Lanka, Indonésia e Maláisia. A produção mexicana de trigo e milho triplicou em apenas três décadas.[39] Não apenas as colheitas foram muito maiores, mas colheitas múltiplas - em alguns lugares até mesmo três - tornaram-se possíveis em um ano devido ao amadurecimento mais veloz das plantas.

Lamentavelmente, a Revolução Verde tem tido alguns efeitos colaterais negativos e imprevistos. Um dos piores, discutido mais amplamente no capítulo referente à tecnologia, é que tendeu a beneficiar aos grandes e ricos fazendeiros, nos países em desenvolvimento, muito mais do que aos pequenos e pobres. Fertilizantes, pesticidas, sistemas de irrigação e as novas sementes, tudo custa dinheiro, e são os grandes fazendeiros que dispõem da riqueza para adquirir estes ou de acesso ao crédito para financiá-los.

Outros aspectos negativos da nova tecnologia tornaram-se evidentes. As novas sementes altamente endógenas são amiúde menos resistentes a doenças do que algumas das tradicionais. Também, plantar uma única variedade de uma planta - a chamada monocultura - cria uma condição ideal para a rápida disseminação de doenças ou para a veloz multiplicação de insetos que se alimentam dessa planta. (A praga da batata irlandesa nos meados do século XIX e a do milho americano em 1970 são exemplos de doença graves que atacaram monoculturas.) As novas sementes são igualmente menos tolerantes à escassez ou ao excesso de água; assim, secas e enchentes têm efeito mais nocivo nessas plantas do que nas variedades tradicionais de cereais.

Certamente, sem a produção aumentada, decorrente da Revolução Verde, muitos países em desenvolvimento já teriam perdido a batalha para conseguir disponibilidade de alimento para sua população velozmente crescente. Mas, como asseverou o "pai" da Revolução Verde, o norte-americano Dr. Norman Borlaugh - que recebeu o Prêmio Nobel da Paz por seu trabalho na criação do trigo de alto rendimento -, a Revolução Verde não pretendia ser a solução final para o problema alimentar do mundo: destinava-se a dar às nações um espaço, uma folga de vinte a trinta anos durante a qual poderiam conseguir impor certo controle ao crescimento de sua população. Borlaugh está tão desapontado, como o estão muitos outros, por não haver sido usado esse prazo por muitas nações para adotarem medidas severas destinadas a frear a explosão demográfica.[40]

POLÍTICAS DOS GOVERNOS SOBRE ALIMENTAÇÃO

A disponibilidade de comida é uma necessidade tão fundamental que nenhum governo, ao que eu saiba, adota uma política de "ficar de fora" quanto à sua produção, aos preços e à distribuição. Conforme foi mencionado acima, na seção "Causas da Fome Mundial", muitas nações em desenvolvimento atribuíram prioridade relativamente baixa ao desenvolvimento agrícola e a socorrer os pobres das áreas rurais, concentrando-se no desenvolvimento industrial em vez de no rural. Quase todas as nações em desenvolvimento dispõem de recursos financeiros escassos, de sorte que têm de ser tomadas decisões acerca de onde aplicá-los. Não será surpresa para estudiosos de administração pública que fundos públicos geralmente beneficiem grupos com projeção e poder político. Líderes políticos querem continuar no poder, e são amiúde elites políticas e econômicas que influirão no tempo de permanência do líder no poder em vez de dispersos e fracos - tanto física quanto politicamente - pequenos granjeiros e pobres da zona rural. As massas urbanas são muito mais ameaçadoras para os políticos do que os pequenos fazendeiros, e a população urbana exige bastante comida barata.

O desejo de manter o poder, claro, não é a única razão pela qual o desenvolvimento rural não recebeu prioridade elevada em muitas nações do Terceiro Mundo. O desejo de alcançar padrões de vida elevados no Ocidente, seguindo o caminho tomado pelos Estados Unidos e outras nações desenvolvidas - tanto capitalistas como comunistas - com seu destaque dado à industrialização, tem sido difícil de resistir; afigurou-se ser um meio relativamente rápido de diminuir a pobreza. A ajuda ao estrangeiro pelos Estados Unidos, nos anos 50 e 60, certamente estimulou nações desenvolvidas a seguir esse caminho. Nós, que estávamos na época no programa de ajuda ao estrangeiro, reconhecemos que essa estratégia era um jogo, que talvez os benefícios não chegassem até os pobres; a outra alternativa, porém, de trabalhar diretamente junto aos milhões de pobres rurais não se afigurou viável. Barbara Ward revela quão dominante chegou a ser essa estratégia de ressaltar a industrialização ao invés do desenvolvimento rural: "Até aqui, na média, apenas 20% do investimento da maioria das nações em desenvolvimento alcançaram os 70 a 80% das pessoas das áreas rurais."[41]

Como responder ao argumento de que, dada a limitação dos fundos públicos, é impossível conceder qualquer ajuda expressiva aos milhões das zonas rurais onde existe a maior parte dos famintos? A resposta é que uns poucos países asiáticos - ou seja, Japão, Coréia do Sul e Taiwan - levaram prosperidade expressiva a suas áreas rurais com certas medidas que adotaram. Primeiro, promulgaram medidas de reforma agrária - no caso do Japão, durante a ocupação pelas forças dos Estados Unidos após a Segunda Guerra Mundial - que acabaram com os donos da terra totalmente ausentes e com acordos de arrendamento absolutamente espoliatórios. A terra foi essencialmente entregue aos que dela cuidavam. Em segundo lugar, foram criadas cooperativas para auxiliar pequenos fazendeiros em suas compras de aditivos necessários e na mercantilização de suas colheitas. Os governos também proporcionaram informações e ajuda aos fazendeiros por meio de um atuante serviço de extensão agrícola e de pesquisas agrícolas. Pequenos granjeiros japoneses agora apresentam alguns dos mais elevados rendimentos por hectare do mundo, e a mecanização que empregaram em suas propriedades - sobretudo com pequenas máquinas - tendeu a aumentar o número de empregos rurais, e não a diminuí-lo. Colheitas duplicadas, e até triplicadas, anualmente no mesmo trecho de terra tornaram-se possíveis, e mais trabalhadores foram necessários para se encarregarem delas.

A China, sob o governo de Mao Tsé-tung, salientou a agricultura no lugar da industrialização, após o desastroso "Grande Salto para a Frente" (um programa concentrado e urgente de desenvolvimento econômico do final da década de 1950). A China alcançou impressionantes acréscimos em sua produção agrícola, porém por causa do veloz aumento demográfico o acréscimo de comida tem servido sobretudo para alimentar o número maior de pessoas. A fome, por certo, hoje é um problema menor na China do que era antes da tomada do poder pelos comunistas, porém os custos têm sido elevados. Opositores políticos têm sido maltratados e danos expressivos para o meio ambiente decorreram dos esforços para aumentar a terra agriculturável. Foram derrubadas florestas e terra marginal de pastoreio foi convertida em terra para plantio. Embora o governo comunista também tenha se esforçado para proteger o ambiente, suas ações voltadas para aumentar a produção agrícola conduziram a um desgaste crescente da terra. Significativos aumentos da erosão, e até possíveis alterações climáticas (queda de chuva reduzida), foram registradas.[42]

Outro importante governo comunista - a União Soviética - adotou normas radicalmente diversas das da China. Sob o longo domínio de Stalin, o país colocou a industrialização em primeiro lugar, e a agricultura foi empregada em apoio à industrialização. Também, o desejo de afastar opositores políticos ao regime comunista - os prósperos pequenos fazendeiros conhecidos como *kulaks* - e o desejo de substituir as fazendas de propriedade privada por fazendas estatais e coletivas, conduziu ao que é comumente visto como a destruição da agricultura eficiente do país. A incapacidade da União Soviética para produzir alimentos suficientes para sustentar seu povo provocou a importação de vastas quantidades de trigo dos Estados Unidos e de outros países capitalistas.

Há espaço neste capítulo apenas para delinear ligeiramente as orientações norte-americanas no tocante a alimentos. O essencial a ser definido é que o governo norte-americano é muito atuante nessa área. Até os primeiros anos deste século, a política do governo era sobretudo de encorajar a produção das fazendas, mas desde 1950 ela tem sido dirigida sobretudo de modo a enfrentar um excesso de produção. A política fundamental tem sido compensar os baixos preços rurais utilizando a sustentação de preços, comprando excedentes, e pagando os fazendeiros para plantarem menos alimentos. Durante os anos das décadas de 50 e 60, a política do governo norte-americano (e do Canadá) de adquirir os excedentes levou à formação de imensas reservas públicas. Alimentos dessa reserva iam para nações pobres, como base no programa da Lei Pública 480, pela qual alimentos em excesso eram dados ou vendidos a nações em desenvolvimento. Os preços mundiais da comida foram geralmente estáveis nesse período desde que, durante anos de colheita ruim, alimentos da reserva pública eram liberados. Agora não é norma dos Estados Unidos ou do Canadá estimular grandes reservas públicas de alimentos, de sorte que não há mais reservas para funcionarem como amortecedores em períodos de colheita ruim. Mais recentemente, o governo norte-americano encorajou e apoiou a exportação de produtos agrícolas norte americanos para outras nações. Os Estados Unidos tornaram-se o mais destacado exportador de comida do mundo. O governo apóia isso, porque, conforme mencionado acima, as exportações ajudam a corrigir os grandes déficits comerciais que às vezes o país experimenta. Esta orientação, e o ponderável poder político do fazendeiro norte-americano, ajudam a gente a entender por que o violentamente anticomunista presidente norte-americano dos primeiros anos da década de 80 - Ronald Reagan - suspendeu a proibição de venda de cereais à União Soviética, que seu antecessor estabelecera após a Rússia invadir o Afeganistão em 1979.

FUTUROS RECURSOS ALIMENTARES

Quanta comida pode ser produzida no mundo? Quantos podem ser alimentados? Como para muitas outras indagações suscitadas neste livro, não há respostas simples. Igualmente, não é difícil encontrar peritos que dêem respostas bem diferentes a estas indagações. Nesta seção final, examinaremos seis tópicos diretamente relacionados com essas importantes perguntas: o efeito do clima, a quantidade de terra arável, custos da energia, esforços para incrementar a eficiência da agricultura, novos alimentos e tecnologia, e, por fim, expectativa da futura produção de alimentos.

Clima

Especialistas discordam quanto ao fato de a terra vir a ter um clima mais quente ou mais frio no futuro, mas geralmente concordam em que haverá probabilidade de maior variação do clima do que houve no passado recente. Há concordância generalizada de que o clima nos últimos decênios nos Estados Unidos e no Canadá foi incomumente bom para a agricultura, mas não há razões para considerar esse tipo de clima imutável. Com efeito, a variabilidade é a marca registrada do clima da Terra, quando examinado por longos períodos; vêem-se ciclos de longo prazo de centenas de anos e ciclos mais curtos de quinze a vinte anos.[43] Alguns desses ciclos podem estar relacionados com a atividade solar. Uma variabilidade maior de clima (extremos mais alto e mais baixo de temperatura e menores precipitações pluviais) provavelmente diminuirão a produção agrícola pelo mundo afora, devido à vasta porção de terra marginal agora utilizada para agricultura. Neste país, tal como em partes do Oeste norte-americano, o Oeste canadense e o Leste soviético, uma ligeira redução na queda de chuva ou uma estação de crescimento ligeiramente mais curta pode expressar a diferença entre uma boa colheita e pouca ou nenhuma colheita.

Terra Arável

Cerca de metade da terra do mundo suscetível de ser cultivada - a terra arável - está atualmente sendo utilizada para a agricultura. Grande porções de terra agriculturável em potencial existem na América Latina e África; a Organização de Alimentos e Agricultura (FAO) da ONU estima que apenas cerca de 20% da terra potencialmente arável dessas duas regiões estão sendo cultivados.[44] No entanto, o *Relatório Global 2000* do governo norte-americano prevê que a terra usada para a agricultura crescerá só 4% entre 1970 e o ano 2000.[45] Por que esta enorme diferença entre o potencial e o esperado? Na África, grande parte da terra não utilizada está infestada pela mosca tsé-tsé, que provoca a doença do sono. Outra razão importante é o fato de a maior parte da terra arável boa do mundo já estar sendo utilizada. Grande parte da remanescente terra arável fica longe dos centros populosos, e um bocado dela é terra marginal, cara para se tornar produtiva e assim se manter. Grandes somas de energia seriam necessárias para desenvolvê-la - construir estradas até ela, a fim de transportar seus produtos para o mercado, irrigá-la e fertilizá-la. Devido a tais problemas, além dos obstáculos sociais e políticos a serem superados para desenvolver tais áreas, fica difícil estimar o potencial para incrementar a disponibilidade de terra agriculturável. Muitos conhecedores concordam, contudo, que somente um modesto acréscimo será alcançado em futuro próximo. Essas estimativas também têm de levar em consideração a vasta quantidade de terra agriculturável atualmente em processo de urbanização, através de erosão provocada pela derrubada de florestas e pela exaustão do solo devido ao excesso de plantio, pela desertificação causada por excesso de pastoreio e de plantio à beira de desertos, e pela perda de terras irrigadas (salinização e transporte de madeira pelos rios) devido à deficiente drenagem. O *Relatório Global 2000* cita o exemplo do Egito, onde,

> a despeito de esforços para franquear novas terras à agricultura, a área total de terra agriculturável permaneceu quase imutável nestas duas últimas décadas. Assim que áreas adicionais são irrigadas com água vinda da represa de Assuã, antigas terras produtivas no Nilo são convertidas para fins urbanos.[46]

Custos da Energia

O aumento espetacular de custos de energia nos anos 70 exerceu profunda influência na agricultura, e os custos acrescidos esperados para o futuro afetarão intensamente a produção de alimentos e o custo destes. Conforme vimos, a agricultura ocidental é intensiva em energia, e a difusão desse tipo de agricultura pelo Terceiro Mundo, através de Revolução Verde, também acarretou uma adesão à utilização de vastas quantidades de energia. Provavelmente mais do que qualquer outro fator isolado, o custo e disponibilidade de energia afetarão intensamente a produção agrícola no futuro. No passado, a duplicação do volume físico da agricultura exigiu uma decuplicação da quantidade de energia utilizada.[47] Algumas pessoas esperam por um grande avanço na pesquisa da fusão nuclear que levaria a se tornarem disponíveis vastas quantidades de energia elétrica; combustíveis fósseis poderiam então ser destinados à utilização na agricultura. Outros esperam que o Terceiro Mundo de algum jeito venha a desenvolver uma agricultura não dependente de elevada utilização de energia e de aditivos ligados à energia, como é comum nos países desenvolvidos. Para isto, teria também de rejeitar o regime alimentar ocidental como ideal com que sonhar.

Eficiência Aumentada

Se o potencial para aumentar a quantidade de terra agriculturável do mundo não for grande e o custo da energia pode ser esperado subir a longo prazo - conforme veremos no capítulo 4 -, que esperança haverá para se alimentar a crescente população do mundo? Alguns vêem uma esperança no aumento da produção pelo aperfeiçoamento dos métodos agrícolas na terra já disponível. A FAO estima que vastos acréscimos da produção agrícola possam ser obtidos no Terceiro Mundo por meio de técnicas aperfeiçoadas.[48] Parte disso pode ser alcançado disseminando técnicas da Revolução Verde em terras novas, mas os problemas para conseguir isso, conforme observamos, permanecem formidáveis. Outra possibilidade a ser considerada é um aumento da agricultura orgânica. Este tipo, agora praticado por apenas cerca de 1% das fazendas do mundo, destina-se a conservar energia e recursos naturais. Pesticidas são refugados e fertilizantes naturais são empregados para manter e melhorar a fertilidade do solo. Se a agricultura orgânica ou uma outra técnica for adotada - como as utilizadas nas fazendas japonesas, onde relativamente pequenas nesgas de terreno são usadas intensamente -, um aumento de eficiência das fazendas do Terceiro Mundo poderia incrementar a produção.

Novos Alimentos e Tecnologias

A técnica genética em plantas alimentícias foi classificada como tecnologia com potencial para transformar a agricultura, mas ninguém pode predizer quando esta chegará ou como afetará a produção. Estão sendo empreendidas pesquisas sobre como criar resistência a doenças e insetos, a solos salinos e herbicidas, a secas e a temperaturas extremas. Outra área de pesquisa está focalizada no feijão rápido. Este altamente nutritivo feijão, quando associado ao milho, possui o valor proteínico do leite. Pode ser plantado em solos arenosos ou lodosos sem fertilizante, e alguns agricultores crêem que possa vir a se tornar "a soja dos trópicos".

Uma possibilidade de incrementar a proteína disponível no mundo poderia vir da criação de *krill*, parecido como camarão, no Antártico. O "krill", que costumava ser o principal alimento de certas espécies de baleias antes destas serem dizimadas pela pesca excessiva, existe em grande número. Também se acredita que a "aquacultura", ou criação de peixes, possa produzir significativos acréscimos de proteína no futuro.

Produção Futura de Alimentos

O *Relatório Global 2000*[49] projeta que a produção mundial de alimentos ficará à frente do crescimento demográfico até o ano 2000.

No período 1970-2000, esse Relatório projeta um aumento de 90% na produção de alimentos, correspondendo a aumento de 15% *per capita*. (Esta projeção baseia-se na suposição de não haver deterioração climática - suposição essa, como vimos, que talvez não se justifique.) Há grande variação entre as regiões do mundo, contudo os maiores aumentos per capita ocorrem em países desenvolvidos já com elevado consumo per capita. Os países grandes e densamente povoados do sul da Ásia (Índia, Paquistão, etc.) dificilmente melhorarão, como tampouco vastas áreas do Oriente Médio e norte da África. O Relatório projeta um declínio, no ano 2000, do consumo de alimentos *per capita*, para muitas nações menos desenvolvidas da África ao sul do deserto do Saara.[50]

Não faz muito tempo, considerável número de pessoas esperava que o problema mundial de alimentos seria resolvido pela colheita de peixe dos oceanos; agora, porém, é geralmente admitido que, conforme um biólogo marinho explica, a maior parte do oceano é um deserto biológico.[51] Quase todos os peixes do mundo são pescados em águas costeiras, e em relativamente poucos lugares longe da Terra onde haja um forte soerguimento da água que traga nutrientes para a superfície. A pesca mundial estacionou na década de 1970. O *Relatório Global 2000* projeta que a pesca de peixe no mundo pouco aumentará, se tal ocorrer, até o ano 2000.[52]

Durante as próximas décadas, haverá indubitavelmente carência crônica de alimentos e períodos de excessos e deficiências alimentares generalizados. Espera-se que diversos países fiquem mais dependentes do que já o são de um limitado número de produtores de cereais, como os Estados Unidos. O *Relatório Global 2000* admite que os Estados Unidos conservarão sua posição como maior exportador mundial de alimentos até o ano 2000.

Mesmo com o crescimento da produção mundial *per capita* de alimentos, espera-se que, a prosseguirem as atuais tendências e as orientações dos governos, o número de pessoas subnutridas no mundo será maior no ano 2000 do que é agora. O Banco Mundial estimou que o número de desnutridos do Terceiro Mundo pode aumentar de 400 a 600 milhões em meados da década de 70 para cerca de 1,3 bilhão em 2000.[53] Uma das razões para este incremento, mesmo com a melhoria dos números *per capita*, é serem estes números médios que, portanto, mascaram grandes diferenças entre pessoas, com muitas comendo mais do que precisam e outras comendo menos. Isto, contudo, é só parte da razão. Malgrado o preço do petróleo não esteja aumentando tanto quanto se esperava no final dos anos 70 e início da década de 80, a perspectiva a longo prazo para um aumento do custo do petróleo ainda é boa, e isto provavelmente tornaria a comida mais cara. O pesquisador de agricultura John Tarrant explica como os preços aumentados afetarão o problema alimentar do mundo:

> O problema *real* que perdura é a incapacidade do mundo a longo prazo para sustentar sua continuamente crescente população, *a um preço que esta tenha condições de pagar*. Há um potencial apreciável para ampliar a produção mundial de alimentos, porém serão alimentos caros. Grande parte da população do mundo é pobre demais para comprar comida aos preços vigentes. O problema não é tanto um dilema técnico para aumentar a produção de alimentos, apesar desta se tornar progressivamente mais difícil, porém o desenvolvimento econômico e social do Terceiro Mundo que possibilitará à população ter, pelo menos, condições de adquirir comida.[54]

CONCLUSÕES

Um dos problemas mais fundamentais com que se defrontam muitas nações menos desenvolvidas é o de como acabar com a fome em suas terras. O aumento rápido de suas populações e a negligência no passado com a agricultura resultaram em aumento do sofrimento nas zonas rurais. Progressos da tecnologia ajudaram a manter a produção global de alimentos em muitos países pobres à frente de suas necessidades acrescidas, mas a generalizada pobreza dos distritos rurais, assim como a de algumas áreas urbanas indicam que muita gente não pode pagar pela comida existente no mercado. A abordagem de crescimento eqüitativo, apresentada no Capítulo 1, parece oferecer algumas maneiras de como atacar o problema. A ênfase atribuída por essa abordagem ao desenvolvimento agrícola, assim como o aumento crescente de empregos tanto na área rural quanto na urbana devem proporcionar renda crescente a considerável número de pobres. Japão, Coréia do Sul e Taiwan mostram que adotadas certas medidas pelos governos e existindo um mercado essencialmente livre, a pobreza pode ser drasticamente diminuída.

As nações desenvolvidas também enfrentam formidáveis problemas quanto a alimentos. Nelas, os problemas são assaz diferentes dos com que se deparam as nações em desenvolvimento. As nações ricas têm de aprender a produzir comida saudável e a conservar um próspero setor agrícola. Há indícios de que, entre algumas pessoas nos Estados Unidos, existe uma preocupação nova com os tipos de alimentos ingeridos pelo povo. Se esse desejo de alimentos mais saudáveis mais a consciência da ligação entre comida e saúde se disseminarão da minoria para a maioria da população ainda não está bem claro. Está certo, contudo, que em sistemas econômicos onde os consumidores possam exercer livremente suas preferências, existe a possibilidade de ocorrerem bem rapidamente alterações relevantes.

O quadro que revela a sanidade da economia agrícola em alguns países desenvolvidos não se mostra brilhante. Nos Estados Unidos, a grande dívida em que muitos fazendeiros incorreram lançou pesada nuvem escura sobre a atividade agrária. Os Estados Unidos ainda não aprenderam como conservar um setor agrícola próspero. Suas possibilidades produtivas são impressionantes, porém, segundo este capítulo indicou, sua elevada dependência de fornecimento de energia incerto e potencialmente muito dispendioso, e sua propensão a solapar a terra sobre a qual repousa, torna inseguro seu futuro.

NOTAS

1. Frances Moore Lappé e Joseph Collins, *Food First: Beyond the Myth of Scarcity*, edição revista, Nova York, Ballantine Books, 1978, p. 122; e Raymond Hopkins, Robert Paarlberg, e Mitchel Wallerstein, *Food in the Global Arena*, Nova York, Holt, Rinehart and Wilson, 1982, p. 2.
2. Barbara Insel, "A World Awash in Grain", *Foreign Affairs*, 63, "primavera de 1958, p. 893.
3. Erik P. Eckholm, *Down to Earth: Environment and Human Needs*, Nova York, W.W.Norton, 1982, pp. 21-2.
4. "Fome" e "subnutrição" referem-se a consumo insuficiente de calorias, enquanto "desnutrição" tem a ver com a falta de alguns nutrientes necessários, em geral proteínas. Para simplificar, estou pondo em pé de igualdade fome com subnutrição e desnutrição.
5. Nevin Scrimshaw e Lance Taylor, "Food", *Scientific American*, setembro de 1980, p. 80.
6. The Hunger Project, *A Shift in the Wind*, no 12, p. 9.
7. Richard Critchfield, *Villages*, Garden City, NY, Anchor Press Doubleday, 1981, pp. 285-6.
8. Eckhoem, *Down to Earth*, p. 15.
9. Roy L. Prosterman, *The Decline in Hunger-related Deaths*, The Hunger Project Papers, no. 1, São Francisco: The Hunger Project, 1984, p. 11.
10. John R. Tarrant, *Food Policies*, Nova York, John Wiley, 1980, p. 12.
11. *The New York Times*, última edição local, 7 de junho de 1983, p. 1.
12. Para uma ampla discussão das causas das crises de fome na África, ver Carl K. Eicher, "Facing Up Africa's Food Crisis", *Foreign Affairs*, 61, outono de 1982, pp. 151-74; e uma série de artigos sobre a África no *Bulletin of the Atomic Scientists*, 41, Setembro de 1985, pp. 21-52.
13. Critchfield, *Villages*, p. 71.
14. Lappé e Collins, *Food First*, pp. 17-23; *The New York Times*, última edição local, 24 de novembro de 1981, p. 1.

15. Presidential Commission on World Hunger, *Overcoming World Hunger: The Challenge Ahead*, Washington, DC, US Government Printing Office, 1980, p. 43.
16. Ibid., p. 45.
17. Paul R. Ehrlich, Anne H. Ehrlich, e John P. Holdren, *Ecoscience: Population, Resources, Environment*, San Francisco: W. H. Freeman, 1977, p. 313.
18. Presidential Commission on World Hunger, *Overcoming World Hunger,* p. 16.
19. Ehrlich et al., *Ecoscience,* p. 303.
20. Conforme citado em The Hunger Project, *A Shift in the Wind*, nº. 15, p. 4.
21. *Christian Science Monitor*, 1º de Abril de 1982, p. 4.
22. Hopkins et al., *Food in the Global Arena*, p. 102.
23. William Ophuls, *Ecology and the Politics of Scarcity*, São Francisco, W. H. Freeman, 1977, pp. 42-3. A energia despendida na agricultura moderna é sobretudo energia não-humana, claro, e a maioria das pessoas considera isso como um dos aspectos mais atraentes da agricultura moderna.
24. Peter Farb e George Armelagos, *Consuming Passions: The Anthropology of Eating*, Boston, Houghton Mifflin, 1980, p. 69.
25. Ibid., pp. 69-70.
26. Barbara Ward, *Progress for a Small Planet*, Nova York, W.W.Norton, 1979, p. 92.
27. Ross Talbot, "Food in the American Political Economy", *Food Policy and Farm Programs: Proceedings of the Academy of Political Science*, 34, 1982, pp. 1-2.
28. Mark Kramer, *Three Farms: Making Milk, Meat and Money from the American Soil*, Boston, Little, Brown, 1980, p. 248.
29. Ward, *Progress for a Small Planet*, p. 93.
30. *Christian Science Monitor* 1º de abril de 1982, p. 4.
31. *Christian Science Monitor* 1º de Abril de 1982, p. 4
32. *The New York Times*, última edição local, 16 de maio de 1986, p. A10.
33. O consumo de carne (e também de leite de vaca e de cabra) *pode* fazer sentido sob o ponto de vista nutricional: vacas e carneiros, por exemplo, podem consumir capim, que a gente não pode digerir, em lugares onde o clima ou o estado da terra impossibilitam o plantio para colheita.
34. Ehrlich et al., *Ecoscience*, p. 315.
35. Ward, *Progress for a Small Planet*, pp. 93-4.
36. O uso da mamadeira tornou-se mais popular nos Estados Unidos do que a amamentação ao peito entre 1940 e 1955. Uma falta de dados adequados dificulta ser mais preciso nisto.
37. *The New York Times*, edição nacional, 17 de dezembro de 1982, p. 8.
38. Para um exame da controvérsia acerca do uso de fórmulas industrializadas na alimentação infantil, ver Stephen Solomon, "The Controversy over Infant Formula", *New York Times Magazine*, 6 de dezembro de 1981, p. 100.
39. Lester R. Brown, *The Twenty-ninth Day*, Nova York, W.W. Norton, 1978, pp. 146-7; Peter Steinhart, "The Second Green Revolution,", *New York Times Magazine*, 25 de outubro de 1981, p. 48.
40. Population Action Council, *Popline*, 4, agosto de 1982, p. 2.
41. Ward, *Progress for a Small Planet*, p. 178.

42. Vaclav Smil, "Ecological Mismanagement in China", *Bulletin of the Atomic Scientists*, 38, outubro de 1982, pp. 18-23; *The New York Times*, última edição local, 7 de abril de 1980, p. A12.
43. Tarrant, *Food Policies*, pp. 43 e 279.
44. Ibid., pp. 35-6; *The New York Times*, última edição local, 17 de agosto de 1981, p. D10.
45. Council on Environmental Quality and the Department of State, *The Global 2000 Report to the President; Entering the Twenty-First Century*, vol. 1, Nova York, Penguin Books, 1982, p. 16.
46. Ibid., pp. 33-35.
47. Ophuls, *Ecology and the Politics of Scarcity*, p. 54.
48. *The New York Times*, última edição local, 17 de agosto de 1981, p. D10.
49. *The Global 2000 Report* [Relatório Global 2000] baseia-se em um estudo trianual por órgãos do governo norte-americano sobre com que o mundo se parecerá no ano 2000, a prosseguirem as orientações oficiais e tendências atuais. O Relatório faz projeções, não predições; os que fazem as projeções reconhecem que orientações e tendências podem mudar entre agora e o ano 2000. Fundamentei-me sobretudo nesse Relatório ao redigir esta seção sobre a futura produção de comida por serem suas projeções as mais amplas até hoje feitas.
50. *Global 2000 Report*, pp. 13-17.
51. Ehrlich et al., *Ecoscience*, p. 353.
52. *Global 2000 Report*, p. 21.
53. Ibid., p. 17.
54. Tarrant, *Food Policies*, p. 295.

4. Energia e desenvolvimento

Um ser humano, um arranha-céu, um automóvel e uma folha de capim - todos representam energia que foi transformada de um estado para outro.

Jeremy Rifkin, *Entropy*

A CRISE DE ENERGIA

Estamos ficando sem energia? Claro que não. Tudo é feito de energia, e, como se aprende no colégio quando se estudam as leis da termodinâmica no curso de Introdução à Física, a energia não pode ser destruída. Essas leis também enunciam que a energia não pode ser criada: tudo que podemos fazer é transformá-la de um estado para outro. E, quando assim transformada ou, por outras palavras, quando usada em algum trabalho, a energia passa de uma forma mais útil para outra menos útil. Todos os tipos de energia, afinal, acabam como calor de qualidade inferior. Uma "lei" nas ciências físicas significa não haver exceções a ela, e não há nenhuma às leis de termodinâmica.[1]

Portanto, se tudo é energia e se a energia não pode ser destruída, por que existe uma crise de energia? A crise sobreveio devido ao outro aspecto destas leis, aquele que nos diz que a energia não pode ser criada, e que, uma vez utilizada, é transformada em modalidade menos utilizável. Atualmente, o mundo industrializado depende de um combustível muito versátil - o petróleo. O petróleo está sendo consumido a velocidade prodigiosa, seu suprimento é limitado e os preços têm flutuado muito, aumentando espetacularmente de meados dos anos 70 até o início da década de 80, caindo depois na metade desta. As nações desenvolvidas defrontam-se com uma crise de energia, porque acabou a era do petróleo barato de fontes confiáveis. O quadro 6 mostra este fato tanto quanto qualquer conjunto de números pode fazer, ao focalizar as mudanças dos preços da gasolina nos Estados Unidos de 1950 a 1980. O quadro também nos auxilia a entender outro aspecto importante da crise de energia, especialmente segundo afetou os Estados Unidos. O período de gasolina barata foi relativamente longo, e os norte-americanos se acostumaram a dispor de produtos de petróleo de baixo custo. Crescimento econômico sem prece-

Quadro 6 Preços da gasolina nos EUA, 1950-1980

	Preço no varejo por galão de gasolina comum (US$)
1950	0,227
1960	0,31
1970	0,36
1980	1,21

Fonte: Dollars and Sense (julho-agosto, 1980); apresentado em Kenneth Dolbeare, *American Public Policy*, Nova York: McGraw-Hill, 1982, p. 113.

dentes e prosperidade material ocorreram nos Estados Unidos durante os anos das décadas de 50 e 60, e isso foi possibilitado, em parte, por energia barata. Os estilos de vida individual e os modelos de produção industrial basearam-se em energia abundante, de baixo custo, e quando os preços do petróleo dispararam para o alto nos anos 70, o choque para a economia americana, e para as de muitos outros países, foi profundo.

O primeiro choque do petróleo ocorreu em 1973-1974. A guerra entre árabes e Israel levou diversos países árabes produtores de petróleo a parar de embarcar óleo para os Estados Unidos e outros países aliados a Israel. Motoristas americanos formaram filas nos postos de gasolina, competindo pelo suprimento limitado. A Organização dos Países Exportadores de Petróleo (OPEP), da qual são membros quase todas as nações exportadoras de petróleo, aproveitou a oportunidade para elevar expressivamente os preços do petróleo: quadruplicaram-no.

O segundo choque do petróleo sobreveio de 1979-1980. O acontecimento que desencadeou esse choque foi a revolução iraniana e a expulsão do xá como chefe do governo iraniano. Embarques de petróleo iraniano para os Estados Unidos foram suspensos, mas o choque real ocorreu quando a OPEP dobrou os preços. Muitos americanos se haviam recusado a acreditar haver uma crise real de energia quando do primeiro choque do petróleo e haviam retornado a seu costumeiro elevado consumo de produtos petrolíferos, após suspenso o embargo árabe; o segundo choque, porém, convenceu a maioria das pessoas de que havia inequivocamente uma crise de energia. Enquanto muitos culpavam as companhias petrolíferas norte-americanas ou o governo dos Estados Unidos por criarem a primeira crise do petróleo, o segundo choque demonstrou claramente que algo mudara fundamentalmente no mundo. O que se tornou agora evidente para muitos foi que os Estados Unidos, e a maioria das demais nações desenvolvidas, dependiam de uma parte do mundo para quota expressiva de sua energia, e que não mais podiam controlar os acontecimentos naquela parte do mundo.

O Oriente Médio, de onde provém grande parte do petróleo importado pelos Estados Unidos e Europa Ocidental, é uma região altamente instável. Conflagrado por conflitos regionais (árabes contra Israel, Irã contra Iraque, Síria contra Iraque, Egito contra Líbia); por conflitos religiosos (muçulmanos contra judeus, cristãos contra muçulmanos, muçulmanos xiitas contra muçulmanos muslim); por conflitos sociais e ideológicos (tradicionalistas contra radicais); e pela competição Leste-Oeste (os Estados Unidos contra a União Soviética). Grande quantidade de petróleo envolvido no comércio internacional é transportada por navios que têm de atravessar um único estreito no golfo Pérsico - o estreito de Hormuz.[2]

Os Estados Unidos são o maior comprador de óleo do mundo, com grande parte dele provindo de um único país, a Arábia Saudita. Mas muitos países europeus ocidentais dependem mais ainda de petróleo importado do que os Estados Unidos, e o Japão é o país industrializado mais dependente de petróleo importado, praticamente não produzindo qualquer quantidade dele e dispondo de poucas outras fontes internas de energia.[3]

As grandes altas nos preços do petróleo pela OPEP levaram a uma transferência vultosa de riqueza das nações desenvolvidas para parte do Terceiro Mundo. Nas palavras de um comentarista: "Isso pode representar a mais rápida transferência maciça de riqueza entre sociedades, desde que os conquistadores espanhóis se apoderaram dos depósitos de ouro dos incas há uns quatro séculos."[4] Preços maiores do petróleo acarretaram reduzido crescimento econômico, inflação maior, grandes déficits comerciais e crescente desemprego nos Estados Unidos e outras nações desenvolvidas. Apesar das nações em desenvolvimento utilizarem menos petróleo do que as desenvolvidas, o custo de seu óleo importado também subiu e levou algumas delas a contrair imensas dívidas para adquirirem esse indispensável recurso. Daniel Yergin, um dos co-editores de um importante relatório sobre energia elaborado na Escola de Comércio de Harvard, avaliou as possíveis conseqüências do choque do petróleo nos seguintes termos:

> O infeliz conjunto de circunstâncias econômicas desencadeadas pelos choques do petróleo contém potencialidades para crises de alcance muito longíquo. Nas nações industrializadas, inflação alta, baixo crescimento, e elevado desemprego poderão erodir o consenso nacional e solapar a estabilidade e a legitimidade do sistema político. No mundo em desenvolvimento, crescimento zero pode conduzir à miséria e a sublevações. O

protecionismo e o acúmulo de dívidas ameaçam o comércio internacional e o sistema de pagamentos. E, naturalmente, há o pavio da política internacional, envolvendo particularmente o Oriente Médio, onde convulsões políticas e sociais podem provocar importantes interrupções no abastecimento de petróleo e onde temores e ameaças destas podem levar à guerra.[5]

Em meados da década de 80, o mundo sofreu uma pletora de petróleo provocada pela expressivamente baixa demanda por parte das nações industrializadas. Uma grave recessão nos primeiros anos da década de 80, tanto nos Estados Unidos quanto na Europa Ocidental, a pior dos Estados Unidos desde a Grande Depressão dos anos 30, levou à procura reduzida de petróleo, demanda essa diminuída ainda mais pela troca por gás natural feita por vários consumidores. Estimulados pelos elevados preços de petróleo dos anos 70, produtores não vinculados à OPEP incrementaram sua produção, contribuindo para um suprimento abundante de recursos. A queda dos preços do óleo em meados da década de 80 levou algumas companhias petrolíferas ocidentais a fecharem alguns poços de funcionamento caro e a reduzir os orçamentos para a exportação de novas jazidas. Muitos analistas agora crêem que os preços do petróleo provavelmente tornarão a subir nos fins da década de 80 ou na de 90.

Focalizei nesta seção a crise do petróleo, que afetou sobretudo as nações industrializadas. Essa, porém, não é a história completa da crise de energia com que o mundo se defronta. Cerca de metade da população do mundo não utiliza de forma alguma combustíveis fósseis, ficando na dependência sobretudo de lenha, carvão, estrume de vaca e resíduos da colheita para cozinhar e para aquecimento.[6] A escassez de lenha no Terceiro Mundo, aumentando com o crescimento da população, fez com que o consumo de lenha excedesse o crescimento de mais madeira em muitas regiões. Florestas estão sendo abatidas sem serem replantadas. A dependência dos pobres do Terceiro Mundo em relação à lenha é, de certo modo, como a dependência dos ricos em face do petróleo. Essas duas dependências podem tornar-se perigosas e exigirão enérgicas medidas tanto públicas quanto privadas para reduzi-la.

REAÇÕES DOS GOVERNOS À CRISE DE ENERGIA

Examinemos alguns países e regiões mais importantes, a fim de ver como seus governos reagiram à crise de energia.

Estados Unidos

A reação norte-americana à crise de energia foi bastante débil. Não foi adotada uma política coerente para lidar com a crise, conquanto certo número de leis tenha sido aprovado com esse fito. O presidente Richard Nixon apresentou o "Projeto Independência" para tornar os Estados Unidos auto-suficientes em energia até 1980, e o presidente Jimmy Carter acreditou que a crise de energia devia ser considerada como "o equivalente moral de uma guerra". Mas, de fato, a resposta dos Estados Unidos não reduziu seriamente a dependência do país em face do petróleo. Por que os Estados Unidos estão tendo dificuldades para elaborar uma política eficaz para enfrentar a crise? Parte da razão está em ser difícil superar a inércia em uma sociedade intensiva em petróleo. A nação está acostumada à abundância, em energia tanto quanto em bens materiais, e a criação de uma nova maneira de encarar e de novos valores não é fácil. Igualmente, grupos importantes têm metas conflitivas acerca de energia. O economista Lester Thurow dá a seguinte resposta, procurando determinar por que os Estados Unidos foram até agora incapazes de adotar ação decidida para enfrentar a crise.

> A falta de ação não decorre de uma ausência de soluções, mas do fato de que cada solução provocaria um grande declínio real para determinado segmento da população. Todos estão a favor da independência em energia em termos abstratos, mas cada caminho rumo a essa independência energética é vigorosamente oposto por algum grupo expressivo que sofreria grandes perdas de renda, caso fosse escolhida essa determinada solução. Entrementes, todas as soluções são vetadas e continuamos paralisados. O *status quo* é doloroso, mas não conseguimos nos mexer.[7]

Algumas ações foram adotadas pelo governo norte-americano. Embora ainda inadequadas para lidar com a crise, algumas dessas reações poderiam ter importância de longo alcance. Certamente nesta última categoria acha-se a decisão pelo governo norte-americano, anunciada pela primeira vez em 1980 durante o governo Carter, de empregar força militar, caso necessário, para manter as fontes de petróleo do Oriente Médio em mãos amigas.[8] A criação pelo governo de uma força militar para deslocamento rápido destina-se a possibilitar aos Estados Unidos entrar em combate no Oriente Médio sem perda de tempo. A venda de armas à Arábia Saudita e as atividades diplomáticas visam a ajudar um governo pró-Ocidente a manter o controle naquele país produtor-chave de petróleo.

O apoio do governo norte-americano ao poderio nuclear foi firme. Mais fundos para pesquisas e desenvolvimento foram gastos pelo governo nessa fonte de energia do que em qualquer outra. Fundos destinados ao fomento da energia solar aumentaram durante o governo Carter nos últimos anos da década de 70, mas o governo Reagan reduziu drasticamente no início dos anos 80 o apoio oficial a tal desenvolvimento. Algumas leis destinadas a promover a conservação de energia foram aprovadas, como o limite de 90 km/h dos automóveis, créditos fiscais para o isolamento das casas, e maior padrão da eficiência dos combustíveis para automóveis; mas o governo Reagan atribuiu ênfase bem menor a tais programas e incluiu muito menos dinheiro no orçamento para conservação do que a administração anterior. Durante muitos anos, os Estados Unidos controlaram o preço do petróleo e do gás natural no país, em parte a fim de proteger os lucros dos produtores americanos. Com o fito de incentivar a exploração de jazidas de petróleo e gás natural internas e encorajar a conservação através de preços mais elevados, foram retirados todos os controles sobre preços do petróleo no início do anos 80 e decretada uma redução progressiva dos controles sobre preços de gás natural, a ser concluída em meados da década de 80. Em 1980, o Congresso aprovou um programa de muitos bilhões de dólares para o desenvolvimento de combustíveis sintéticos, sobretudo por meio da conversão de grandes depósitos de carvão e xisto em petróleo e gás, mas em 1985 o Congresso encerrou o programa por causa da queda dos preços do petróleo e os altos custos de construção. Foram estabelecidas normas para estimular as empresas de serviços públicos a empregarem carvão ao invés de petróleo ou gás natural. Finalmente, foi criada uma reserva estratégica de petróleo em meados da década de 70, e nos meados da de 80, os Estados Unidos possuíam um suprimento de petróleo para quatro meses armazenado em cavernas de sal ao longo da costa do golfo do México.[9]

Em suma, pode-se afirmar que, até meados da década de 80, a política norte-americana salientou proteger e produzir mais combustíveis fósseis, prosseguir num firme devotamento à energia nuclear, promover e em seguida diminuir a importância dedicada à energia solar e promover a conservação de energia, primeiro por intermédio de programas oficiais e, posteriormente, confiando em preços mais elevados para reduzir a utilização de petróleo e gás natural.

Europa Ocidental

Conforme acima mencionado, muitos países da Europa Ocidental dependem mais de petróleo importado do que os Estados Unidos. Tradicionalmente, governos europeus deixaram os preços do petróleo importado aumentarem conforme determinado pelo mercado mundial e tentaram estimular a conservação de energia por meio de impostos elevados. A França destacou a energia nuclear como sua reação à crise de energia, e seus planos prevêem metade da eletricidade gerada por energia nuclear já em 1985.[10] A Alemanha Ocidental criou uma empresa nacional de petróleo, a fim de explorá-lo pelo mundo afora, e continua a construir usinas de energia nuclear, malgrado uma pequena oposição pública a isso; também está adquirindo gás natural da União Soviética e ampliando a produção de carvão. A descoberta de petróleo no mar do Norte ajudou sobretudo a Noruega e a Grã-Bretanha. Esse vasto depósito pode permitir à Grã-Bretanha tornar-se auto-suficiente em petróleo, pelo menos por algum tempo. O carvão persiste como importante combustível na Grã-Bretanha, ao passo que a energia nuclear nunca foi levada a sério.

Japão

O Japão não possui depósitos significativos de petróleo, gás natural ou carvão; conforme foi enunciado acima, ele é o mais vulnerável de todos os países industrializados às atividades da OPEP. Um consenso formou-se rapidamente no país, após o primeiro choque do petróleo em 1973: o de que sua dependência do petróleo deveria ser reduzida. O governo estimulou a conservação e o povo correspondeu ao apelo. Daniel Yergin informa que "em 1973, o Japão gastou apenas 57% de energia por unidade do Produto Nacional Bruto comparado com os Estados Unidos. Em 1980, ele gastou só 43%".[11]

É interessante observar algumas das diferenças entre as sociedades japonesa e americana, que indiscutivelmente influíram em suas reações diferentes à crise de energia. Devido à sua história e suas limitações de território e de recursos, a sociedade japonesa sempre aceitou como dados fixos a escassez e insegurança de recursos como o combustível, enquanto a sociedade norte-americana está acostumada à abundância e à sua continuidade. As indústrias japonesas sempre estiveram mais dispostas a fazer investimentos a longo prazo do que as empresas americanas, mais preocupadas em obter lucros a curto prazo. Os japoneses sabem que seus artigos têm de concorrer bem no comércio internacional para poderem manter seu elevado padrão de vida. O Japão está habituado à mudança e à adaptação. O consenso formado no Japão após 1973 salientou uma mudança de consumo para contenção. Ele incluiu uma crença de que a economia tinha de mudar para indústrias "intensivas em saber", que utilizam relativamente pouca energia, e que a eficiência energética era o elemento-chave no ajustamento do país para adaptar-se à nova situação.[12] O governo japonês também tem um programa de pesquisas no valor de um bilhão de dólares, denominado Operação Luz Solar, destinado a converter os japoneses em líderes da tecnologia de utilização da energia solar. Em parte devido à firme oposição pública à energia nuclear - oriunda sobretudo das experiências de bombardeio atômico sobre Hiroxima e Nagasaki -, a energia nuclear só foi desenvolvida em escala reduzida no país.

China

A crise energética da China é típica dos países do Terceiro Mundo: como proporcionar combustível suficiente para uma população em rápida expansão. O governo chinês estima que, dos 800 milhões de pessoas que moram em áreas rurais, 500 milhões sofrem grave carência de combustível de três a cinco meses por ano, e nas províncias em pior situação cerca de 70% do povo têm falta de combustível durante até metade do ano.[13] A situação é tão ruim, segundo um relatório, que, em áreas rurais,

> toda fonte disponível que possa ser concebivelmente queimada [é queimada]; tocos e raízes de árvores são arrancados do solo; a casca arrancada de árvores vivas; ramos são puxados fora; folhas, vergônteas e outros apêndices são revolvidos; gramíneas são cortadas; torrões cobertos de relva são tirados fora; junta-se o excremento seco de animais. E quando todas as demais possibilidades somem, os camponeses plantam batata-doce em qualquer pedacinho vazio de terra e usam tubérculos secos como combustível.[14]

Segundo o relatório citado acima, a despeito de esforços do governo para plantar árvores, "o desmatamento, tradicionalmente ligado à dissipação e negligência da China pré-comunista, realmente espalhou-se e acelerou-se em velocidades sem precedentes a partir de 1949".[15] O plantio por particulares de árvores para fornecerem lenha é proibido por motivos ideológicos: é igualado à promoção do capitalismo. O autor desse relatório, um geógrafo canadense, acredita que as principais causas do desflorestamento são a velha política de "primeiro cereais", que realçou o plantio de alimentos, e a excessiva coleta de madeira e recolhimento de lenha.[16]

A China possui o mais vasto programa do mundo para criar gás metano a ser usado como combustível nas áreas rurais. O gás é gerado a partir da fermentação dos excrementos animais e humanos em aparelhos simples; depois de produzido o gás, fica no fundo um rico fertilizante orgânico que pode ser utilizado com segurança nas plantações.[17]

Os chineses usam relativamente pouco petróleo, dado o tamanho de sua população, e o país pode exportar 10% da produção. Conforme um relatório de um estudo sobre energia e segurança da Universidade de Harvard, "os chineses não precisam ser mandados conservar energia - já o fazem. No inverno, não há praticamente aquecimento em parte alguma, salvo em hotéis freqüentados por estrangeiros. Salas de concertos e teatros de ópera, universidades e até trens não possuem aquecimento".[18] O estudo de Harvard conclui que, admitindo que o comportamento conservacionista de energia dos chineses não se modifique enquanto prossegue a industrialização, "os chineses parecem estar relativamente imunes à ameaça de qualquer interrupção de produção no Oriente Médio".[19] A produção chinesa de petróleo também pode aumentar espetacularmente na próxima década, visto como a perfuração de poços por companhias estrangeiras foi iniciada em áreas com reservas de petróleo potencialmente consideráveis.

EFEITO DA CRISE DE ENERGIA NOS PLANOS DE DESENVOLVIMENTO DO TERCEIRO MUNDO

As etapas iniciais da industrialização são intensivas em energia. Sistemas de transporte modernos, nos quais se apóia a industrialização, utilizam vastas quantidades de energia, assim como a indústria de construção civil. O vasto incremento dos preços de petróleo nos anos 70 lançou uma nuvem nos planos de desenvolvimento de muitas nações em desenvolvimento. A maioria desses planos baseava-se na suposição de ser disponível petróleo razoavelmente barato, como havia sido para o Ocidente, a fim de sustentar sua industrialização. A maior parte dos países do Terceiro Mundo tinha pouco ou nenhum carvão ou petróleo. Os planos de desenvolvimento exigiam que esses países exportassem produtos naturais, recursos não combustíveis e produtos manufaturados leves; admitia-se que os ganhos dessas exportações seriam suficientes para pagar pelo combustível que teriam de importar. O sucesso dos planos de desenvolvimento dependia também dos países poderem gerar localmente capital suficiente a fim de se tornarem disponíveis fundos para investimento em negócios.

Quando a OPEP aumentou os preços de combustíveis, não foram feitas exceções para os países mais pobres; eles foram obrigados a pagar os mesmos preços elevados para suas importações de petróleo que as nações ricas. Acrescido a esse ônus houve o gerado pela recessão global derivada dos preços de petróleo mais elevados. À medida que a recessão se agravou no Ocidente, os países industrializados reduziram suas importações de produtos das nações em desenvolvimento. Muitas destas fizeram pesados empréstimos nos bancos comerciais, a fim de pagar suas mais elevadas contas de petróleo e as espantosas dívidas acumuladas. O Banco Mundial estima que a dívida estrangeira dos países menos desenvolvidos em meados da década de 80 era de 900 bilhões de dólares.[20] O Brasil tinha a maior dívida de todas as nações em desenvolvimento, aproximadamente 100 bilhões de dólares em 1985, e estava tendo sérias dificuldades tentando pagá-la.[21]

A nova situação gerada pelos elevados preços do petróleo motivou certos especialistas a falar acerca de um "Quarto Mundo". Este nome refere-se a algumas das nações em desenvolvimento, como Bangladesh, que possuem poucos recursos naturais próprios e escassa possibilidade de adquirir o agora caro petróleo a fim de promover sua industrialização. Os países do Quarto Mundo, os "pobres pobres", têm pouca chance de conseguirem desenvolver-se do jeito ocorrido no Ocidente com sua dependência de combustíveis fósseis. Para estas nações melhorarem seu padrão de vida, terão de adotar um caminho de desenvolvimento radicalmente diverso do adotado pelas nações desenvolvidas.

Muitos especialistas em energia acreditam ser escassa a esperança da conservação poder ajudar muito para melhorar a crise de energia do Terceiro Mundo, já que atualmente é reduzido o desperdício de energia. E muitos predizem que o maior incremento da demanda de petróleo durante o restante deste século provirá das nações industrializadas do Terceiro Mundo com rápido crescimento demográfico, e não das nações desenvolvidas, que têm baixo crescimento e estão ficando mais eficientes sob o ponto de vista de energia.[22]

A pressão demográfica e o elevado custo do petróleo estão aplicando maiores exigências sobre o combustível tradicional do Terceiro Mundo, que é principalmente madeira. Este problema foi mencionado acima e será debatido adiante no capítulo 5 sobre o meio ambiente. Como a lenha fica mais cara ou indisponível em zonas rurais, as pessoas mudam para o excremento de vaca e os resíduos da colheita, impedindo assim o retorno ao solo de importantes nutrientes e material orgânico.

RELAÇÃO ENTRE UTILIZAÇÃO DA ENERGIA E DESENVOLVIMENTO

Uma Troca de Tipos de Energia

Uma forma de estudar o progresso da raça humana consiste em focalizar a maneira pela qual os seres humanos utilizaram energia para auxiliá-los a produzir bens e serviços. As pessoas constantemente buscaram meios de aliviar o trabalho físico que tinham de fazer, a fim de produzir as coisas de que precisavam - ou de que achavam precisar -, a fim de viver adequadamente. A domesticação do fogo foi um passo decisivo da evolução humana ao proporcionar aos primeiros seres humanos o calor, possibilitar-lhes cozinhar os alimentos e ajudá-los a protegerem-se contra animais carnívoros. A seguir, veio a domesticação de animais. A força animal foi um suplemento importante aos músculos humanos, habilitando as pessoas a cultivar alimentos em escala maior do que antes. A lenha foi a mais importante fonte de energia durante grande parte da história humana, e o é ainda para considerável parte da população do mundo. A substituição da lenha pelo carvão para gerar vapor, na Inglaterra do século XVIII, possibilitou o início da Revolução Industrial. No final do século XIX o petróleo, e no início do XX, o gás natural principiaram a substituir o carvão, visto serem mais limpos e de mais fácil utilização. Conforme mostra a figura 8, o petróleo substituíra o carvão como principal fonte de energia comercial em 1970. Na década de 70, foi introduzida a energia nuclear, mas, como pode ser visto na figura 8, esta era ainda uma fonte de pouca importância em 1980.

Utilização Aumentada

Conforme a figura 8 revela claramente, a utilização de energia no mundo cresceu teatralmente nos anos a partir do término da Segunda Guerra Mundial, um período de rápida evolução nos países industrializados e que assinalou o início da industrialização de diversos países do Terceiro Mundo. Até 1980, a maior parte do aumento de utilização de energia ocorreu nas nações desenvolvidas. Os Estados Unidos eram o maior usuário de energia de 1950 a 1980: em 1980, sozinho, com cerca de 5% da população mundial, consumiam aproximadamente um terço da energia utilizada por todas as nações. Os Estados Unidos consomem anualmente mais energia do que toda a Europa Ocidental, conquanto a população desta excede a dele em 75%.[23] Enquanto a energia utilizada por pessoas nos Estados Unidos excedia a de outras nações desenvolvidas em 1980, a diferença entre o uso de energia pelos Estados Unidos e o das nações em desenvolvimento era tão grande a ponto de ser difícil entender. O consumo de energia *per capita* para atividade comercial na Índia, em 1980, era cerca do equivalente a 180 quilos de energia em carvão, ao passo que nos Estados Unidos era de aproximadamente 10.544 quilos. Em Bangladesh, era de apenas 4,5 quilos.[24]

Os americanos utilizam bastante energia para transporte, e isso significa automóveis e, mais recentemente, caminhões.[25] Eles são o povo mais móvel da história do mundo. São os nômades do mundo moderno; mas, em vez de camelos ou cavalos como outros nômades usam o automóvel. Um exame do que aconteceu com os carros nos Estados Unidos revela uma razão pela qual a energia usada pelos americanos cresceu espetacularmente nas décadas de 50, 60 e início da década de 70. Vejamos o que se passou com um modelo de carro americano - o Thunderbird da Ford. O quadro 7 revela que o comprimento, peso e tamanho do motor dos Thunderbirds cresceram de 1965 a 1975. O preço da gasolina foi baixo e estável durante a maior parte dos anos enquanto o modelo ficava maior,

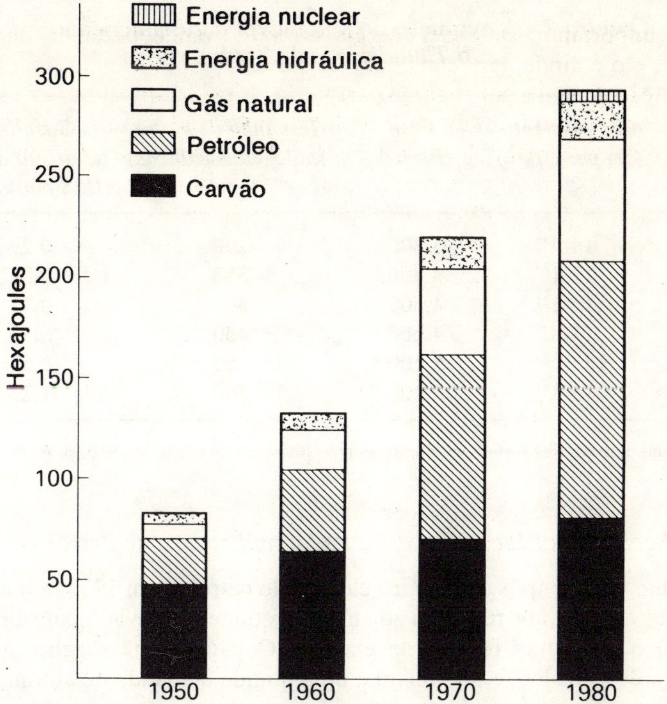

Figura 8 Uso comercial de energia no mundo, por fonte.

Fonte: Nações Unidas, *World Energy Supplies*; apresentado em Daniel Deudney e Christopher Flavin, *Renewable Energy* (Nova York: W.W. Norton, 1983), p. 11. Transcrito com permissão. Copyright © Worldwatch Institute 1983.

mais pesado e possante.[26] Depois disso houve um grande aumento no preço da gasolina, o carro tornou-se menor, mais leve e menos possante em 1980.

Não se pode explicar plenamente o uso incrementado da energia nos Estados Unidos nos anos 50, 60 e início dos 70, focalizando o que ocorria com apenas um modelo de automóvel americano, mas uma focalização assim ajuda-nos a compreender parte importante da história. Carros mais pesados e possantes usam significativamente mais combustível do que os menores e menos possantes, e a tendência dos carros americanos nas décadas anteriores ao choque do petróleo foi na direção de mais peso e maior potência. E o papel decisivo desempenhado pelo automóvel na economia americana é esclarecido pelo fato de que, em meados da década de 70, nove das dez maiores empresas do mundo, entre as quais seis americanas, vendiam petróleo ou automóveis.[27]

Quadro 7 A evolução do automóvel norte-americano: o *Thunderbird* da Ford

	Comprimento (em pés e pol.)	*Peso (libras)*	*Tamanho do motor (polegadas cúbicas)*	*Gasolina (c/nitrato de Pb) (US$ por galão)*
1955	14'7''	3.300	290	0,29
1960	17'1''	4.300	350	0,31
1965	17'1''	4.600	390	0,31
1970	17'8''	4.600	430	0,36
1975	18'10''	5.100	460	0,57
1980	16'8''	3.200	260	1,23

Fonte: Adaptado de *The New York Times*, edição local, 21 de julho de 1980, p. A12.

Recessão e Preços Elevados Reduzem Procura de Petróleo

Conforme vimos, após o primeiro choque do petróleo em 1973, a maioria dos norte-americanos retornou ao antigo costume de elevado consumo de petróleo e de outras formas de energia. O pânico que surgira com o embargo do petróleo, e que levou a uma grande demanda de automóveis menores, mais econômicos, em breve desapareceu com a suspensão desse embargo e a volta da abundância de gasolina. Conquanto os preços da gasolina fossem mais elevados após o embargo, não eram suficientemente altos para desestimular as pessoas de adquirir carros grandes. Mas, quando o segundo choque atingiu o Ocidente em 1979-80, surgindo, como ocorreu, em plena recessão, muitos americanos concluíram que a crise de energia era verdadeira, e houve dramática mudança nos Estados Unidos para a compra de carros pequenos e para dirigir menos. Muitos voltaram-se para a aquisição de carros importados do Japão, reconhecidos como bem-feitos e muito mais eficientes em consumo da gasolina do que a maioria dos modelos americanos. A corrida para comprar importados provocou uma crise na indústria automobilística americana, pois não houve mercado para seus carros grandes. A indústria sempre preferira vender carros grandes por serem maiores os lucros nos modelos maiores. Mas após muita agonia o quase-colapso de uma das grandes companhias (Chrysler) e um vasto investimento financeiro, as empresas americanas mudaram para a produção de carros menores com bons rendimentos de combustível. Em meados da década de 80, contudo, muitos americanos revelaram novamente preferência por automóveis maiores devido à abundância de petróleo e preços menores da gasolina.[28]

O Desacoplamento do Consumo de Energia e do Crescimento Econômico

Historicamente, pareceu haver um relacionamento de um por um nos Estados Unidos entre crescimento econômico e aumento de energia; por exemplo, um aumento de 10% da quantidade de bens e serviços produzidos no país era acompanhado de aproximadamente 10% de aumento de quantidade de energia consumida. Mas o choque do petróleo de 1973 pareceu ter rompido tal relacionamento. Em 1981, o mundo industrial consumiu cerca de 5% mais energia do que o fizera em 1973, malgrado tivesse um crescimento real do PNB de mais de 20%; por outras palavras, os países desenvolvidos estavam usando cerca de 15% menos energia em 1981 do que o teriam numa relação de um por um entre uso de energia e crescimento econômico.[29] O que ocorreu foi que as nações desenvolvidas haviam começado a usar sua energia bem mais eficientemente do que haviam feito antes de 1973, sem dúvida como reação aos preços mais elevados do petróleo.

Esse desacoplamento parcial entre o uso de energia e o crescimento econômico não é de surpreender quando a gente se dá conta de que há diversos países com elevados níveis de prosperidade que tradicionalmente usaram menos energia do que o fazem os Estados Unidos. A Suécia, um país com padrão de vida superior ao dos Estados Unidos e maiores necessidades de aquecimento, usa cerca de metade da energia por pessoa do que os Estados Unidos. A Alemanha Ocidental, outra nação rica que passou por um impressionante crescimento econômico, também usa cerca de metade da energia *per capita* dos Estados Unidos. Diversos estudos da situação energética norte-americana concluíram que uma utilização mais eficiente da energia nos Estados Unidos pode conduzir realmente a crescimento econômico.[30] Um estudo preparado para o presidente dos Estados Unidos, recomendando ações que o país deveria adotar para lidar com a situação exposta no *Relatório Global 2000*, descreve algumas das deficiências energéticas da economia dos Estados Unidos:

> Crescem as provas de que o crescimento econômico dos Estados Unidos, conforme medido pelo Produto Nacional Bruto (PNB), não tem de ser vinculado a uma taxa semelhante de aumento de energia. A razão mais importante é que a economia norte-americana, inclusive grande parte dos recursos em prédios e transportes, seus processos e maquinaria industriais, é ineficiente na utilização de energia, comparada tanto com outras economias como com as opções tecnológicas e de custo real já existentes. A oportunidade é imensa para melhorar a eficiência energética do capital social dos Estados Unidos - de fato, criar "energia de conservação" - para obter as mesmas finalidades de calor, empregos, conforto e mobilidade proporcionadas pela energia oriunda de combustível fóssil.[31]

A conservação de energia pode promover crescimento econômico, devido ao custo da energia poupada graças a medidas, como a melhoria de eficiência do combustível dos automóveis, dos processos industriais, do isolamento térmico das casas etc., ser menor que o custo de mais energia hoje em dia. Igualmente, investimentos na melhoria da eficiência energética dos automóveis, casas e fábricas americanas gerarão muitos empregos e negócios novos pelo país afora, incentivando assim o crescimento da economia em contraste com o desperdício de fundos acarretado pela aquisição de petróleo estrangeiro.

Parte da razão pela qual muitos países europeus usam menos energia por pessoa do que os Estados Unidos é serem menores e com populações menos dispersas. Um estudo revelou que as longas distâncias que as pessoas e as mercadorias percorrem nos Estados Unidos, em contraste com a Europa e o Japão, e a preferência americana por casas grandes para uma única família respondem por cerca de 40% da diferença entre o elevado uso de energia nos Estados Unidos e o uso menor no estrangeiro. Os outros 60% da diferença são explicados pelo fato da economia de combustível dos automóveis americanos ter sido bem inferior historicamente à de muitos carros estrangeiros e o consumo de energia unitário (potência útil) de muitas fábricas americanas ser superior ao das companhias estrangeiras.[32]

Os Estados Unidos nada podem evidentemente fazer a respeito de seu tamanho, mas há coisas passíveis de serem realizadas para melhorar a eficiência de seu equipamento de transporte. Conforme acima mencionado, o governo federal aprovou uma lei em 1975, contra veemente oposição da indústria automobilística, exigindo o aperfeiçoamento gradativo da potência útil dos automóveis americanos.[33] Cerca de 90% do transporte de carga a grandes distâncias nos Estados Unidos são efetuados por caminhão,[34] e um caminhão utiliza quatro vezes mais energia para transportar uma tonelada de carga do que um trem cargueiro.[35] O governo norte-americano, com seu imenso dispêndio de fundos no sistema interestadual de auto-estradas (consta ser o mais amplo projeto de obras públicas na história), seu imposto sobre a gasolina bem inferior aos vigentes na Europa e seu relativamente reduzido gasto em prol das ferrovias, realizou muito para promover a utilização de caminhões ao invés de trens no país. Essa política poderia ser invertida.

O EFEITO-ESTUFA

Alguns cientistas acreditam que a raça humana se acha agora envolvida em uma experiência de importância inédita para o futuro da vida neste planeta, atinente a nada menos que o clima global. Uma alteração do clima global talvez esteja ocorrendo agora, principalmente por causa da combustão, pelos seres humanos, de enormes quantidades de combustíveis fósseis - carvão, petróleo e gás natural. Quando tais combustíveis são consumidos, o carbono neles acumulado através de milhões de anos é liberado na atmosfera sob a forma de um gás, o dióxido de carbono (CO^2). Os cientistas em geral concordam que o CO^2 na atmosfera terrestre aumentou significativamente desde a Revolução Industrial: em cerca de 15 a 25% entre 1800 e 1980.[36] Esse acréscimo, conforme afirmam diversos cientistas, provocará um aquecimento da superfície da Terra - o "efeito-estufa" - já que o CO^2 na atmosfera deixa a luz do sol chegar à Terra, mas aprisiona parte do calor dela, impedindo-o de irradiar-se de volta para o espaço.[37]

Não há controvérsia acerca do aumento dos níveis de CO^2 na atmosfera da Terra, mas há entre os cientistas quanto a saber se o crescente CO^2 realmente provocará um aquecimento da Terra. Até agora não houve indício claro de que a temperatura da Terra esteja subindo.[38] Mas os defensores da tese sobre o efeito estufa acreditam que alterações climáticas temporárias estejam mascarando a mudança em curso no aquecimento a longo prazo e que, no final do atual século, a tendência de aquecimento se tornará evidente.[39]

Uma duplicação da quantidade de dióxido de carbono na atmosfera poderia levar a significativas alterações do clima da Terra. Isso provavelmente ocorrerá em meados do próximo século, se a taxa de consumo de combustíveis fósseis igualar a registrada durante grande parte da década de 70.[40] Estima-se que a duplicação do nível de CO^2 poderia conduzir a um aquecimento global médio de aproximadamente 5° Fahrenheit.[41] Em bora 5° não pareçam muita coisa, seria uma alteração significativa. Segundo cientistas da Autarquia Nacional de Aeronáutica e Espaço dos Estados Unidos, a temperatura na Terra "se aproximaria da do Mesozóico, a era dos dinossauros".[42] Haveria importantes alterações na queda da chuva e em sua localização, com algumas regiões recebendo mais do que atualmente e outras menos. Partes do mundo terão melhor clima para produção de alimentos e outras pior. Os cientistas não estão aptos a predizer com segurança que áreas seriam prejudicadas nem as que seriam beneficiadas, mas há especulação sobre algumas das principais regiões produtoras atualmente de alimentos, como as partes central e ocidental dos Estados Unidos, serem seriamente prejudicadas pelas alterações climáticas. Estima-se que grande parte dos Estados Unidos teria condições quentes, secas, e que o "cinturão do milho" avançaria para o Norte, para uma zona que não possui terra fértil. A Índia, o Oriente Médio e partes da África poderiam ter melhor clima para a agricultura do que o possuem agora.[43]

Outro possível efeito de um aquecimento do clima da Terra é poder elevar-se o nível dos oceanos, por 4 a 6,5 metros, especialmente se a camada de gelo da parte ocidental da Antártida derreter. Uma subida assim das águas, que ocorreria no curso de várias décadas, poderia levar ao abandono gradativo de muitas cidades litorâneas pelo mundo afora. Uma elevação do nível do mar de aproximadamente 4 metros inundaria cerca de 25% da Luisiânia e da Flórida, 10% de Nova Jersey, e muitas outras áreas baixas pelo mundo afora.[44]

O mundo se defronta com um verdadeiro dilema no tocante a essa situação. Um relatório do Conselho sobre Qualidade Ambiental dos Estados Unidos, que examina muitos dos estudos relevantes acerca do problema do CO^2, explica esse apuro:

> O problema do dióxido de carbono coloca um dilema extremamente difícil para a comunidade internacional das nações. Reagir de forma significativa agora a uma ameaça cuja amplitude e momento da ocorrência ainda são incertos, talvez exija desnecessário comprometimento de recursos. Adiar a decisão de agir até que seja detectada uma substancial alteração climática - o que pode ser daqui a vinte anos - imporia um risco de se ficar impossibilitado de impedir alterações climáticas a longo prazo que podem se mostrar graves e irreversíveis durante séculos.[45]

Existem políticas energéticas que os Estados Unidos e outras nações poderiam adotar e que aliviariam essa mudança, sem exigir delas um sacrifício sério atualmente. Uma seria a de desenfatizar programas destinados a promover maior utilização do carvão e de combustíveis sintéticos feitos de carvão e petróleo, e destacar a conservação de energia e a criação de fontes de energia renováveis, como a energia solar, e de energia não fóssil, como a energia nuclear. Outra política seria combater o desflorestamento, já que as árvores, a par de outra vegetação, absorvem vastas quantidades de dióxido de carbono.[46] (A crescente destruição das grandes florestas tropicais pluviais da América Latina é encarada por alguns especialistas como representando real ameaça ao clima mundial.) As Nações Unidas estão coordenando esforços de pesquisa científica voltados para este problema, mas, conforme enuncia o relatório norte-americano acima, o mundo provavelmente não pode aguardar até que as provas se tornem insofismáveis. Como na opinião de Gus Speth, ex-presidente do Conselho de Qualidade Ambiental:

> Com nosso limitado conhecimento do funcionamento dela (da Terra), não devemos fazer experiências com seus grandes sistemas, de forma a impor riscos desconhecidos e potencialmente vastos às futuras gerações ... As pessoas têm alterado a face do planeta através da história, mas o poder da

tecnologia atual e nossa crescente capacidade de previsão, embora incerta, das conseqüências de nossos atos, colocam-nos em uma nova posição moral.[47]

A TRANSIÇÃO DA ENERGIA

O mundo está ingressando em um período de transição de uma principal fonte de energia - o petróleo - para uma nova fonte principal ou uma variedade de fontes. Esta é a terceira transição de energia por que o mundo passa: a primeira foi da lenha para o carvão, e a segunda do carvão para o petróleo. Muita gente, conquanto nem todos absolutamente, reconhece atualmente que o mundo industrializado tem de trocar sua dependência de combustíveis fósseis não-renováveis, exauríveis, por uma ou mais fontes de energia que sejam renováveis ou, para todos os fins práticos, inexauríveis. Muita gente nos Estados Unidos e em outros países industrializados não-comunistas compreendem que sua dependência de petróleo importado tem de terminar, já que não mais é barato, abundante ou garantido. Qual será, porém, a nova fonte de energia para as indústrias do mundo desenvolvido c para as das nações em desenvolvimento? Assim como em muitos outros períodos de transição, isso ainda não está claro. A única coisa atualmente clara é que o antigo estado de coisas não mais é viável.

Uma vez que estamos apenas no começo da transição de energia, período que sem dúvida durará muitos anos, é interessante observar que a primeira reação por parte dos maiores consumidores de energia do mundo foi a necessidade de criar novas fontes de energia. Na figura 9, vemos que logo no início dos anos 80 a esmagadora soma de fundos para pesquisa e desenvolvimento destinava-se a fontes de energia não-renovável (energia nuclear e combustíveis fósseis); a soma de gastos pelos governos e a indústria com fontes de energia renováveis e com conservação era comparativamente inferior.

No restante desta seção, examinaremos algumas das potencialidades das fontes de energia mais comumente debatidas, e na seção final focalizaremos a energia nuclear, examinando com certa minúcia os principais argumentos de seus defensores e seus críticos. As fontes de energia podem ser divididas entre as que são não-renováveis (isto é, estão sendo exauridas) e as que são renováveis, na acepção de que a maioria delas recebe sua energia do sol, que se espera continue a brilhar com sua presente força por mais vários bilhões de anos.

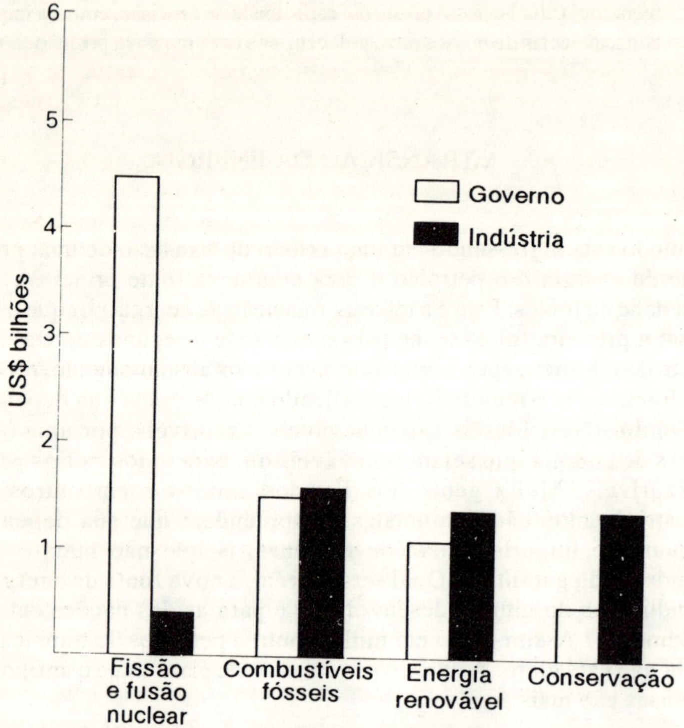

Figura 9 Dispêndio com pesquisa e desenvolvimento pelo governo e a indústria em 17 países industrializados, 1981.

Fonte: International Energy Agency; apresentado por Daniel Deudney e Christopher Flavin, *Renewable Energy* (Nova York: W. W. Norton, 1983), p. 263. Transcrito com permissão. Copyright © Worldwatch Institute, 1983.

Fontes de Energia Não-Renovável

Petróleo, gás natural, carvão e urânio são as principais fontes de energia não-renovável. Um estudo de quatro anos de duração sobre a situação energética, publicado pela Academia Nacional de Ciências [norte-americana] prediz que a produção mundial de petróleo atingirá o auge na década de 90 e a partir daí declinará gradualmente.[48] A produção tanto de petróleo quanto de gás natural nos Estados Unidos atingiu seu máximo por volta de 1970.[49]

O carvão é um recurso bem mais abundante que o petróleo ou o gás natural, e os Estados Unidos possuem depósitos bem grandes dele, como também a União Soviética, a China e a Europa. Malgrado o retorno à utilização do carvão nos Estados Unidos não tenha sido tão rápido ou intenso quanto muitos haviam predito, muitos especialistas em energia esperam que esse combustível desempenhe papel proeminente no período de transição. O uso do carvão, contudo, oferece muitos problemas, alguns dos quais resultaram na troca pelo petróleo após a Segunda Guerra Mundial. Lembrei-me de uma das principais desvantagens do carvão – seu efeito poluidor –, quando levei meu filho pequeno para ver um trem de passageiros em uma excursão que passara há pouco tempo por nossa cidade. As negras nuvens de fumaça da locomotiva trouxeram-me de volta lembranças de minha infância, quando trens como esse passavam regularmente por nossa cidade. Aquelas nuvens negras ressaltavam um dos grandes aperfeiçoamentos que chegaram com o surto dos relativamente limpos trens a óleo diesel. Embora aperfeiçoamentos da tecnologia, como a utilização de "purificadores" em usinas geradoras de eletricidade que queimam carvão, possam remover muitos dos perigosos poluentes causados pela queima de carvão, outros permanecem. E nenhuma tecnologia disponível pode evitar o acúmulo de dióxido de carbono na atmosfera proveniente da queima de carvão e de outros combustíveis fósseis.

Ademais, mais da metade do carvão dos Estados Unidos fica a oeste do rio Mississípi, em depósitos relativamente próximos da superfície. A maneira preferida de extrair tais depósitos é a mineração de corte aberto, processo que causa tremendos estragos na região. Tentativas para recuperar posteriormente a terra são muito caras e imperfeitas. O carvão que existe na parte leste dos Estados Unidos só pode ser conseguido por mineração subterrânea, processo sabidamente muito perigoso, insalubre e prenhe de conflitos da administração com os trabalhadores.

A produção de petróleo e gás sintéticos a partir do carvão e do xisto foi considerado por alguns como uma maneira de tornar os Estados Unidos menos dependente do petróleo estrangeiro. Uma tentativa de muitos bilhões de dólares para obter energia dessa maneira foi aprovada pelo Congresso em 1980. Existem vastos depósitos de xisto betuminoso no Colorado e no Wyoming, mas o processamento do óleo de xisto depende de mineração de corte aberto e exige vastas quantidades de água, que é escassa no Oeste. Esforços para desenvolver essa fonte potencial de energia tiveram insucesso em meados da década de 80, quando diversas grandes empresas petrolíferas americanas se retiraram dessa aventura devido aos elevados custos de construção, altas taxas de juros, redução da demanda de energia em todo o país e queda dos preços do petróleo importado. O governo norte-americano encerrou todos os seus financiamentos para projetos de combustíveis sintéticos em 1985. O Canadá possui vastos depósitos de bancos de alcatrão de que pode ser extraído petróleo. Mas em meados da década de 80, o Canadá também estava passando por dificuldades sérias para desenvolver esses depósitos, quando diversas grandes empresas petrolíferas se retiraram do empreendimento, deixando sozinho o governo canadense em alguns casos.

É possível que o urânio, combustível básico para a energia nuclear, esteja amplamente distribuído pelo mundo, mas o grosso dos depósitos positivamente identificados acham-se localizados em relativamente poucos países, um dos quais são os Estados Unidos. A mineração de urânio pode, e já o fez, levar ao câncer, e os resíduos dessa mineração são radioativos. Os Estados Unidos dispõem de razoavelmente abundantes depósitos de urânio, mas, como o carvão, acabarão um dia.

Fontes de Energia Renováveis

A energia do sol pode ser obtida por diversas maneiras: da madeira, quedas d'água, vento, desperdícios e luz solar direta. Examinaremos sumariamente cada uma delas.

A madeira é ainda o principal combustível para quase um terço da humanidade.[50] Populações em rápida expansão no Terceiro Mundo estão usando em demasia a madeira; ao mesmo tempo, exigências da agricultura moderna, e o desenvolvimento em geral, estão levando ao desmatamento de imensas extensões de florestas. Falta aguda de lenha já ocorre em vastas áreas da África, Ásia e América Latina. O *Relatório Global 2000* do governo norte-americano projeta que a demanda de lenha para combustível excederá as disponibilidades em cerca de 25% antes do ano 2000.[51]

Em segundo lugar, a energia hidrelétrica gerada pelas quedas d'água é uma fonte de energia limpa e provoca escassa poluição. Grande potencial para desenvolver este tipo de energia existe ainda na África, América Latina e Ásia, se bem que muitos dos rios que poderiam ser usados fiquem situados longe dos centros mais populosos. Grandes represas, freqüentemente necessárias para armazenar a água para os geradores elétricos, comumente perturbam seriamente o ambiente circunvizinho, e ainda não existe meio de evitar o assoreamento por trás da represa, o que limita sua vida útil. Se bem que os melhores locais para grandes represas nos países industrializados já tenham sido aproveitados, existe um potencial para construir algumas pequenas represas e para instalar geradores elétricos em represas existentes que não disponham deles.

Em terceiro lugar, o vento é uma fonte de energia comumente utilizada no passado para fornecer força, assim como para refrescar as casas. Ainda é usado para esses fins em alguns países do Terceiro Mundo e recentemente mereceu novamente respeito nos Estados Unidos, especialmente na Califórnia, onde turbinas de vento foram construídas em locais com vento razoavelmente constante. Existe um potencial para mais ampla exploração desta fonte de energia e a tecnologia moderna está produzindo coletores de vento mais eficientes. O problema principal com o vento, é claro, consiste nele não ser comumente constante, e assim a energia criada tem de ser armazenada de alguma forma para poder ser utilizada quando o vento pára. Ainda não existe meio fácil e barato para fazer isso. Outro problema com o vento é que os melhores lugares ventosos do mundo são relativamente poucos, desigualmente distribuídos e amiúde longe dos centros habitados.

Em quarto lugar, conversão de biomassa é o nome dado à produção de combustível líquido e gasoso com dejetos humanos e animais, assim como refugos da coleta de lixo das cidades e de plantações especialmente destinadas à produção de energia. Milhões de geradores que produzem gás metano a partir de dejetos humanos e animais estão produzindo combustível para aldeias na China e na Índia. O Brasil utiliza seus resíduos da vasta produção de cana-de-açúcar para produzir álcool-motor para veículos e está experimentando mandioca, uma raiz bastante comum, para ser convertida em álcool. St. Louis e outras cidades norte-americanas queimam seu lixo, misturando com carvão e/ou gás natural, a fim de produzir eletricidade. É difícil estimar quão disseminada será esta forma de geração de energia no futuro. Alguns vêem um bom potencial, ao passo que outros mencionam seus aspectos negativos, como a emissão de gases nocivos e mau cheiro pela combustão do lixo e a utilização da terra para culturas energéticas em vez da plantação de alimentos num mundo faminto.

Em quinto lugar, a utilização direta da luz solar provavelmente apresenta o maior potencial de todas as formas de energia solar, para tornar-se importante fonte de energia no futuro. Luz solar direta pode ser usada para aquecer espaço e água, ou para produzir eletricidade usando célula fotovoltaica ou solar. A célula solar, usualmente feita de silicone, foi criada para ser usada no programa de exploração norte-americana do espaço e estão sendo feitas amplas pesquisas agora para adaptá-la para uso privado.[52] Ela ainda é cara, contudo, e seu elevado custo constitui provavelmente o mais sério obstáculo para sua utilização generalizada. Uma grande redução de seu custo provavelmente surgirá quando for produzida em massa, mas sem uma grande demanda de células solares, impedida por seu elevado preço, recursos para produção em massa não serão contribuídos pela iniciativa privada. Uma saída desse círculo vicioso seriam grandes aquisições pelo governo, o que um dos maiores defensores da energia solar - Barry Commoner - advogou[53]; ou poderia surgir quando o custo de outros tipos de energia continuasse a subir. Células solares poderiam ser utilizadas em locais moderada ou intensamente ensolarados. Grande parte do Terceiro Mundo satisfaz este requisito. O Terceiro Mundo, com efeito, é amiúde mencionado como vasto mercado potencial para as células solares porquanto muitas de suas zonas rurais carecem ainda de eletricidade, e a energia solar é captada tão eficientemente por coletores pequenos e descentralizados quanto o é por unidades maiores e centralizadas.

Finalmente, energia geotérmica – calor produzido no interior da Terra e amiúde armazenado em tanques d'água, em pedras, ou como vapor sob a crosta fria da Terra – não é uma forma de energia solar mas é uma forma de energia renovável. A Islândia utiliza essa forma de energia para aquecer muitas de suas casas, e a União Soviética e a Hungria aquecem enormes estufas com ela. Duas cidades norte-americanas, uma em Oregon e outra em Idaho, utilizam energia geotérmica, e uma usina assim que produz eletricidade, foi construída no Norte da Califórnia. A energia geotérmica pode ser utilizada em uns poucos locais favoráveis do mundo, mas não se espera que tenha um potencial mais amplo.

Conservação

A conservação não é comumente encarada como fonte de energia, mas de acordo com um estudo da situação de energia nos Estados Unidos pela Business School da Universidade de Harvard, deveria ser adequadamente encarada como importante fonte inexplorada de energia. O estudo de Harvard conclui que a conservação, e não o carvão ou a energia nuclear, é a principal alternativa para petróleo importado.[54] Quanta energia poderiam os Estados Unidos poupar adotando medidas de conservação? O estudo de Harvard constatou que a economia poderia ser impressionante:

> Se os Estados Unidos se dedicassem seriamente à conservação, poderiam muito bem consumir menos 30 a 40% de energia do que estão gastando hoje, e ainda assim desfrutar do mesmo ou até de um padrão melhor de vida. Essa poupança seria baseada não em um importante "furo" da tecnologia, mas exigindo apenas um moderado ajustamento na maneira de viver das pessoas.[55]

Para muita gente, o termo "conservação" significa privação, aprender a passar sem alguma coisa; o estudo de Harvard, porém, e muitos outros, revelaram que grande conservação de energia pode ocorrer nos Estados Unidos sem provocar nenhum verdadeiro sofrimento. Há três maneiras pelas quais a gente pode poupar energia: realizando uma atividade de forma mais eficiente sob o ponto de vista de energia gasta; usando energia que atualmente está sendo desperdiçada; e modificando o comportamento pessoal de forma a reduzir o consumo de energia.

Muitas empresas norte-americanas agora reconhecem que tornar seu funcionamento mais eficiente sob o aspecto de energia consumida é uma boa maneira de incrementar os lucros. Os investimentos que fazem para aperfeiçoar o funcionamento dos negócios e reduzir o consumo de energia são logo recompensados pelas contas de energia menores. Um dos mais impressionantes exemplos é a IBM, que em 1973 resolveu reduzir seu consumo de energia em 10% e acabou economizando 45%.[56] A Dow Chemical constatou, depois da crise do petróleo de 1973, que a prática nela consagrada até então era nunca desligar o equipamento de descongelamento durante o ano inteiro, de modo que suas calçadas e áreas de serviço ficaram aquecidas mesmo no ensolarado dia Quatro de Julho. A indústria americana obteve ganhos impressionantes ao reduzir o consumo de energia, mas muito ainda pode ser feito, já que a indústria - e a sociedade americana como um todo - está acostumada a muitas praxes esbanjadoras adotadas antes de 1973, quando a energia era barata.

Um importante método de conservação que a indústria norte-americana poderia adotar é chamado "co-geração", que é a associação de produção de eletricidade e aquecimento na mesma instalação. A eletricidade é comumente produzida por empresas privadas e oficiais de serviços públicos, e o calor da geração de eletricidade é jogado no ar ou em lagos e rios como refugo. Com usinas de co-geração, o calor da produção de eletricidade - freqüentemente sob a forma de vapor - é utilizado para fins industriais ou para o aquecimento de casas e edifícios. A produção de eletricidade e vapor conjuntamente utiliza cerca de metade da quantidade de combustível do que a sua produção separadamente.[57] A co-geração é bem comum na Europa, mas não nos Estados Unidos, onde as empresas de serviços públicos opõem-se a essa forma de concorrência, e freqüentemente cobram tarifas inferiores a seus grandes fregueses industriais, desta maneira reduzindo-lhes o incentivo para adotar o processo.

Se os Estados Unidos algum dia alcançarem a meta de poupança de energia que o estudo de Harvard acredita possível, isso será devido à combinação de orientações oficiais que estimulem conservação, assim como de ação por milhões de indivíduos. Os Estados Unidos são um país onde o povo reage bem a incentivos, mas até aqui o governo federal só deu incentivos bastante débeis. Há vários anos o governo federal autorizou uma pessoa que isolasse sua casa ou instalasse um aquecedor solar da água a deduzir 15% do custo desse melhoramento do imposto de renda a pagar. O Estado da Califórnia permite a uma pessoa deduzir 55% do custo de dispositivos para usar energia solar do seu imposto de renda estadual. (Esta lei, sem dúvida, explica por que a Califórnia lidera a nação em número de dispositivos solares instalados em suas casas.) A cidade de Davis, na Califórnia, modificou seu código de edificações, de maneira que todas as novas residências da cidade têm de satisfazer certos padrões de consumo de energia. Os lares norte-americanos são notórios desperdiçadores de energia. Em casas da ensolarada Carolina do Sul, são comuns os telhados negros, conquanto seja de há muito sabido que um telhado claro reflete parte do quente sol de verão. Casas e apartamentos com grandes janelas voltadas para o Sul podem obter muito calor do sol de inverno que é baixo, e essas janelas podem ser protegidas por árvores ou uma aba do telhado para defender do sol de verão que é alto. Os conhecidos arranha-céus americanos envidraçados, construídos na década de 60, são imensos esbanjadores de energia, já que suas grandes áreas de vidro absorvem os quentes raios do sol de verão. Como suas janelas não podem ser abertas, às vezes o sistema de ar condicionado do prédio tem de trabalhar com força máxima apenas para manter o interior com a mesma temperatura do ar exterior. Medidas singelas, como plantar árvores a fim de produzir sombra, podem ter significativo efeito de resfriamento em uma casa, uma rua ou uma área de estacionamento - reduzindo a temperatura de uns 5 a 10 graus em relação a áreas sem sombra. "Casas da cidade", nome moderno para as antigas casas iguais e contíguas às vizinhas, estão se tornando novamente populares em muitas cidades; são muito mais eficientes sob o ponto de vista de energia do que a casa comum de família única, devido às paredes comuns. Segundo um estudo do Instituto Americano de Arquitetos, "projeto aperfeiçoado de novos prédios e modificações nos antigos poderiam poupar um terço de nosso atual consumo total de energia - e poupar dinheiro também".[58]

Permitam-me concluir esta seção com uma pequena estória acerca de uma cincada pessoal que esclarece diversos princípios de conservação. Pouco tempo atrás, meu aquecedor de água parou de funcionar. Fiquei bastante aliviado quando o bombeiro hidráulico garantiu-me que poderia substituí-lo imediatamente de modo a logo termos de novo água quente. Lembrei-me que o governo tinha uma norma de classificar os aparelhos elétricos de acordo com sua eficiência sob o ponto de vista de consumo de energia, e perguntei ao bombeiro se o aquecedor que iria instalar era eficiente. "Ora, sim", retrucou. "Ele tem um rótulo." Fiquei contente também ao saber que o preço do aquecedor seria inferior ao que eu receava. Após instalado o novo aquecedor, li o rótulo nele que o classificava sob o ponto de vista de consumo de energia, e verifiquei, chateado e contrafeito, que o aquecedor tinha a classificação mais baixa possível para aquele modelo. Um aquecedor dura cerca de 15 anos, de sorte que terei de pagar por meu erro durante algum tempo. (Um cobertor isolante rodeando o aquecedor mais tarde ajudou a minorar suas deficiências.)

Além de ensinar-me que a conservação exige cuidadoso planejamento, esse pequeno episódio esclareceu-me quanto a um aspecto importante da conservação de energia e explicou por que muita gente não faz isso. A conservação muitas vezes exige um investimento inicial - quanto mais eficientes, os aquecedores de água são mais caros do que os menos eficientes -, e a decisão de gastar mais agora para poupar no futuro nem sempre é fácil de tomar. As pessoas naturalmente olham para o preço de compra do aparelho - ou casa - e amiúde seguem a regra "quanto mais barato, tanto melhor", desde que o aparelho ou casa seja adequado. O que o preço não diz, mas a etiqueta do governo em meu aquecedor de água disse, é quanto lhe custará o funcionamento do aparelho ou para aquecer e condicionar o ar daquela casa, durante os anos em que o usará.

Saber que economizar energia muitas vezes exige um investimento inicial ajuda a gente a entender a razão do descontrole de preços do petróleo e do gás natural - que levará a preços mais altos desses combustíveis - mas não é provavelmente suficiente por si só para induzir as pessoas a gastarem menos energia. Os mais instruídos e com mais recursos podem admitir que um investimento no isolamento ou num aquecedor de água mais caro seja sensato e poupará dinheiro a longo prazo, mas os que têm renda menor não dispõem do dinheiro extra para fazer o investimento inicial. Alguns pobres gastam maior porção de sua renda em energia do que os que recebem mais, e assim podem beneficiar-se da casa mais bem isolada termicamente ou do carro mais eficiente quanto a consumo de gasolina, mas comumente acabam com uma casa mal isolada e um carro "beberrão". Preços de combustível mais elevados provavelmente ajudarão a reduzir o consumo de energia, mas incentivos e regulamentos vigorosos fixados pelo governo, tais como créditos substancialmente maiores para a instalação de isolamento térmico na casa e substancialmente maiores exigências de eficiência no consumo de combustível pelos automóveis, produziriam um movimento expressivo rumo à conservação.

FORÇA NUCLEAR: UM ESTUDO DE CASO

Nesta seção final, encararemos mais de perto a energia nuclear, que se acha rodeada por controvérsia política. Os defensores e os críticos da energia nuclear estão presentemente engalfinhados em uma batalha que poderia decidir o futuro desta forma de energia. Antes de examinarmos os principais argumentos apresentados por ambos os lados, primeiro daremos uma rápida olhada na história da evolução da energia nuclear, de forma a melhor entender os argumentos apresentados por ambos os lados.

O Potencial e o Perigo

A energia nuclear em seus primeiros anos foi vista por muitos como a resposta às necessidades do mundo. Seus propugnadores alegavam que seria uma forma segura e não poluente de energia, capaz de produzir

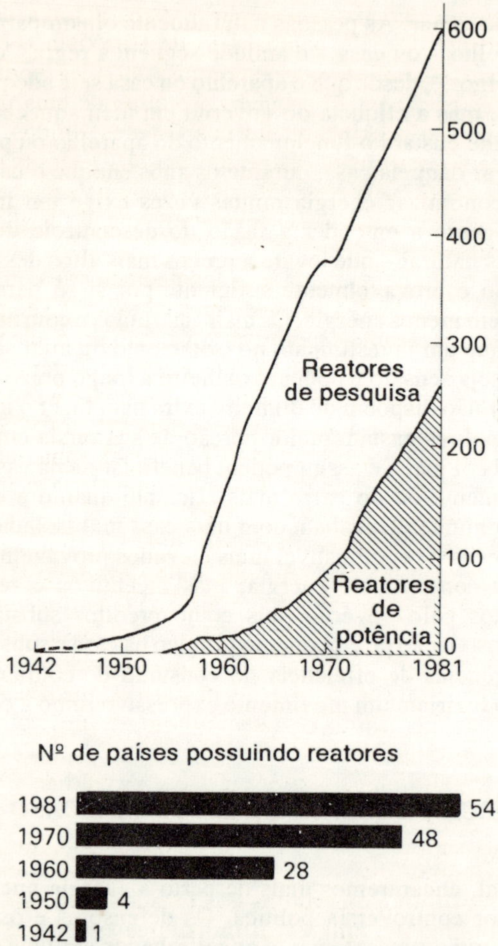

Figura 10 A indústria nuclear mundial.

Fonte: John Holdren, "Nuclear Power and Nuclear Weapons: The Connection is Dangerous", *Bulletin of the Atomic Scientists*, 39 (janeiro, 1983), p. 40. Transcrito com permissão.

eletricidade "barata demais para medir". Após a força destrutiva do átomo ser demonstrada pelo bombardeio de Hiroxima e Nagasaki, as pessoas saudaram a idéia de que a pesquisa atômica podia ser usada também com fins pacíficos. O primeiro protótipo de uma usina nuclear comercial iniciou seu funcionamento nos Estados Unidos em 1957. A figura 10 mostra o crescimento da pesquisa e dos reatores nucleares no mundo de 1942 a 1981 e o crescente número de países que adquiriram esses reatores. Cada vez mais países revelaram vontade de adquirir conhecimentos sobre energia nuclear.

A primeira geração de reatores de potência nuclear é conhecida como reatores de fissão, água leve. Utilizam o mesmo processo empregado para explodir as primeiras bombas atômicas - a fissão do núcleo dos átomos de elementos pesados, que libera tremenda energia. O urânio 235 (U-235) é o combustível empregado nesses reatores. A reação em cadeia decorrente da fissão do núcleo de urânio é controlada nos reatores de potência, a fim de produzir calor contínuo, como o é nas usinas alimentadas a carvão e petróleo, a fim de produzir vapor. O vapor impulsiona as turbinas a fim de gerar eletricidade.

O urânio usado nos reatores comuns de água leve tem de ser enriquecido de forma a conter uma percentagem mais elevada da U-235 da que é encontrada na natureza. Isso é feito em usinas de enriquecimento muito grandes e dispendiosas, que por sua vez utilizam colossais quantidades de eletricidade. Devido à dificuldade de obter o necessário U-235, foi inicialmente planejado reprocessar as hastes combustíveis usadas dos reatores de potência, a fim de extrair o urânio não utilizado, fazendo o estoque de urânio durar mais. Tem havido muita controvérsia em torno dessas usinas de reprocessamento, em parte devido ao plutônio, uma das mais mortíferas substâncias conhecidas e que foi o combustível para a bomba de Nagasaki (a lançada sobre Hiroxima utilizou urânio), ser produzido durante o reprocessamento. Três usinas comerciais de reprocessamento foram construídas nos Estados Unidos - mas nenhuma funciona atualmente, uma em Illinois, uma em Nova York e outra na Carolina do Sul. Os fechamentos decorreram devido a dificuldades técnicas, preocupações com segurança, e o temor dessas usinas tornarem o plutônio por demais acessível.

Outra maneira de lidar com a relativa escassez de combustível para os reatores de água leve seria construir uma segunda geração de reatores de potência. Estes reatores, conhecidos como reatores de regeneração rápida, utilizam plutônio como combustível e deveras produzirão mais combustível do que consomem. O atrativo deste aspecto foi contrabalançado pela grande complexidade das usinas e o perigo aumentado que decorreria de um acidente, já que estava sendo utilizado plutônio ao invés do menos radiativo urânio. O plutônio é extremamente nocivo se inalado ou digerido, e tem uma semivida (quantidade de tempo para metade da substância se desintegrar ou ser transformada em outra coisa) de mais de 24 mil anos. A União Soviética começou a operar um reator de regeneração rápida no início da década de 70, e a Índia completou a construção de um reator experimental em meados da década de 80. Após gastar quase 2 bilhões de dólares tentando construir um reator regenerador de demonstração, o governo norte-americano abandonou o esforço em 1983 devido a dificuldades técnicas, preocupações com a segurança e custos astronômicos. Em 1984, cinco países europeus (Grã-Bretanha, França, Alemanha Ocidental, Bélgica e Itália) concordaram em congregar seus esforços para construir reatores regeneradores.

A energia nuclear de fusão, ainda em grau experimental, pode ser denominada uma terceira geração da energia nuclear. A força ou energia de fusão é criada pelo mesmo processo que cria a energia no Sol e é o processo utilizado na bomba de hidrogênio ou bomba H, que é imensamente mais potente do que as bombas atômicas de fissão. Ao invés de dividir átomos, como ocorre na fissão, na fusão os átomos são reunidos num único. O processo é altamente complicado e exige temperaturas (milhões de graus) e pressões com que os cientistas têm escassa experiência. O atrativo deste processo é que grande parte de seu combustível (deutério) provém da água do mar e é não-radiativo, enquanto o outro componente principal de seu combustível (trítio), que é radiativo, pode ser conseguido de uma substância (lítio) bastante abundante.[59] Muito menos refugo radiativo proviria do processo de fusão do que do de fissão e ele é inerentemente um processo mais seguro do que este. Experiências recentes, algumas das principais realizadas nos Estados Unidos na Universidade de Princeton, demonstraram a exeqüibilidade do processo de fusão.[60] Mesmo que as experiências com fusão prossigam com sucesso, uma demonstração prática desse processo não é esperada para antes do ano 2000, e sua utilização generalizada provavelmente não ocorrerá durante longo tempo ainda no século XXI.

A energia nuclear está em sérias dificuldades pelo mundo afora: apenas a França e a União Soviética promoveram-na agressivamente. O Japão certamente deverá prosseguir com planos para expandir suas usinas nucleares, mas em muito países da Europa Ocidental tem havido pouca construção nova e poucas encomendas de novas usinas. Nos Estados Unidos não houve novas encomendas desde 1977, e cerca de cem das que havia foram canceladas durante os anos 70.[61] O retardamento do crescimento da energia nuclear nos Estados Unidos ocorreu devido à reduzida demanda de eletricidade (provocada pelo rápido crescimento do custo da energia, medidas conservacionistas e uma recessão econômica), a subida vertiginosa dos custos de construção de usinas (elas eram incialmente avaliadas em torno de 200 a 300 milhões de dólares e agora custam de 1 a 2 bilhões), e a preocupação crescente com a segurança das usinas.

Em 1979, um acidente de vulto - quase derretimento do combustível de urânio - ocorreu em uma usina de energia nuclear em Three Mile Island, na Pensilvânia, provocando a liberação de algum vapor e gases radiativos da instalação e a conseqüente recomendação oficial de que fossem evacuadas as mulheres grávidas e as crianças pequenas das redondezas. Se bem que ninguém tenha sido morto no acidente, e a liberação de substâncias radiativas tenha sido posteriormente considerada por uma comissão presidencial de inquérito como não tendo causado perigo para a saúde pública,[62] a limpeza do terreno custará aproximadamente 1 bilhão de dólares,[63] e o acidente agravou os temores públicos referentes à energia nuclear. Estimou-se que novas exigências de segurança para usinas de energia nuclear determinadas pelo governo federal depois do acidente de Three Mile Island, tanto quanto atrasos na construção de novas instalações e outras interrupções temporárias das usinas existentes causadas pelo acidente, adicionarão 130 bilhões de dólares ao custo da eletricidade nuclear nos Estados Unidos entre 1979 e 1992.[64]

Em 1986, uma usina de energia nuclear em Chernobyl, na União Soviética, explodiu. Mais de cem mil pessoas foram evacuadas de uma área aproximada de 780 quilômetros quadrados em torno da instalação. O acidente espalhou radiação ao redor do mundo, com algumas cidades européias recebendo significativas quantidades. Cerca de trinta pessoas morreram devido à catástrofe nos meses seguintes, e um relatório do governo soviético fez uma estimativa grosseira de até cerca de 45.000 mortes a mais de câncer poderem ser atribuídas na União Soviética a esse incidente.[65] Crê-se que falhas no projeto do reator e enganos dos operadores da usina foram responsáveis pelo desastre.

As Opções

Há duas opções políticas fundamentais referentes à energia nuclear: o governo pode retirar seu apoio à indústria da energia nuclear, ou pode continuar a promover energia nuclear e estimular seu desenvolvimento. Examinaremos os argumentos principais apresentados neste debate.

Retirar o Apoio à Energia Nuclear. Conforme revela o acidente em Chernobyl, as usinas de energia nuclear correm o risco de ter acidentes catastróficos. A sociedade não deve aceitar um risco assim. O acidente de Three Mile Island provou que a interação de erro humano e falhas do equipamento podem conduzir a acontecimentos com que ninguém jamais sonhara. Uma centena de alarmas soaram nos primeiros minutos em Three

Mile Island, impossibilitando os operadores de controlarem a situação. E em Chernobyl, uma série de erros dos operadores de um reator que era intrinsecamente difícil de operar gerou forças e efeitos jamais experienciados até então. A tecnologia nuclear admite desempenho e compreensão humanos superiores ao que a história mostra poderem ser conseguidos.

A energia nuclear incrementa o perigo de proliferação, ou disseminação, de armas nucleares entre as novas nações. O conhecimento e as instalações que uma nação adquire ao produzir energia nuclear poderão ser utilizados para fabricar bombas nucleares. Embora seja verdade que a maioria das usinas de energia nuclear não usa combustível capaz de ser rapidamente empregado para construir bombas, o reprocessamento do combustível utilizado nas usinas pode vir a produzir combustível para armas. A tecnologia de reprocessamento está se difundindo pelo mundo afora. Por exemplo, em 1975 a Alemanha Ocidental vendeu ao Brasil tecnologia de reprocessamento, apesar dele jamais ter assinado o Tratado de Não-Proliferação, que compromete as nações a não construir armas nucleares. À medida que mais nações adquirem conhecimentos sobre energia nuclear, armas nucleares serão adquiridas por um número maior delas, incrementando assim consideravelmente as possibilidades de tais armas virem a ser usadas.

O perigo de terroristas roubarem plutônio para construir uma bomba ou usá-lo como veneno, para disseminar na atmosfera sobre uma cidade ou na água de beber, é real. O conhecimento de como fazer armas nucleares está amplamente disseminado e apenas 900 gramas de material físsil bastam para fazer uma bomba grosseira. Se, ou provavelmente de forma mais realista, quando terroristas adquirirem uma possibilidade nuclear, as nações ameaçadas provavelmente reagirão concedendo maior poder à sua política e a seus governos. Os Estados Unidos podem tornar-se mais autoritários devido a uma ameaça dessa natureza, com conseqüente restrição da liberdade e privacidade individual.

Grandes quantidades de resíduos radiativos de usinas de energia nuclear estão se acumulando nos Estados Unidos, por não ter sido ainda criada uma forma permanente de armazenar esse material. Parte dos resíduos nucleares tem de ser armazenada por entre 100 e 200 mil anos, de forma a não entrar em contato com seres humanos ou com qualquer parte do meio ambiente. Mostramos arrogância e despreocupação acabrunhadoras pelas gerações vindouras quando dizemos que podemos agir assim; isso é tornado evidente quando nos lembramos de que os Estados Unidos têm apenas 200 anos de idade e a civilização cerca de 5.000 anos. Várias centenas de milhares de litros de dejetos nucleares já escaparam de tanques de aço em locais situados em Hanford, Washington e perto de Aiken, na Carolina do Sul, onde estão armazenados refugos militares.

O elevado custo da energia nuclear torna-a economicamente injustificável. Se incluirmos o custo de sua criação e os custos das tentativas para encontrar um meio seguro de guardar o lixo - tendo ambos sido financiados por fundos públicos - a energia nuclear não seria competitiva com outras formas de energia. E o preço de desativar e possivelmente afastar para armazenagem usinas de energia nuclear gastas e altamente radiativas, com uma expectativa de vida de trinta e quarenta anos, irá aumentar ainda mais os custos da energia nuclear.

Usinas de energia nuclear geram poluição térmica, elevando a temperatura da atmosfera e da água em lagos, baías e rios comumente utilizados para resfriar os reatores. A água mais quente é mortífera para muitas espécies de peixes e outras formas de vida dos lagos e rios. Os atuais reatores de água leve convertem apenas uns 30% de seu combustível em eletricidade; o restante vira calor inaproveitado.

Energia nuclear não pode substituir petróleo importado. Só uns 10% do petróleo do mundo são utilizados para gerar eletricidade; a maior parte dele é usada para movimentar veículos, fornecer calor para casas e para a indústria, e para fazer produtos químicos. A energia nuclear, dentro do futuro previsível, só pode ser usada para gerar eletricidade, e, além de seu limitado uso, a eletricidade é uma forma bem cara de energia. Os colossais investimentos públicos que continuarão a ir para a energia nuclear os impedirão de serem aplicados para criar fontes de energia alternativas que poderiam ser mais úteis, seguras e limpas.

Continuar a Apoiar a Energia Nuclear. Aceitamos fábricas de produtos químicos, malgrado acidentes ligados a elas, como o de Bhopal, na Índia, em 1984, que matou mais de duas mil pessoas, e aceitamos represas malgrado os acidentes a elas vinculados, como o da Represa Vaiont, na Itália, em 1963, que também matou aproximadamente duas mil pessoas. Então, por que acidentes em Chernobyl e em Three Mile Island nos levariam a rejeitar a energia nuclear? As usinas de energia nuclear nos Estados Unidos ficaram bem mais seguras devido a novos procedimentos e artifícios de segurança adotados depois do acidente da Three Mile Island. E diversos respeitáveis cientistas agora crêem ser possível construir uma usina de energia nuclear inerentemente segura, a ser projetada de modo que, se algo incomum ocorrer, deixará automaticamente de funcionar sem ser necessária qualquer ação por parte de seres humanos ou máquinas.

Uma pessoa fica mais exposta à radiação em um ano ao fazer uma única viagem de ida-e-volta nos Estados Unidos em avião a jato, ao assistir televisão a cores, ou por trabalhar em um edifício de granito, do que se morasse ao lado de uma usina de energia nuclear. Os seres humanos evoluíram durante milhões de anos vivendo em uma planeta moderadamente radiativo e prosperaram. Poucas coisas na vida são isentas de riscos, e os associados à energia nuclear são relativamente benignos comparados com os corridos pelas pessoas em seu quotidiano.

A acusação de que a energia nuclear contribuirá para a proliferação de armas nucleares é exagerada. Uma nação que queira construir uma arma nuclear pode conseguir plutônio suficiente de seus próprios recursos da pesquisa nuclear. É exatamente como a Índia conseguiu o plutônio para o artefato nuclear que explodiu em 1974. Todas as grandes potências que obtiveram armas nucleares construíram-nas antes de haverem conseguido dispor de energia nuclear.

Seria muito difícil para um terrorista roubar plutônio nos Estados Unidos. Os militares norte-americanos têm despachado plutônio por comboio há muitos anos e meios bastante eficazes foram concebidos a fim de proteger as cargas contra assaltos. Boas medidas de segurança também são eficazes nas instalações produtoras de plutônio. Apesar do conhecimento de como construir bombas nucleares não ser mais secreto, a construção efetiva de uma arma dessas é bastante complicada. Se fosse fácil a construção de armas nucleares, mais nações as teriam do que o punhado que hoje delas dispõe.

Uma forma de armazenar permanentemente lixo nuclear foi concebida e está realmente sendo usada na Europa. O lixo pode ser solidificado, geralmente em vidro, e em seguida armazenado em instalações subterrâneas geologicamente estáveis. A França adotou este método, enquanto outros países europeus criaram métodos diferentes permanentes. A maioria dos detritos nucleares dos Estados Unidos está sendo gerada por seu programa militar, e esse lixo continuará a aumentar mesmo que sejam fechadas todas as usinas de energia nuclear.

Um grande risco para o mundo decorre da carência de petróleo. Sem fontes seguras de energia, como a energia nuclear, é provável que uma guerra venha a ocorrer se nações lutarem para conservar suas fontes garantidas de petróleo. O desenvolvimento da energia nuclear é necessário a fim de reduzir essa perigosa dependência de fontes estrangeiras de energia.

A energia nuclear é bem menos poluente do que a principal alternativa - o carvão -, que será grandemente expandida se não for continuada a geração de energia nuclear. Esta não ocasiona refugos gasosos que produzem chuva ácida como a queima do carvão, nem contribui para a acumulação de dióxido de carbono na atmosfera, não produz nevoeiro de fumaça, ou quaisquer outros efeitos nocivos comumente ligados ao carvão. A energia nuclear é geralmente mais suave no ambiente do que o carvão; o reator comum de energia nuclear utiliza apenas umas 30 toneladas de combustível por ano enquanto a usina elétrica a carvão consome cerca de 3.000 toneladas deste por dia. Ao retardar a aprovação de novas usinas nucleares, os críticos da energia nuclear fazem as nações queimar mais carvão. Isto leva muito mais pessoas a morrer e a mais danos pela poluição do que seria o caso dispondo de novas usinas nucleares e tornando desnecessário esse consumo extra de carvão.

Não se deve rejeitar nenhuma outra opção de energia neste período de transição. A força nuclear é uma das poucas alternativas de que dispomos para gerar grandes somas de energia durante o resto deste século, enquanto prossegue a pesquisa de um combustível seguro para substituir os existentes.

CONCLUSÕES

Embora o preço do petróleo tenha caído inesperadamente em meados da década de 80, as perspectivas do petróleo a longo prazo continuam imutáveis. Como um recurso não-renovável de um planeta com população crescente e industrialização em expansão, ele é uma fonte de energia que ficará mais escasso e caro. O desenvolvimento do Terceiro Mundo apoiado numa base de petróleo está sujeito a interrupção, como esteve nos anos 70 quando os dois choques do petróleo dispararam os preços para o alto. Esses choques ajudaram a desencadear a crise da dívida com que muitas nações do Terceiro Mundo se defrontam hoje em dia por terem tomado empréstimos a fim de poder pagar as contas mais altas do petróleo importado. Esse foi um aviso claro para as nações em desenvolvimento de que seus planos de industrialização segundo as linhas seguidas pelo Ocidente baseavam-se numa suposição falsa, qual seja a de que o petróleo continuaria disponível a um preço baixo.

Uma estratégia a longo prazo para melhorar os padrões de vida em muitas nações mais pobres afigura-se ter de exigir o desenvolvimento de fontes de energia mais seguras e menos dispendiosas do que o petróleo. A abordagem de crescimento eqüitativo, apresentada no Capítulo 1, advoga a adoção de meios de produção intensivos em mão-de-obra e tecnologia alternativa, ambos os quais reduziriam a necessidade de petróleo importado. A dependência do petróleo também pode ser mitigada pela adoção de novos processos de fabricação mais eficientes sob o ponto de vista energético. Fontes de energia renováveis, tais como lenha, força hidrelétrica, conversão da biomassa e energia solar oferecem oportunidades para expansão em muitas nações do Terceiro Mundo. O desafio com que se defrontam as nações em desenvolvimento é seu necessário crescimento econômico sem agravar a dependência do petróleo.

As nações industrializadas do mercado livre reagiram razoavelmente bem aos custos acrescidos do petróleo, pelo menos a curto prazo. O papel dos preços funcionou tal como a abordagem ortodoxa disse que ocorreria em uma economia capitalista. Muitas indústrias nos Estados Unidos prestaram mais atenção a meios de tornar mais eficiente sua utilização do petróleo, e conseguiram isso a tal ponto que seu reduzido consumo de petróleo é um dos fatores por trás da queda dos preços deste. Novas orientações do governo também foram eficazes ao reduzir a procura de petróleo, tais como os maiores padrões de eficiência que passaram a ser exigidos dos novos automóveis e os benefícios fiscais para quem instalasse novo isolamento térmico em casa. E especialmente impressionante foi a reação de milhões de indivíduos no país que passaram a preferir veículos pequenos e com bom rendimento de combustível ao invés dos grandes automóveis beberrões de gasolina. Apelos urgentes de altas autoridades para os norte-americanos conservarem energia tiveram efeito bem menor do que os preços mais elevados da gasolina e do óleo combustível.

Os preços, contudo, funcionam em ambos os sentidos; existe um perigo de preços menores do petróleo nos anos 80 provocarem a volta dos americanos a seus hábitos de prodigalidade em relação à energia. Um fator paliativo é muitas medidas visando à conservação de energia já adotadas não poderem ser facilmente revogadas. Uma casa termoisolada assim permanecerá, não importa qual seja a atitude do dono atualmente em face da energia. Outro fator que continua a promover a conservação nos Estados Unidos é, malgrado o preço do petróleo esteja caindo, o da eletricidade permanece subindo à medida que o custo imenso da nova usina de energia nuclear vá sendo transferido aos consumidores.

Existem sinais perturbadores quando se contemplam os planos de energia a longo prazo dos Estados Unidos. Não há plano algum para reduzir a dependência do país em face do petróleo estrangeiro. A indústria da energia nuclear esteve inerte mesmo antes do desastre de Chernobyl. O apoio do governo à pesquisa sobre energia solar quase desapareceu totalmente, e os baixos preços do petróleo estão contribuindo para a ausência de interesse dos investidores privados na pesquisa sobre essa energia. A recomendação para ser estabelecido um imposto sobre o petróleo importado a fim de manter o incentivo de conservação do petróleo é politicamente impopular.

Em suma, os esforços pela nação líder do mundo industrializado não são de molde a incentivar o avanço, neste período de transição de energia, rumo a uma economia baseada em fontes de energia renováveis e não-poluentes. Ainda não surgiu a necessária liderança política neste assunto crucial, o que pode refletir uma ausência de conscientização do público da necessidade de serem adotadas novas iniciativas no campo da energia para o bem-estar da comunidade a longo prazo.

NOTAS

1. Um exame interessante das leis da termodinâmica, e do que elas nos revelam acerca da energia, consta de Jeremy Rifkin, *Entropy: A New World View*, Nova York, Viking Press, 1980, pp. 33-43.
2. Daniel Yergin e Martin Hillenbrand (org.), *Global Insecurity: A Strategy for Energy and Economic Renewal*, Boston, Houghton Mifflin, 1982, p. 21.
3. Kenneth M. Dolbeare, *American Public Policy: A Citizen's Guide*, Nova York, McGraw-Hill, 1982, p. 130.
4. Lester R. Brown, *The Twenty-ninth Day*, Nova York: W.W. Norton, 1978, pp. 265-6.
5. Yergin e Hillenbrand, *Global Insecurity*, p.7.
6. Council on Environmental Quality and the Department of State, *Global Future: Time to Act*, Washington, DC, US Government Printing Office, 1981, p. 46.
7. Lester C. Thurow, *The Zero-sum Society: Distribution and Possibilities for Economic Change*, Nova York: Basic Books, 1980, p. 26.
8. *The New York Times*, última edição local, 24 de janeiro de 1980, p. 1; 27 de julho de 1983, p. A7.
9. *The New York Times*, última edição local, 13 de março de 1986, p. D7.
10. Robert C. Weaver, "The Politics of Scarcity", *Proceedings of the Academy of Political Science*, 32, 1981, p. 236.
11. Yergin e Hillenbrand, *Global Insecurity*, p. 11.
12. Esta análise baseia-se sobretudo na feita por Daniel Yergin em Yergin e Hillenbrand, *Global Insecurity*, pp. 11-12.
13. Vaclav Smil, "Ecological Mismanagement in China", *Bulletin of the Atomic Scientists*, 38, outubro de 1982, p. 19.
14. Ibid., pp. 18-19.
15. Ibid., p. 19.
16. Ibid., p. 20.
17. *The New York Times*, última edição local, 10 de novembro de 1981, p. Cl.
18. David A. Deese e Joseph S. Nye (org.), *Energy and Security*, Cambridge, Mass.: Ballinger, 1981, p. 112.
19. Ibid., p. 112.
20. Conforme registrado no *The New York Times*, edição nacional, 6 de dezembro de 1985, p. 34.
21. *The New York Times*, última edição local, 5 de maio de 1986, p. D8. Um meio pelo qual o Brasil espera reduzir o vulto de suas importações de petróleo é usar álcool para alimentar seus motores. Está usando as imensas sobras de sua cana-de-açúcar a fim de produzir álcool, misturando-o com gasolina. O país planeja um dia utilizar apenas álcool em seus automóveis.
22. Wolfgang Sassin, "Energy", *Scientific American*, 243, setembro de 1980, p. 121; *The New York Times*, última edição local, 21 de outubro de 1981, p. 1.
23. Rifkin, *Entropy*, p. 99.
24. UN, *Statistical Yearbook*, 1979/80, Nova York, United Nations, 1981, quadro 189.

25. A maioria do consumo norte-americano de petróleo destina-se a transporte.
26. O Thunderbird continuou a crescer em vendas em 1975, malgrado tenha havido substancial aumento do preço da gasolina. Isso é explicado principalmente pelo fato do planejamento e desenho de novos automóveis ocorrer diversos anos antes do carro realmente surgir à venda no mercado.
27. Dennis Pirages, *The New Context for International Relations: Global Ecopolitics*, North Scituate, Mass. Duxbury Press, 1978, p.112.
28. *The New York Times*, última edição local, 25 de janeiro de 1983, p. D1; 4 de maio de 1983, p.D1.
29. Yergin e Hillenbrand, *Global Insecurity*, p. 9.
30. Ver, por exemplo, National Research Council, *Energy in Transition 1985-2010*, São Francisco, W.H. Freeman, 1980; Robert Stobaugh e Daniel Yergin (org.), *Energy Future: Report of the Energy Project at the Harvard Business School*, Nova York, Ballantine Books, 1980; Roger W. Sant, Steven C. Carhard et al., *Eight Great Energy Myths: The Least Cost Energy Strategy – 1978-2000*, Arlington, Va., Energy Productivity Center of the Mellon Institute, 1981; Solar Energy Research Institute, *A New Prosperity: Building a Sustainable Energy Future*, Andover, Mass., Brick House Publishing, 1981; National Audubon Society, *Energy Plan*, Nova York, National Audubon Society, 1981.
31. Council on Environmental Quality and the Department of State, *Global Future*, p. 61.
32. Joel Darmstadter, "Economic Growth and Energy Conservation: Historical and International Lessons," Reprint no. 154, Washington, DC, Resources for the Future, 1978, p. 18.
33. Em 1974, a eficiência média de combustível de todos os carros americanos era de 14 milhas por galão [equivalente a 22,5 km com 3,78 litros]; a lei exigiu que isso fosse aumentado para 27,5 milhas por galão, [equivalente a 45 km com 3,78 litros] até 1958.
34. Richard J. Barnet, *The Lean Years: Politics in the Age of Scarcity*, Nova York, Simon and Schuster, 1980, p. 25.
35. Nicholas von Hoffman, "Reiventing America to Save Energy", *New York Times Magazine*, 23 de setembro de 1979, p. 62.
36. Council on Environmental Quality, *Global Energy Futures and the Carbon Dioxide Problems*, Washington, DC, Council on Environmental Quality, 1981, p. 1.
37. Gases raros, muitos deles subprodutos industriais, podem também estar provocando o efeito estufa.
38. Council on Environmental Quality, *Global Energy Futures*, p. 53. Alguns cientistas acreditam que as tendências da temperatura de 1880 a 1980 são coerentes com a teoria da estufa. Ver J. Hansen et al., "Climate Impact of Increasing Atmosphere Carbon Dioxide," *Science*, 213, 28 de agosto de 1981.
39. Ver, por exemplo, Hansen et al., "Climate Impact", p. 964.
40. Council on Environmental Quality, *Global Energy Future*, p.6.
41. Ibid., p. 56.
42. Hanzen et al., "Climate Impact", p. 966.

43. Council on Environmental Quality, *Global Energy Futures*, pp. 15-18; Hansen et al., "Climate Impact", p. 965.
44. Hansen et al., "Climate Impact", p. 965.
45. Council on Environmental Quality, *Global Energy Futures*, p. 52.
46. Humo, o material orgânico da camada superior do solo na floresta. Também armazena grandes quantidades de carbono.
47. Council on Environmental Quality, *Global Energy Futures*, pp. VII-VIII.
48. National Research Council, *Energy in Transition 1985-2010*, p. 129.
49. Ibid., p. 128.
50. Brown, *The Twenty-ninth Day*, p. 119.
51. Council on Environmental Quality and the Department of State, *The Global 2000 Report to the President: Entering the Twenty-first Century*, vol. 1, Nova York, Penguin Books, 1982, p. 2.
52. Alguns analistas sustentam que as companhias petrolíferas, que detêm a maioria das patentes relativas a células solares, talvez estejam retardando o desenvolvimento da energia solar de modo a poderem maximizar seus lucros com os combustíveis fósseis. Ver Ray Reece, *The Sun Betrayed: A Report on the Corporate Seizure of U.S. Solar Energy Development*, Boston: South End Press, 1979, e Richard Barnet, *The Lean Years: Politics in the Age of Scarcity*, Nova York: Simon and Schuster, 1980.
53. Barry Commoner, *The Politics of Energy*, Nova York, Alfred Knopf, 1979.
54. Stobaugh e Yergin, *Energy Future*, p. 10.
55. Ibid., p. 167.
56. Frances Gendlin, "A Talk with Daniel Yergin", *Sierra*, julho/agosto de 1981, p. 62.
57. Stobaugh e Yergin, *Energy Future*, p. 198.
58. Citado em Barnet, *The Lean Years*, p. 100.
59. Paul R. Ehrlich, Anne H. Ehrlich, e John P. Holdren, *Ecoscience Population, Resources, Environment*, São Francisco, W.H. Freeman, 1977, pp. 408-9.
60. Jeremy Bernstein, "Recreating the Power of the Sun", *New York Times Magazine*, 3 de janeiro de 1982, p. 14-53.
61. Daniel Yergin, "Troubles of the Atomic Brotherhood", *New York Times Book Review*, 31 de julho de 1983, BR 7.
62. Dorothy Nelkin, "Some Social and Political Dimensions of Nuclear Power: Examples from Three Mile Island," *American Political Science Review*, 75, março de 1981, p. 135.
63. *The New York Times*, última edição local, 29 de outubro de 1985, p. D27.
64. *The New York Times*, última edição local, 30 de maio de 1986, p. A9.
65. David Albright, "Chernobyl and the US Nuclear Industry", *Bulletin of the Atomic Scientists*, 42, novembro de 1986, p. 39.

5. Ambiente e desenvolvimento

> Viajamos juntos, passageiros de uma pequena espaçonave, dependente de seus recursos vulneráveis de ar e solo; tudo voltado por nossas medidas de segurança para a tranqüilidade e paz dela; preservado do aniquilamento apenas pelo cuidado, o trabalho, e, ousarei dizer, o amor que votamos à nossa frágil embarcação.
>
> Adlai E. Stevenson (1900-1965)*

O DESPERTAR

O relacionamento entre o meio ambiente e o desenvolvimento não tem sido feliz. O desenvolvimento causa com freqüência danos ao ambiente, e estes danos por sua vez afetam adversamente o desenvolvimento. A industrialização acarretou muitas formas de poluição, que estão solapando os sistemas biológicos nos quais se apóia a vida no planeta. Transcorreram milhares de anos até que esses sistemas fossem criados.

A atual preocupação norte-americana com o meio ambiente e a consciência do mal que lhe está sendo infligido decorrem de um início em 1960 do despertar popular. Ainda antes, algumas pessoas advertiram a aproximação do perigo. Um norte-americano nativo, o chefe Seattle da tribo Duwamish, do Estado de Washington, fez o seguinte aviso no século XIX:

> O que recaia sobre a terra recai sobre os filhos da terra. O homem não teceu a teia da vida; ele é apenas um fiozinho dela. O que quer que ele faça à teia estará fazendo a si próprio.[1]

A primeira conferência mundial acerca do meio ambiente realizou-se em Estocolmo, na Suécia, em 1972, sob os auspícios das Nações Unidas. Nela, as nações desenvolvidas, à testa os Estados Unidos, insistiram em maiores esforços a fim de proteger o ambiente, enquanto muitas nações menos desenvolvidas recearam que um esforço para criar legislação antipoluição em seus países prejudicaria suas perspectivas de crescimento econômico. As nações em desenvolvimento sustentaram que po-

---

* Candidato a presidente dos Estados Unidos, em 1952 e 1956, não chegando a ser eleito. (N.T.)

breza era a principal causa da deterioração do ambiente em seus países. Segundo elas, precisavam de mais ao invés de menos indústrias.

Dez anos mais tarde, as nações do mundo novamente reuniram-se para debater o estado do ambiente global, desta vez em Nairóbi, no Quênia. As posições de ricos e pobres se haviam modificado espetacularmente. As nações em desenvolvimento revelaram de um modo geral entusiasmo por maiores esforços a fim de proteger o meio ambiente, já que nos dez anos desde a conferência anterior haviam visto que a deterioração ambiental, tal como desertificação, erosão do solo, desflorestamento e o assoreamento de rios e reservatórios prejudicavam seus esforços para o desenvolvimento e a redução da pobreza. Por outro lado, muitas das nações ricas, lideradas pelos Estados Unidos, solicitaram em Nairóbi, uma moderação nas iniciativas acerca do meio ambiente, até que elas se tivessem recuperado das recessões econômicas.

Apesar das posições das nações desenvolvidas e das subdesenvolvidas terem de certa forma se invertido nos dez anos entre os dois congressos sobre o meio ambiente, não há dúvida de que agora se tornara mundial a conscientização da ameaça ao ambiente provocada por atividades humanas. Somente 11 nações tinham algum tipo de órgão cuidando do ambiente na ocasião do primeiro congresso, ao passo que cem nações, setenta do Terceiro Mundo, dispunham de órgãos assim na ocasião do segundo. Esses órgãos estão fazendo muita coisa para educar seus próprios governos e povos acerca dos perigos ambientais.

Neste capítulo, examinaremos alguns dos efeitos que o desenvolvimento gerou no ar, água e terra de nosso planeta. Depois, focalizaremos alguns dos perigos criados no local de trabalho e no lar. Após examinar rapidamente a utilização dos recursos naturais no mundo, aprenderemos por que está se acelerando a extinção de espécies. O capítulo terminará com uma explicação do que torna tão controvertida a política ambiental.

O AR

Poluição

A industrialização em todas as partes acarretou ar mais sujo. De fábricas e sistemas de transporte, com suas chaminés e exaustores que falam por si mesmos, fumaças tóxicas são emitidas para o ar. Em poucos espetaculares casos, em vários países do século XX, numerosas pessoas ficaram doentes ou morreram devido a gases tóxicos do ar que respiraram: 6.000 ficaram doentes e 60 morreram no vale do Mosa, na Bélgica, em 1930; 6.000 adoeceram e 20 morreram em Donora, na Pensilvânia, em 1948; e em Londres, dezenas de milhares caíram doentes e 4.000 morreram em 1952.[2] (Foi esta última ocorrência que levou o Reino Unido a aprovar várias leis para limpar o ar que se provaram de muito sucesso. No final dos anos 70, 80% mais de luz solar atingiram Londres do que ocorrera em 1952.)[3] Em 1984, um acidente lançou no ar gás tóxico de uma usina química norte-americana em Bhopal, na Índia, matando 2.000 e prejudicando a saúde de 200.000 pessoas.

Diversos países industrializados, inclusive os Estados Unidos, progrediram significativamente na redução da poluição do ar em suas grandes áreas urbanas, mas muito resta a ser feito. Nos primeiros anos da década de 80, o ar na maioria das grandes cidades norte-americanas ainda era considerado suficientemente ruim para ser chamado insalubre durante alguns dias por ano. A cidade americana com o pior ar, Los Angeles, teve cerca de 240 dias insalubres em 1981, com mais de 100 sendo considerados muito malsãos.[4] Países do Terceiro Mundo que começavam a industrializar-se e modernizar-se enfrentavam problemas não diferentes do Ocidente. Cidades como Calcutá, Caracas, Ancara, Seul e México experienciavam sérios problemas de *smog*, provocados em parte devido ao crescente número de automóveis. E uma cidade do Terceiro Mundo, Cubatão, no Sul do Brasil, conquistou a fama de possivelmente ter o pior ar do mundo. Essa cidade, com suas numerosas fábricas brasileiras e estrangeiras, tinha o ar tão contaminado que não existiam lá pássaros, borboletas ou outros insetos. Quarenta de cada mil bebês ali nasciam mortos e outros quarenta morriam na primeira semana. A maioria dos assim mortos estava deformada.[5]

Chumbo no Ar

A história do chumbo no ar ilustra bem a conexão entre industrialização e poluição do ar. Os cientistas são capazes de estimar a quantidade de chumbo que havia no ar do mundo no passado retirando amostras do gelo na calota glacial da Groenlândia. O gelo, que representa chuvas do passado, revela que desde 800 a.C. até o início da Revolução Industrial, por volta de 1750, a quantidade de chumbo no ar era baixa. Houve um importante aumento a partir de 1750 e um aumento enorme depois da Segunda Guerra Mundial, quando o uso de gasolina com chumbo cresceu abruptamente. Em 1965, a concentração de chumbo no gelo da Groenlândia era 400 vezes superior à do nível em 800 a.C. Outros estudos mostram que os ossos do norte-americano de hoje contêm 500 vezes mais chumbo do que os dos homens pré-históricos.[6]

As crianças são as mais suscetíveis a ser prejudicadas ao respirar chumbo. Elas inalam duas a três vezes mais chumbo por unidade de peso do corpo do que adultos, devido a suas taxas metabólicas serem superiores e por terem maior atividade física do que os adultos. Não existe, ao que se saiba, um nível seguro de chumbo no corpo humano. Altos níveis de envenenamento pelo chumbo podem levar à morte, mas mesmo níveis baixos podem provocar dificuldades de aprendizagem e problemas de comportamento. Nos primeiros anos da década de 80, cerca de 5% das crianças em idade pré-escolar dos Estados Unidos tinham altos níveis de chumbo no sangue, e as crianças negras tinham maior probabilidade de ter altos níveis de chumbo do que as brancas.[7]

Um significativo aperfeiçoamento na redução da quantidade de chumbo no sangue dos americanos surgiu nos últimos anos da década de 70, quando o nível médio caiu cerca de 40% em apenas quatro anos.[8] Devido a exigências mais severas do governo federal acerca de poluição do ar, os novos automóveis passaram a consumir gasolina sem chumbo, e muitos técnicos acreditam que essa redução do uso de gasolina com chumbo é provavelmente a causa de níveis mais baixos de chumbo no sangue. Em 1985, a EPA - Repartição de Proteção Ambiental dos Estados Unidos - ordenou às empresas petrolíferas que reduzissem a quantidade de chumbo na gasolina de 90% até o final daquele ano, e estava ponderando mandar proibir de todo a gasolina com chumbo em 1988.

Chuva Ácida

Quando se queimam combustíveis fósseis, liberam-se bióxido de enxofre e óxidos de nitrogênio. Ao reagirem com outros produtos químicos e com a luz solar e a umidade da atmosfera, o bióxido de enxofre vira ácido sulfúrico (a mesma substância empregada nas baterias dos carros) e os óxidos de nitrogênio se convertem em ácido nítrico. Esses ácidos, então, voltam para a terra com a chuva, a neve, a geada ou o nevoeiro. Quando isso se dá, podem matar peixes nos lagos e cursos d'água, dissolver estátuas e lápides de calcário, corroer metal e possivelmente matar certas árvores e reduzir o crescimento de algumas culturas. Os efeitos da chuva ácida sobre a saúde humana ainda não são conhecidos. Alguns cientistas receiam que ela poderia ajudar a dissolver metais tóxicos em encanamentos de água e no solo, liberando esses metais no abastecimento de água para seres humanos.

Nos Estados Unidos, a chuva ácida provém sobretudo do bióxido de enxofre produzido pelas usinas geradoras de eletricidade que utilizam carvão como combustível no Meio-Oeste e dos óxidos de nitrogênio vindos dos exaustores de automóveis e caminhões. Isso tornou lagos do nordeste do país tão acidificados que peixes e outras formas de vida não podem viver neles. Outras regiões do país, como grande partes do sul, noroeste, Montanhas Rochosas e a parte setentrional do Meio-Oeste são especialmente sensíveis à chuva ácida, já que a terra e os lagos dessas áreas contêm baixo teor de cal. Esta tende a neutralizar o ácido que cai com a chuva. Uma disputa internacional foi gerada entre Canadá e Estados Unidos por grande quantidade da chuva ácida estar caindo em vastas áreas do Canadá oriunda de emissões industriais norte-americanas.

A Europa defronta-se com problema análogo. Muitos lagos da Noruega e Suécia estão agora tão acidificados que peixes não podem viver neles e cerca de um terço das florestas da Alemanha estão enfermas e morrendo. Muito da chuva ácida que cai na Europa setentrional e central provém da indústria da Alemanha, França e Grã-Bretanha.

A chuva ácida foi observada primeiramente na Inglaterra industrializada no final do século XIX, mas nada foi feito a respeito. A reação à crescente poluição do ar nos Estados Unidos e na Europa na década de 50 foi construir chaminés altas nas fábricas, de forma às emissões de gases tóxicos serem dispersadas pelas correntes de ar na atmosfera. Essas chaminés altas levaram a um evidente melhoramento do ar em torno de muitas fábricas, fundições, usinas elétricas e refinarias, mas a dispersão de gases mefíticos na atmosfera deu mais tempo para formarem a chuva ácida. Estamos agora nos dando conta de que as chaminés altas violavam uma fundamental lei da ecologia, que o biólogo Barry Commoner apelidou de lei de que "tudo tem que ir para algum lugar".[9] A matéria é indestrutível, e não há "resíduos" na natureza. O que é excretado por um organismo como resíduo é absorvido por outro como alimento. Quando o alimento é tóxico, o organismo morre. Assim se explica a linda água límpida em lagos com elevado conteúdo ácido: muitas formas de plâncton, insetos e plantas deixaram de existir ali.

Um estudo de 1983 pela Academia Nacional de Ciências [norte-americano) concluiu que a chuva ácida poderia ser controlada se fossem reduzidas as emissões de bióxido de enxofre por usinas elétricas e fábricas.[10] Em 1984, nove países europeus e o Canadá concordaram em reduzir emissões de anidrido sulfuroso por pelo menos 30% na década seguinte. Os Estados Unidos, Grã-Bretanha, Alemanha Oriental, Polônia e Tcheco-eslováquia recusaram-se a aderir a esse acordo. A posição do governo Reagan na época foi a de ser necessário mais estudo científico antes de adotar tão dispendiosa ação. Em 1986, os Estados Unidos prometeram ao Canadá empreender uma pesquisa de 5 bilhões de dólares nos cinco anos seguintes para criar uma tecnologia de combustão do carvão menos poluente.

Exaustão do Ozônio

A camada de ozônio na atmosfera protege a Terra de nocivos raios ultravioletas do sol. A maior parte dos cientistas crê que a vida na Terra não surgiu antes de ser estabelecida a camada de ozônio. Essa camada está agora sendo reduzida por substâncias produzidas pelos seres humanos, principalmente nas nações desenvolvidas. Clorofluorcarbonetos, usados como propulsor em latas tipo aerosol, como fluidos em refrigeradores e aparelhos de ar-condicionado, e para outras finalidades industriais, podem destruir o ozônio, assim como apenas da exaustão de aviões de transporte supersônicos. O ozônio também pode ser destruído por gases liberados quando é utilizado extensivamente fertilizante à base de nitrogênio e quando são detonadas bombas nucleares. Os Estados Unidos e umas poucas outras nações desenvolvidas agora baniram a utilização de clorofluorcarbonetos nas latas de aerosol, mas outros usos dessa substância no mundo inteiro estavam crescendo 7% ao ano no início da década de 80, percentagem que levaria à duplicação do uso se continuasse durante dez anos.[11]

Cientistas concordam que qualquer esvaziamento da camada de ozônio provocaria sérios danos para seres humanos, outros mamíferos, plantas, pássaros, insetos e alguma vida marítima. Aumentaria o câncer de pele, assim como lesões nos olhos de criaturas vivas, incluindo seres humanos. Conforme será mencionado no capítulo sobre tecnologia, um dos mais danosos efeitos de uma guerra nuclear seriam os prejuízos que provocaria na camada de ozônio, afetando a vida bem longe da zona de combate.

Analisando dados do passado, cientistas britânicos, em meados da década de 80, descobriram que, durante dois meses por ano, formava-se um buraco na camada de ozônio por cima do Pólo Sul. O buraco aparenta estar crescendo de ano para ano, e em 1985 estava de tamanho equivalente à área dos Estados Unidos. Alguns cientistas estão preocupados com que este fenômeno se mostre permanente, em vez de apresentar-se como um aspecto temporário, e de ser causado por atividades humanas, em vez de por forças naturais, caso em que indicaria que o perigo da camada de ozônio é bem maior do que admitido até agora.

Bióxido de Carbono

A liberação de bióxido de carbono na atmosfera pela queima de combustíveis fósseis talvez esteja provocando um aquecimento do clima terrestre. Este aquecimento, chamado "efeito-estufa", foi debatido no capítulo 4. A tendência atual, nos Estados Unidos e em alguns outros países industrializados, de voltar a usar carvão, por causa do alto preço e pouca confiabilidade do suprimento de petróleo, irá ampliar sua dependência dos combustíveis fósseis para produção de energia e levará assim inevitavelmente a uma emissão maior de bióxido de carbono. Nenhuma tecnologia disponível existe atualmente para impedir essa emissão, quando são queimados combustíveis fósseis.

A ÁGUA

Os acontecimentos, até agora, têm tendido a transformar água limpa em suja tão amiúde quanto tornou sujo o ar puro. Nos Estados Unidos, a deterioração dos rios foi espetacularmente notada nos últimos anos da década de 60, quando o rio Cuyahoga, que passa por Cleveland, pegou fogo por se achar tão poluído. Esse fato ajudou a instigar o Congresso norte-americano a aprovar uma lei, no início dos anos 70, que fixou um prazo de dez anos para retornar as vias aquáticas da nação a um estado de serem "próprias para a pesca e para nadar". Dez anos depois da Lei da Água Limpa de 1972, muitos rios, riachos e lagos norte-americanos estavam mais limpos do que quando da aprovação da Lei, mas muitos permaneciam poluídos demais para permitir a pesca ou natação em segurança. Isso foi evidenciado pela recomendação feita pelo Departamento de Saúde do Estado de Nova York aos seus habitantes em 1983. O Departamento recomendou que eles não deveriam comer mais do que uma refeição por mês com peixe pescado em água doce do Estado e que mulheres grávidas, mulheres em idade de engravidar, mulheres amamentando e crianças com menos de 15 anos não deveriam comer peixe algum do Estado![12]

Foi menor o progresso para limpar a água do que o ar, já que o problema se mostrou bem mais complicado e caro do que o previsto. Houve progresso significativo na redução da poluição da água pelos esgotos das cidades e das fábricas, quando bilhões de dólares foram gastos na construção de novas estações de tratamento de esgotos, mas foi escasso na redução da poluição pelo escoamento de águas pluviais urbanas e agrícolas. Especialmente durante tempestades, vastas quantidades de água poluída escoam das cidades diretamente para rios e lagos, sem passarem pelos recursos locais de tratamento de esgotos, e também imensos volumes de água escoam de fazendas carregadas de pesticidas, herbicidas e excesso de fertilizantes.

Outros países desenvolvidos também passaram por graves problemas de poluição da água. Conforme Lester Brown elegantemente asseverou, se Johann Strauss tivesse de compor hoje sua famosa valsa teria de denominá-la "Danúbio Castanho". O Danúbio, que flui pela Europa central, estava tão gravemente poluído no final dos anos 70 que era ilegal nadar nele, e o Reno, depois de bilhões terem sido gastos para limpá-lo, ainda era considerado o rio mais sujo do mundo.[13] A União Soviética, cuja imprensa controlada pelo governo no passado não divulgava publicamente a poluição naquele país, está agora sendo considerada por certos ambientalistas como tendo alguns dos mais graves problemas ambientais de qualquer país desenvolvido, inclusive sérios problemas de poluição da água.[14] Uma exceção ao quadro bastante melancólico da Europa é o Tâmisa, que passa por Londres. Outrora conhecido como um rio bastante imundo, foi limpo de tal maneira que os peixes voltaram.

O que está provocando a água poluída nas nações desenvolvidas? A indústria tem de assumir grande parte da culpa, pois tradicionalmente os dejetos industriais têm sido lançados na água mais próxima tão freqüentemente quanto no ar lá em cima. Muitas indústrias agora não mais jogam lixo nos rios contíguos, mas ainda continua a haver alguma coisa assim. A causa de grande parte da poluição mais grave da água hoje em dia nos países desenvolvidos são os produtos químicos. A indústria química tem tido um crescimento formidável no mundo industrial a partir da Segunda Guerra Mundial. Os produtos químicos estão agora achando caminho para as vias aquáticas, muitas das quais estão sendo usadas para fornecer água potável. Um estudo pela Repartição de Proteção Ambiental (EPA) dos Estados Unidos, em meados da década de 70, constatou que o abastecimento de água de 80 cidades norte-americanas continha produtos químicos capazes de provocar câncer.[15]

A par do problema de inadequada destinação de resíduos pela indústria química, a ser discutida na próxima seção deste capítulo, muitos dos 50.000 diferentes produtos químicos produzidos pela indústria química norte-americana estão sendo agora jogados fora pelos consumidores de maneira tal que evite contaminar o abastecimento de água. Um fato especialmente perigoso é a descoberta de que cerca de metade da água subterrânea, de que dependem cerca de 100 milhões de norte-americanos para toda ou parte de sua água de beber, está ameaçada com contaminação química ou já se acha contaminada.[16] Esse lençol freático, parte do qual levou milhões de anos para se formar, foi outrora considerado a salvo de poluição, mas agora está admitido como ameaçado. Foram encontrados refugos tóxicos na água do subsolo de pelo menos 34 Estados.[17] Uma vez contaminadas essas águas, é extremamente difícil, e muitas vezes impossível, retirar a contaminação. O lençol freático é recompletado lentamente pela terra de cima. Quando essa terra está contaminada por fossas dos subúrbios, detritos industriais e produtos químicos usados em fazendas, a água do subsolo fica poluída. A experiência de comunidades de Long Island, no Estado de Nova York, foi de que após a terra em cima ter sido urbanizada, levou vinte anos para o lençol freático, de que muitas dessas comunidades conseguiam sua água potável, ficar contaminado.[18]

O *Relatório Global 2000* do governo norte-americano projeta que a demanda de água potável no mundo crescerá entre 200 e 300% de 1975 até o ano 2000. Somente o crescimento demográfico levará à duplicação da demanda de água potável em metade dos países do mundo.[19] O maior usuário de água é a agricultura, que gasta 70 a 80% da usada pelos seres humanos. A agroindústria utiliza imensa quantidade de água para irrigação, e suas demandas, espera-se, crescerão à medida que as técnicas industriais da agricultura continuem a disseminar-se pelos Estados Unidos e a Revolução Verde se espalhe pelo mundo. Exceto por temporárias faltas d'água regionais, os Estados Unidos nunca tiveram deficiência de água potável; com efeito, os norte-americanos são tão pródigos na utilização da água como costumavam ser com o petróleo antes dos choques citados. A situação talvez mude na ocorrência de exigências pesadas de água potável por parte da agricultura. O contínuo desenvolvimento de Estados como Nevada e Arizona conduziu a tão extenso bombeamento de água do subsolo que a terra está afundando (1,20m em Las Vegas, em apenas vinte anos) e enormes fendas estão se escancarando na terra (algumas perto de Phoenix). No Terceiro Mundo, o desflorestamento generalizado tornará os suprimentos de água mais erráticos e populações crescentes sem dúvida levarão a novos conflitos relacionados com a disponibilidade de água, tais como os ocorridos no passado entre Índia e Paquistão, Israel e Síria, México e os Estados Unidos.

A TERRA

Sempre que ocorreu desenvolvimento, seu efeito sobre a Terra foi profundo. O crescimento econômico que acompanha o desenvolvimento aumenta a quantidade de bens e serviços disponíveis para o consumo humano. Mais recursos naturais da Terra são exigidos para a produção desses bens, é claro, e sua extração perturba enormemente a Terra. Mas mais generalizadas são ainda as mudanças da Terra que acompanham a alienação dos bens depois que não mais servem, e dos resíduos criados na fabricação dos bens. Muitos desses resíduos são substâncias artificiais que nunca haviam existido antes na natureza; por conseguinte, a natureza tem alguns, quando houver, meios de decompô-las em substâncias inócuas. O desenvolvimento afeta igualmente a vegetação da terra, de certas formas reduzindo-a e de outras ajudando-a a conservá-la. Nesta seção, focalizaremos duas das muitas mudanças que ocorrem na terra acompanhando o desenvolvimento: a remoção dos detritos e o desflorestamento. Essas duas mudanças estão afetando muitos seres humanos de formas tão diretas hoje em dia que é bom examiná-las de perto.

Resíduos Sólidos

Parece ser ocorrência comum em diversos países desenvolvidos, à medida que se tornam disponíveis mais bens e serviços, que aumente o desejo por mais coisas e menos valor se dê ao de que já se dispõe. Após o término da Segunda Guerra Mundial, ocorreu um período de crescimento econômico sem precedentes no mundo industrializado, levando a tremendo aumento do consumo de bens materiais.

Com o aumento do consumo, houve também o dos resíduos. Produtos descartáveis tornaram-se comuns nos Estados Unidos. Também foi produzido rotineiramente o tipo de artigo que se gastava depressa, fato que perturbou poucos americanos, já que apreciavam comprar novos e "melhores" produtos. Muitos de tais produtos eram relativamente baratos nos anos 50, 60 e início dos 70, posto que a energia e matérias-primas eram baratas. Por volta de 1970, o norte-americano médio gastava 90 quilos de papel, 250 latas, 130 garrafas e potes, e, numa base nacional, 7 milhões de automóveis e 100 milhões de pneus por ano.[20]

Além de acarretar feiúra para a terra, os resíduos em breve trouxeram outras mudanças, mudanças para a saúde das pessoas que inadvertidamente entrassem em contato com eles. Detritos tóxicos viraram o problema ambiental da década de 80 nos Estados Unidos quando milhares de pessoas constataram que sua saúde estava, ou possivelmente estava, afetada por detritos químicos. Esses detritos surgiram, após a Segunda Guerra Mundial, do fabrico de muitos novos produtos químicos - tudo desde novos tecidos, desodorantes, pastas dentifrícias, recipientes plásticos para novos remédios, pesticidas e fertilizantes.

Resíduos Tóxicos

O primeiro alerta do perigo dos resíduos tóxicos veio do Japão. Nos anos 50 e 60, centenas de pessoas ficaram paralíticas, aleijadas ou mortas por terem comido peixe contaminado por mercúrio que fôra despejado na Baía Minamata por uma usina química. No final dos anos 70, o alerta veio dos Estados Unidos. Muita gente, num bairro residencial de Niagara Falls, Estado de Nova York, foi exposta a uma perigosa mistura de produtos químicos que estava se infiltrando nas piscinas e porões de suas casas. A maioria dessa gente não sabia, ao comprar as casas, que a Companhia Química Hooker lançara 20.000 toneladas de detritos químicos nos anos 40 e 50 num canal abandonado da vizinhança, ironicamente conhecido como Canal do Amor. Notícias do desastre do Canal do Amor espalharam-se pelo país quando a história da contaminação lentamente escapou, malgrado as negativas da empresa química e a apatia do governo local.[21] Afinal, centenas de pessoas acabaram sendo evacuadas da região. Os governos estadual e federal compraram mais de 600 das casas contaminadas.

O Canal do Amor é indiscutivelmente a ponta do iceberg. Entre 250 e 290 milhões de toneladas métricas de dejetos perigosos estavam sendo gerados nos Estados Unidos anualmente na década de 1980.[22] Em 1980, a EPA - Repartição de Proteção ao Meio Ambiental, estimou que apenas uns 10% dos resíduos perigosos produzidos no país estavam sendo despachados de maneira segura para o ambiente.[23] Setenta por cento desses resíduos provinham da indústria química. Muitos deles estavam sendo armazenados em lagoas pouco delimitadas, injetados em poços fundos, espalhados no solo, atirados em esgotos, colocados dentro de depósitos de lixo pouco firmes e incinerados de forma insegura. No Missouri, moradores descobriram, para sua aflição, que petróleo usado misturado com o altamente tóxico produto químico chamado dioxina havia sido espalhado em muitas das estradas e picadeiros para espetáculos eqüestres do Estado, nos anos 70, a fim de evitar que se levantasse poeira. O governo federal comprou a cidade do Missouri chamada Times Beach por ter sido grande parte dela contaminada.[24] Uma vez que há mais de 15.000 perigosos depósitos de lixo e aterros no país, os esforços para limpar os mais perigosos deles representam um tremendo empreendimento pelo governo e pela indústria.

Reações do Governo e da Indústria ao Problema dos Detritos

Em 1980, o governo dos Estados Unidos criou um fundo de 1,8 bilhão de dólares para financiar a limpeza dos principais locais com detritos tóxicos. A lei que instituiu esse fundo autorizou o governo a recuperar o custo da limpeza cobrando das empresas que atiraram lixo nesses locais. Em 1986, mais 9 bilhões de dólares para limpeza foram aprovados pelo governo americano, oriundos de um imposto de base ampla sobre a indústria e um outro sobre o petróleo bruto. A Assessoria Tecnológica do Congresso estimou que serão precisos uns 50 anos e 100 bilhões de dólares para limpar os despejos de material tóxico do país.[25]

Existem outras maneiras para o governo ajudar o controle do problema dos detritos. Barbara Ward, a falecida economista britânica, menciona quatro maneiras pelas quais um governo pode encorajar a redução de detritos, promovendo sua reutilização: (1) fazer os fabricantes pagarem um imposto capaz de cobrir o custo de eventualmente ter de dar destino aos detritos de seus produtos; (2) estimular o mercado para produtos reciclados, adquirindo-os para algumas de suas necessidades; (3) conceder subvenções e outros incentivos a cidades e indústrias a fim de auxiliá-las a instalar equipamentos para reciclar os detritos; e (4) proibir a produção de embalagens não-reaproveitáveis em alguns casos.[26] Este último artifício foi utilizado por nove Estados dos Estados Unidos. Realmente baniram os recipientes não-reutilizáveis (de jogar fora após usar) de cerveja e refrigerantes e estão conseguindo reciclar cerca de 90% dos recipientes reutilizáveis.[27]

Tecnologias e processos de produção de bens ineficientes e perdulários ainda são comuns nos Estados Unidos e em outras nações desenvolvidas, já que muitos foram adotados quando a energia era barata, a água abundante, muitas matérias-primas pouco dispendiosas, e fácil dar destino aos resíduos ou detritos. Algumas indústrias dão-se conta de poderem aumentar seus lucros tornando mais eficiente sua forma de agir e produzindo menos resíduos. Uma companhia dessas é a 3M, que, segundo um estudo, reduziu sua poluição bem como incrementou os lucros, "não instalando equipamentos de controle da poluição mas reformulando produtos, redesenhando equipamento, modificando processos ... (e) recuperando materiais para serem reutilizados."[28]

Desmatamento

Estima-se que, a prosseguir a tendência atual, 10 a 15% das florestas tropicais - grande parte do que resta de grandes florestas no mundo - terão sumido até o ano 2000.[29] Na maioria dos países pobres que estão tendo superpopulação e ainda possuem florestas de tamanho apreciável, o desmatamento está progredindo rapidamente. Só a Coréia do Sul e a China, no Terceiro Mundo, aumentaram recentemente suas florestas, e na China a plantação de novas florestas em algumas partes do país ocorreu ao mesmo tempo em que grave desmatamento se dava em outras partes. Só nas nações desenvolvidas da América do Norte e Europa, inclusive a União Soviética, as florestas se acham razoavelmente estáveis.

O desmatamento é um problema grave, porque leva à erosão da terra, pode fazer o solo endurecer e torna errático o abastecimento de água potável. Recentes estudos científicos apóiam a hipótese de que o desmatamento pode conduzir a significativas mudanças do clima. Estas mudanças em geral querem dizer menos chuva.[30] Às vezes, o desmatamento leva água em demasia a lugares errados. Sérias inundações ocorreram agora na Índia em áreas onde nunca houvera isso; crê-se que o corte de árvores nas montanhas do Himalaia, o divisor de águas de muitos rios da Índia, está provocando as inundações. Já foi comunicada a ocorrência de tumultos entre alguns dos povos tribais da Índia, que protestam contra o desmatamento por firmas comerciais.

A maior parte da destruição das florestas tropicais pluviais, contudo, não é realizada por firmas madeireiras, embora elas cortem bastante, mas sim por pequenos fazendeiros.[31] Outro tipo de destruição de florestas ocorreu com fins de colonização e para criar pastos para a criação de gado. Nos primeiros anos da década de 70, o governo brasileiro iniciou um vasto projeto de colonização na bacia do Amazonas, deslocando gente da região nordeste do país castigada pela pobreza. Esperava-se que as novas colonizações ajudariam a reduzir a pobreza do Nordeste e a proporcionar comida para uma população em expansão. Lamentavelmente, ambas as esperanças desvaneceram-se ao falharem as colônias, uma após outra. A principal razão do insucesso foi que a terra da floresta tropical não é muito fértil, a despeito das imensas árvores que crescem nela. Em muitos lugares, o solo arável é superficial e de má qualidade; as árvores conseguem os nutrientes necessários diretamente das folhas e madeira caídas na floresta, e não do solo. Este fato explica por que muitos dos colonizadores tiveram experiências análogas às do camponês brasileiro, que a seguir descreve o que ocorreu com sua nova fazenda no Amazonas:

> As bananas tinham quase meio metro no primeiro ano. No segundo, 30 centímetros. E 20 centímetros no terceiro. No quarto ano? Nada de bananas.[32]

Alguns cientistas agora crêem que o misterioso declínio de diversas grandes civilizações do passado, como a Khmer no Suleste da Ásia e a Maia na América Central, foi causado pela agricultura excessivamente intensa em terra basicamente frágil. E recentes pesquisas apóiam a teoria de que o desmatamento total da Ilha de Páscoa, onde uma antiga civilização esculpiu mais de 600 imensas cabeças de pedra, foi a causa direta do colapso daquela civilização, já que levou à perda de solos férteis e de combustível.[33]

Cortar árvores em uma floresta tropical constitui severa carga para o solo, já que as árvores protegem-no das violentas chuvas comuns nos trópicos. E uma vez que o solo seja arrastado pelas chuvas, não é facilmente reconstituído. Alguns estudos agora avaliam que de 100 a 1.000 anos são necessários para uma floresta tropical madura ressurgir após terem ocorrido perturbações pelos seres humanos.[34]

Se apenas forem cortados pequenos trechos da floresta, é possível a regeneração desta. Alguns povos praticaram o que é chamado plantio alternado ou variável nas florestas tropicais. Limpam um pedaço de terra e cultivam-no durante um ou dois anos antes de mudar para outro trecho de terra. Enquanto isto permanece em pequena escala, o dano para a floresta é limitado, mas em escala grande o uso deste tipo de agricultura pode levar a prejuízos irreversíveis para a floresta.

Alguns solos tropicais contêm uma camada chamada laterita, rica em ferro. Quando estes solos são conservados úmidos sob uma floresta permanecem macios, mas deixados secar, o que ocorre quando se retira a cobertura, tornam-se irreversivelmente duros - tão duros que o solo é às vezes usado para fazer tijolos.

Há perigo de que a destruição das florestas venha a contribuir para o "efeito estufa". As árvores queimadas após o corte, o que é comum quando se limpa a terra da floresta para colonização ou cultivo, liberam bióxido de carbono para a atmosfera. As grandes florestas tropicais pluviais contêm imenso reservatório de carbono e foram descritas por alguns como "pulmões" da terra, absorvendo bióxidos de carbono e liberando oxigênio.

Na América Central e no Brasil, grandes áreas de florestas estão sendo derrubadas para dar lugar a pastos para a criação de gado. O gado está sendo criado sobretudo para abastecer o mercado de *hamburger* e comida à minuta dos Estados Unidos. A criação de gado em grandes fazendas para exportação nada faz, é claro, para solucionar problemas de alimentação dos países exportadores, ou para dar terra aos dela desprovidos.

São principalmente os sem-terra e pobres do mundo inteiro hoje em dia que estão assaltando as florestas remanescentes para conseguir terra agriculturável e combustível. Como a pobreza é a causa primária do problema da fome que foi discutido no capítulo 3, e uma das causas fundamentais da explosão demográfica discutida no capítulo 2, também se encontra na raiz do problema do desmatamento. O desenvolvimento pode reduzir a pobreza, e quando faz isto para a multidão - consoante foi mostrado no capítulo 1, que a teoria de crescimento advoga - pode reduzir a ameaça às florestas do mundo. O desenvolvimento também leva à destruição das florestas, que são derrubadas para dar lugar à criação de gado, à apanha de lenha, a aventuras comerciais e à colonização humana. Tal como no problema demográfico, o desenvolvimento em suas etapas iniciais parece agravar a situação; mas desenvolvimento que beneficie a maioria, e não apenas uns poucos, pode acabar ajudando-a.

O LOCAL DE TRABALHO E O LAR

Câncer

Estima-se que um em cada quatro norte-americanos atualmente vivos contrairá câncer e muitos destes morrerão por isso.[35] O câncer agora mata mais crianças do que qualquer outra doença, embora acidentes sejam ainda a causa número um da morte de crianças. Crê-se, comumente, que a exposição de trabalhadores a substâncias cancerígenas no local de trabalho e a exposição da população em geral à poluição do ar e da água e a cancerígenos na comida são as principais causas dessa temida enfermidade. Não há dúvida de que muitos trabalhadores tenham sido expostos a substâncias perigosas, que é provavelmente a causa dos altos níveis de câncer entre eles, como acontece aos milhões de pessoas que trabalham com amianto. Mas os cientistas agora não acreditam que a contaminação no local de trabalho seja a causa principal do câncer; tampouco crêem que a poluição do ar e da água ou os aditivos acrescidos aos alimentos estejam causando a maior parte dos casos de câncer. O consenso, entre destacados especialistas em câncer atualmente, é que o fumo e a dieta, sobretudo uma dieta onde predomine gordura animal e inclua poucas fibras, são as causas principais.[36] Alguns peritos, todavia, receiam que, embora as substâncias químicas não possam ser inculpadas pela maior parte dos casos de câncer atualmente, há uma possibilidade de que cânceres relacionados com causas químicas possam aumentar consideravelmente no futuro por causa do grande incremento da produção de materiais químicos cancerígenos a partir de 1960. O câncer pode aparecer 15 a 40 anos após a exposição inicial a um carcinógeno, de sorte que os produtos químicos talvez se mostrem um importante suspeito.

Pesticidas

A história do uso de pesticidas esclarece bem os perigos que novas substâncias, que se tornaram tão importantes para a agricultura moderna, levaram para as pessoas no local de trabalho, assim como no lar na hora das refeições. Rachel Carson é creditada por ter alertado uma nação inteira sobre os perigos do uso persistente de pesticidas como o DDT. Seu livro, *Silent Spring*, aparecido em 1962, revela quão concentradas estão substâncias tóxicas ao entrarem na corrente da alimentação, tal como animais grandes comem os pequenos. Visto como a maioria das substâncias tóxicas não é excretada por peixes ou animais que as absorvam, elas se acumulam e passam para o animal superior em forma concentrada. O alerta de Carson levou a uma redução intensa no uso de pesticidas de vida longa em muitos países desenvolvidos; mas se estivesse viva hoje (ela morreu de câncer em 1964), provavelmente se perturbaria ao saber que pesticidas de curta duração, mas altamente tóxicos, estão sendo mais usados nos Estados Unidos. O uso de herbicidas em particular aumentou espetacularmente na medida em que fazendeiros, estradas de ferro, companhias telefônicas e outros acham mais barato e mais rápido utilizar esses produtos químicos para se livrarem de vegetação indesejada ao invés de utilizar mão-de-obra ou máquinas. Estes novos pesticidas altamente tóxicos apresentam risco especial para os trabalhadores que os fabricam e os fazendeiros que os utilizam nos campos.

O uso de pesticidas está crescendo nas nações menos desenvolvidas - não apenas os pesticidas de curta duração, mas também os do tipo DDT.

Dos pesticidas produzidos nos Estados Unidos, 25% são substâncias de uso vedado, altamente restrito ou não autorizado nos Estados Unidos.[37] A lei norte-americana explicitamente permite a venda dessas substâncias a nações estrangeiras, e empresas norte-americanas, bem como muitas da Europa, cada vez mais vêm apelando para o mercado de além-mar, a fim de vender seus produtos à medida que aumentam as restrições ao uso de pesticidas nas nações desenvolvidas.

A Organização Mundial de Saúde estima que meio milhão de pessoas são envenenadas anualmente por pesticidas exportados, e que a maioria dessas vive em países do Terceiro Mundo.[38] Muitos trabalhadores agrícolas de países em desenvolvimento que usam os pesticidas são analfabetos e não podem entender as advertências das latas de pesticidas. Muitos outros trabalhadores, como os dos algodoais da América Central, exterminam-se, suas fontes de abastecimento de água e suas casas, amiúde perto dos campos, pulverizadas com pesticidas vindos do ar eventualmente até 40 vezes durante a época de cultivo. No final da década de 70, mulheres guatemaltecas que viviam em zonas de plantio de algodão tinham as mais altas concentrações de DDT no leite dos seios jamais encontradas no mundo ocidental.[39] Frutos tropicais cultivados para exportação são vaporizados maciçamente para mantê-los isentos de defeitos. Um círculo vicioso é criado no qual o emprego de pesticidas leva à morte dos predadores naturais e o aparecimento de pestes resistentes aos pesticidas, o que, por sua vez, faz o agricultor apelar para novos pesticidas ainda mais tóxicos.

Muitos dos produtos agrícolas em que são usados pesticidas proibidos são importados pelos Estados Unidos. A FDA (Autarquia de Alimentos e Drogas norte-americana) estima que pelo menos 10% do alimento que ingressa no país contêm altos resíduos de pesticidas ilegais.[40] E acredita-se que a percentagem real de alimentos contaminados importados é bem mais alta do que as estimativas da FDA, porquanto ela não faz exames de muitos contaminantes. A FDA encontra substâncias químicas misteriosas, desconhecidas, nos alimentos de vez em quando, o que não é de surpreender, já que as empresas de produtos químicos têm licença para exportar pesticidas não registrados, que nunca foram testados pelo governo. Resíduos ilegalmente elevados de pesticidas têm sido encontrados em carne, café, favas, pimenta e repolhos importados. Muitos desses produtos são vendidos em supermercados americanos antes de terminados os exames pela FDA.

O Ministério da Agricultura norte-americano estimou que 32% das colheitas americanas foram perdidos por pragas em 1945, ao passo que em 1984, a despeito do vasto aumento do uso de pesticidas, a perda por esse motivo subira para 37%.[41] Esta situação talvez explique por que vários peritos em agricultura estão agora defendendo um programa mais equilibrado para o controle de pestes. Um uso seletivo de pesticidas acompanharia o emprego de controles biológicos, tais como predadores naturais e outros meios não químicos para combater pragas.

Os pesticidas desempenharam papel relevante nos sucessos da Revolução Verde; é de duvidar que a produção de alimentos tivesse ficado à frente do crescimento demográfico do mundo sem eles. O que parece ser preciso agora é um emprego altamente seletivo de pesticidas, não seu banimento.

Substâncias Artificiais

O desenvolvimento conduziu à introdução de muitas substâncias artificiais que nunca foram adequadamente testadas para verificar sua segurança. O Conselho Nacional de Pesquisas da Academia Nacional de Ciências concluiu, após um estudo de três anos em meados da década de 80, que dezenas de milhares de importantes produtos químicos nunca haviam sido completamente testados para verificar possíveis riscos para a saúde. O Conselho constatou que isso abrangia cerca de 90% dos produtos químicos usados no comércio, 60% dos ingredientes de remédios, 65% dos ingredientes de pesticidas, 85% dos ingredientes de cosméticos e 80% dos aditivos alimentares.[42] A conclusão geral do Conselho foi que temos uma ignorância apreciável acerca de muitos produtos com que entramos hoje em dia em contato em nosso quotidiano.

Nem tudo provoca o câncer, é claro, mas a evolução deu origem a tantos novos produtos em tão curto período de tempo que não podemos ter certeza de quais contribuem ou não para isso. Barry Commoner mostra que novos produtos trazem via de regra vastos lucros para a primeira indústria que os introduz no mercado, de sorte que há um forte incentivo para as indústrias se mostrarem inovadoras. Os novos produtos, especialmente nos Estados Unidos a partir da Segunda Guerra Mundial, são freqüentemente feitos de materiais sintéticos que poluem o ambiente, mas a poluição usualmente não se torna evidente até anos após essa introdução. Commoner afirma que quando os efeitos são conhecidos, o dano está feito, e a inércia do pesado investimento em uma nova tecnologia produtiva torna extremamente difícil um retraimento".[43]

UTILIZAÇÃO DOS RECURSOS NATURAIS

Visto como a população do mundo está crescendo exponencialmente, conforme vimos no capítulo 2, não é provavelmente de surpreender que a produção e o consumo de minerais não-combustíveis também estejam crescendo exponencialmente. Mas, ao contrário do petróleo, os suprimentos de minerais não estão se exaurindo. Com efeito, as reservas conhecidas de todos os principais minerais cresceram entre 1950 e 1980 à medida que mais depósitos de minérios foram descobertos.[44] Outra grande diferença entre recursos naturais não combustíveis e suprimento de energia é que o custo real da produção da maioria dos minerais caiu neste último século.[45] Este custo reduzido ocorreu, mesmo quando se tratava de minérios de grau inferior, devido a progressos da tecnologia - como melhores técnicas de exploração, maiores pás mecânicas com que escavar, maiores caminhões para levar embora o minério e maiores navios para transportá-lo até as usinas de beneficiamento. Quanto a saber se a nova tecnologia prosseguirá mantendo baixo o custo dos minerais no futuro é tema debatido por cientistas e economistas. Quando minérios que contêm concentração menor dos minerais desejados são explorados e procuram-se depósitos menos acessíveis, os custos de processamento subirão. Também, a extração mineral é altamente intensiva em energia, e os custos crescentes da energia afetarão diretamente o preço dos minerais. Alguns analistas observaram que os preços de minerais no passado não refletiam os custos verdadeiros da extração e processamento deles, mas com novas leis sobre poluição na maioria dos países industrializados, a indústria mineradora terá de assumir parte maior desses custos.

Uma tendência evidente é que as nações industrializadas, à exceção da URSS, estão ficando mais dependentes de países estrangeiros no que toca a seus minerais. Os Estados Unidos são um país rico em minerais; na década de 50 eram quase auto-suficientes quanto aos mais importantes minerais industriais. Agora, é auto-suficiente em apenas sete dos 36 minerais essenciais a uma sociedade industrializada, ao passo que a União Soviética é estimada ser auto-suficiente em 26.[46] A Europa Ocidental e o Japão são ainda mais dependentes de minerais importados do que os Estados Unidos. Essa crescente dependência em minérios de países estrangeiros, muitos dos quais indispensáveis para as tecnologias superiores comuns nos Estados Unidos, influenciou fortemente a política internacional norte-americana em face do Terceiro Mundo, onde são encontrados muitos dos minerais.

Há quatro passos principais que um país pode dar a fim de contrapor-se a deficiências de um determinado material, quando não pode localizar novos depósitos ricos desse minério: (1) reciclar refugos contendo o desejado material; (2) substituir com recursos mais abundantes ou renováveis o material escasso; (3) apelar para depósitos de minério com concentração mais baixa do material necessário; (4) reduzir suas necessidades desse material. Todas estas opções têm alguns aspectos negativos.

Reciclagem

Há acordo geral de que se precisa fazer mais reciclagem de material desperdiçado nos Estados Unidos. Relativamente pouco é feito atualmente. Como foi mencionado, uma economia do "jogue fora" criou-se após a Segunda Guerra Mundial, e ainda existe.

As normas do governo discriminam contra material reciclado nos Estados Unidos, às vezes inadvertidamente. A Comissão de Comércio Interestadual admite tarifas de carga para ferro velho três vezes superiores às do minério de ferro. Vários benefícios fiscais, como indenização por esgotamento, são concedidos a algumas indústrias de mineração. A relutância para reaproveitar ferro velho contribui para a crise de energia debatida no capítulo sobre energia, desde que o aço feito com ferro velho exige apenas um terço da energia necessária para o feito com minério virgem (o dado correspondente para alumínio é um vigésimo).[47] A Suécia é um país que estimula a reciclagem. Promove a reciclagem de velhos automóveis, impondo uma taxa de alienação em cada carro novo vendido que é reembolsado ao dono quando o carro for entregue a um pátio de ferro-velho.

Conquanto a reciclagem seja desejável, é apenas solução parcial para faltas de recursos e para a poluição pela indústria mineral. A reciclagem também gera poluição e consome energia. É atualmente apenas cerca de 30% eficiente para a maioria dos metais usados.[48] A decisão da indústria norte-americana de cerveja e refrigerantes de utilizar latas de alumínio descartáveis suscetíveis de reciclagem evidentemente não é a solução final para o problema do lixo. Um número significativo de latas de alumínio nunca é recolhido para reciclagem, e a manufatura do alumínio consome um bocado de energia. Provavelmente uma solução melhor foi a decisão de alguns Estados de exigir o uso de latas de refrigerantes e cerveja restituíveis ao invés de descartáveis. A experiência do Oregon com sua lei sobre recipientes foi que o lixo das estradas diminuiu significativamente, a reciclagem foi estimulada, o preço das bebidas permaneceu mais ou menos estável, e foram criados novos empregos.[49]

Substituição

Quando um material se torna escasso, às vezes é possível substituí-lo por outro mais abundante ou usar um recurso renovável em lugar do escasso. Por exemplo, o mais abundante alumínio pode ser empregado em vez do mais escasso cobre para a maioria dos usos em eletricidade. Às vezes surgem dificuldades quando o material de substituição por sua vez fica escasso. Utensílios e recipientes plásticos substituem produtos de vidro na maioria das cozinhas norte-americanas, por causa de certas vantagens do plástico sobre o vidro, como a de ser menos quebrável e mais leve. Mas plásticos são feitos de produtos petroquímicos, que agora estão ficando escassos. Também, a indústria dos plásticos gera mais poluentes perigosos do que a do vidro. Outra limitação à substituição é certos materiais terem qualidades ímpares que outros não possuem. O elevado ponto de fusão do tungstênio, por exemplo, não é igualado por qualquer outro metal. E substituições podem causar rupturas na sociedade, o fechamento de algumas indústrias e a abertura de outras, novas. Este último tópico significa, é claro, novas oportunidades para alguns e menos para outros. Novas maneiras de fazer as coisas podem também substituir outras, antigas, às vezes resultando em uma redução no uso de recursos. A tendência de algumas empresas para utilizar comunicações em vez de transporte (reuniões de serviço com participantes vendo-se em tela de TV ao invés de estarem fisicamente presentes) pode ser uma evolução assim.

Mineração de Minério de Grau Inferior

Muitos dos depósitos com máxima concentração dos desejados minerais já foram explorados, mas há grandes depósitos menos ricos de muitos minerais desejados espalhados pelo mundo afora. Estes podem ser, e em muitos lugares são, aproveitados. Há custos expressivos quando tal mineração ocorre. O custo sobe, já que mais minério tem de ser processado, as minas têm de ser maiores, e mais energia e água têm de ser usadas. Por mais minério ter de ser processado, mais resíduos são produzidos. Mineração superficial em grande escala tem efeito devastador sobre a terra, é claro, e até as melhores tentativas para restaurar o terreno, que são caras, são assaz imperfeitas.

Reduzir Necessidades

Muitos bens de consumo nos Estados Unidos ficam obsoletos em poucos anos com a mudança da moda, tais como automóveis e roupas. Essa obsolescência planejada conduz a uma elevada utilização dos recursos. Muitos produtos também gastam-se rapidamente e têm de ser substituídos por novos. Mais produtos duráveis poderiam ser projetados pela indústria americana, mas freqüentemente seriam mais caros. Provavelmente por esta razão a indústria americana geralmente não faz tais produtos. Preços maiores significariam menos vendas, uma mais lenta renovação do estoque, e por isso menos lucros. Também poderia significar menos empregos.

Quiçá uma boa maneira de encerrar esta seção seja explicando o conceito de superdesenvolvimento. Segundo o biólogo australiano Charles Birch, "o superdesenvolvimento de qualquer país principia quando seus cidadãos consomem recursos e poluem o meio ambiente a uma velocidade superior à que o mundo poderia suportar indefinidamente, se todos os povos do mundo consumissem recursos a essa velocidade."[50] Valendo-nos da perspectiva desse conceito, podemos ver que os Estados Unidos poderiam ser o mais superdesenvolvido país do mundo, seguido de perto por muitos outros países industrializados. Os norte-americanos, que constituem cerca de 5% da população mundial, consomem aproximadamente 30% da produção mundial de materiais, e assim o fazem, como este capítulo mostrou, com efeitos devastadores no ambiente. Isso está se modificando à medida que são promulgadas novas leis sobre o ambiente e aos poucos vão sendo aplicadas no mundo desenvolvido, mas não alterou a situação suficientemente para tornar ultrapassado o conceito de superdesenvolvimento.

A EXTINÇÃO DAS ESPÉCIES

Existem aproximadamente 5 a 10 milhões de espécies de seres vivos na Terra. Através da história desta, novas espécies evoluíram e outras extinguiram-se, com a tendência geral de novas espécies criadas serem em maior número do que as que desaparecem. Acredita-se, atualmente, que devido a ações humanas esta tendência foi invertida, com extinções superando a criação de novas espécies. E a tendência parece estar crescendo. O ecologista Norman Myers estima que a cada dia se extingue uma espécie, e que no final dos anos 80 o ritmo de extinção poderia crescer para uma por hora. No ano 2000, Myers avalia que poderia estar extinto um milhão de espécies.[51]

Enquanto caçar costumava ser a maneira pela qual os seres humanos produziam extinção, agora é crença geral que a destruição dos habitantes naturais é a principal causa de extinção. Na medida em que a população aumenta, os seres humanos exploram novas áreas do mundo para obter vantagens econômicas e, amiúde, destroem formas de vida ao fazê-lo.

Exemplo espetacular de como os habitantes são destruídos pode ser visto encarando o projeto de desenvolvimento do vale do Amazonas. As florestas tropicais pluviais, de que a amazônica é a maior, abrigam até três quartos das espécies existentes na Terra. A temperatura morna o ano inteiro, chuvas intensas e o predomínio da luz solar produzem excelentes condições para a evolução das espécies. Tais espécies podem ser destruídas quando a terra é desbravada para abrir lugar para fazendas e empreendimentos comerciais, como o grande projeto de desenvolvimento agrário conhecido como Jari.

No final da década de 60, o empresário financeiro e de navegação Daniel Ludwig, um dos indivíduos mais ricos dos Estados Unidos, adquiriu um trecho de terra na Amazônia brasileira aproximadamente do tamanho do Estado norte-americano de Connecticut. Ludwig investiu aproximadamente um bilhão de dólares para construir ali uma fábrica de polpa de madeira para fazer papel. (A fábrica e uma usina de energia movida a lenha foram construídas no Japão e rebocadas para o Amazonas em enormes barcaças.) Grandes partes da floresta na propriedade de Ludwig foram abatidas e queimadas a fim de abrir caminho para o plantio de duas ou três espécies de árvores de crescimento rápido que ele trouxe para a região. Conforme Ludwig disse, "sempre desejei plantar árvores como fileiras de milho."[52] Ludwig conseguiu suas fileiras de milho, mas provavelmente provocou a extinção de número desconhecido de plantas, insetos e animais.[53] Um autor descreveu como a gente se sentia ao caminhar por uma das novas florestas do Jari: "nenhuma serpente emboscada por trás do tronco, nenhum pássaro cantava nos galhos e nenhum inseto zumbia no ar parado".[54]

Jari é único devido ao vasto tamanho da empreitada, mas outras iniciativas menores estão ficando cada vez mais comuns no que resta das florestas pluviais da América Latina, África e Sudeste da Ásia. Cientistas temem que as extinções causadas por tais iniciativas possam vir a ser uma ameaça direta ao bem-estar do ser humano tanto quanto de outras formas de vida na Terra.

Muitas das espécies existentes nos trópicos nunca foram estudadas por cientistas. Mas, com base na experiência passada, acredita-se que muitas dessas espécies desconhecidas contêm propriedades que poderiam beneficiar diretamente os seres humanos. Quase metade dos remédios hoje vendidos com receita nos Estados Unidos contém um componente natural.[55] Quão importantes algumas dessas drogas podem ser é esclarecido pelo exemplo de apenas uma planta das florestas de grande queda pluviométrica, a pervinca rosada. Atualmente são produzidos com essa planta remédios que conseguem 80% de decréscimo da leucemia em pacientes com a Doença de Hodgkin.[56]

Espécies exóticas são vitais para a saúde da agricultura moderna. As variedades silvestres, e também as desenvolvidas localmente, de diversos dos mais importantes cereais hoje cultivados possuem características que têm importância vital para os modernos produtores de sementes. Estas precisam ter resistências naturais a doenças e pragas que constantemente ameaçam a agricultura moderna. Muitos fazendeiros hoje em dia utilizam apenas relativamente poucas variedades de sementes, altamente produtivas, em um dado ano. As monoculturas que são plantadas têm vulnerabilidade especial a doenças e pragas que desenvolveram resistência aos pesticidas em uso. Um exemplo de como isso funciona foi mostrado em 1970, quando 15% da colheita de milho nos Estados Unidos foram destruídos por uma doença das folhas, causando uma perda de dois bilhões de dólares aos fazendeiros e indiretamente aos consumidores por causa dos preços mais altos. Nesse ano, 70% da colheita de milho usou sementes de apenas cinco estirpes de milho. A doença foi afinal controlada com a ajuda de uma variedade nova de milho que era resistente à doença das folhas. O novo milho possuía materiais genéticos originados no México.[57]

Insetos de florestas tropicais podem, às vezes, mostrar-se extremamente valiosos para fazendeiros americanos. Citricultores dos Estados Unidos pouparam cerca de 25 a 30 milhões de dólares por ano com a introdução, em determinada época, de três vespas parasitas dos trópicos, vespas essas que se reproduziram e consumiram as pragas que atacavam os cítricos.[58] (A introdução de espécies exóticas por seres humanos com fins lucrativos, visando ao divertimento, ou meramente acidental, em regiões onde não são nativas, é atualmente reconhecida como possuindo grande potencial para prejudicar. Visto as novas espécies geralmente não terem de enfrentar predadores naturais nessa nova região, elas podem multiplicar-se rapidamente, destruindo ou deslocando da área outros animais e plantas desejáveis, como foi o caso quando se introduziram coelhos na Austrália, e estorninhos e a planta chamada kudzu nos Estados Unidos.)

Os biólogos Paul e Anne Ehrlich esboçam as três principais maneiras pelas quais pode-se inverter a tendência para agravamento da extinção de espécies. Primeiro, é urgentemente necessário o controle demográfico em muitas partes do mundo, já que é a excessiva pressão populacional que está conduzindo à destruição de habitats em muitos casos. Em segundo lugar, devem ser criadas grandes reservas, em regiões cuidadosamente selecionadas pelo mundo afora, de modo às espécies poderem ser preservadas em seus ambientes naturais. Em terceiro lugar, deveria ser criado um Estado estável (as características de uma sociedade com Estado estável serão examinadas em minúcia no capítulo 7) ou sociedade sustentável. Os Ehrlichs definem uma sociedade sustentável como "uma devotada a conviver com constrangimentos ambientais ao invés de perpetuamente crescer com a meta inalcançável de subjugar a natureza.[59]

Paul e Anne Ehrlich convocam as nações ricas do mundo para inverter seu "superdesenvolvimento" e ajudar as nações mais pobres a preservarem os habitats tropicais, prestando-lhes ajuda e promulgando novas normas de comércio internacional. Os Ehrlichs não acreditam que as nações em desenvolvimento possam conservar os habitats tropicais por conta própria já que suas carências financeiras são grandes. O que se precisa no mundo, acham eles, é de uma nova conscientização de que a diversidade de formas de vida na Terra é um tesouro inapreciável de que toda a humanidade se beneficia e que todos têm uma responsabilidade em ajudar a preservar.[60]

POLÍTICAS AMBIENTAIS

Nesta seção final, procuraremos compreender o que torna tão controvertidas as políticas ambientais. Política é um assunto apaixonante, mas por que as questões ambientais são freqüentemente emocionantes? Evidentemente, interesses e valores conflitantes têm de estar envolvidos nisso. A definição de política mencionada no Prefácio, e que estou empregando neste livro, parece envolver a formulação de leis e decisões a que todos na sociedade devem obedecer. Essas leis e decisões destinam-se a solucionar conflitos que surgem entre pessoas vivendo juntas em comunidade, e a alcançar metas almejadas em comum. Conforme veremos, a política ambiental lida com valores e interesses intensamente opostos. Também representa um esforço pela comunidade para alcançar determinadas metas - como ar e água limpos -, que não podem ser conseguidas individualmente, mas só pela comunidade como um todo.

Os cientistas políticos Harold e Margaret Sprou identificaram duas filosofias que julgam achar-se na raiz da maioria dos conflitos ambientais. Acreditam que a maioria dos participantes da política ambiental revela uma tendência para adotar uma de suas filosofias ou cosmovisões assaz diferentes: uma, eles denominam "explotativa", e a outra "mutualista". Eis como as definem:

> Uma atitude explotativa seria a que visa a matéria inerte, espécies não-humanas, e até seres humanos como objetos a serem possuídos ou manipulados a fim de atender às finalidades do explotador. Ao contrário, uma (...) postura mutualista seria a que ressalta o inter-relacionamento de coisas e manifesta uma preferência por cooperação e acomodação em vez de conflito e dominação.[61]

Conquanto cosmovisões conflitantes participem da política ambiental, assim também o é um conflito de interesses fundamentais. O economista Lester Thurow acredita que a política ambiental amiúde envolve um conflito entre diferentes classes com interesses assaz diferentes. Ele vê o movimento ambientalista sendo apoiado particularmente por gente da classe média superior que conquistou segurança econômica e agora deseja melhorar a qualidade de suas vidas ainda mais ao reduzir poluentes ambientais. Do lado oposto, ele vê tanto grupos de renda menor quanto os ricos - pessoas de renda menor porque vêm as leis ambientais tornando-lhes mais difícil encontrar empregos e obter uma renda melhor, e os ricos por poderem freqüentemente escapar dos problemas ambientais e ver as leis contra a poluição tornando-lhes mais difícil acrescer ainda mais sua riqueza.[62]

Outros interesses conflitantes estão também envolvidos em política ambiental. Leis antipoluição com freqüência tornam mais difícil e mais caro reforçar o suprimento de energia, extrair minerais e ampliar os empregos graças ao crescimento industrial. A Quarta Lei da Ecologia, de Barry Commoner - Não Existe Almoço Gratuito -, significa que para todo ganho há um custo.[63] Existem barganhas ao se tornar o ar e a água mais limpos, como as há ao fazer mais automóveis e televisores. Também, o custo do controle da poluição freqüentemente cresce substancialmente ao tentar-se tornar mais limpo o meio ambiente. O custo exigido para alcançar uma redução de 50% por poluente é muitas vezes modesto, ao passo que se tentar reduzir o poluente de 95%, o custo geralmente cresce espetacularmente.[64]

A maior parte da destruição ambiental é extremamente difícil de ser enfrentada pelo sistema político, já que os danos em geral aparecem muitos anos após ter ocorrido a ação poluidora. Agora está claro que a prevenção é muito mais barata do que tentar varrer os prejuízos depois de ocorridos, mas a natureza da política não se presta a planejamento de longo alcance. Os políticos têm quase sempre uma visão imediatista, assim como muitos homens de negócios. Ambos são julgados por seu desempenho ao lidarem com problemas imediatos; isso promove uma tendência a que se tomem medidas que apresentem um resultado imediato. Tais ações acrescem as probabilidades de reeleição do político e os lucros ou oportunidades de promoção para o homem de negócios. Todavia, os problemas ambientais com freqüência exigem ações antes que o perigo se torne evidente. Outra complicação é o fato de que, mesmo depois de adotada uma ação para reduzir o poluente, devido aos retardos inerentes ao sistema, os efeitos daninhos do poluente não diminuem até vários anos depois. Assim, a inclinação da autoridade pública - e do homem de negócios - é nada fazer e esperar que surja algo que mostre o problema não tão mau quanto se temia ou que existe maneira mais barata de resolvê-lo.

Um fator adicional na política ambiental é peculiar aos Estados Unidos. O sonho norte-americano tem sido o de prolongada abundância. Em grande parte da história do país, parece ter havido uma abundância ilimitada de muitas coisas necessárias à boa vida, tais como terra, florestas, minerais, energia, ar puro e beleza natural. É um país que se afigura oferecer ilimitadas oportunidades para muitos construírem uma vida melhor para si, e "melhor" é geralmente definido como incluindo mais bens materiais. A fixação de limites ao consumo e à produção que freqüentemente os ambientalistas propõem certamente causa desânimo a muitos, e isso é verdade.

Se o dito acima não basta para tornar muito árdua a política ambientalista, também existe o fato dos custos de questões ambientalistas serem freqüentemente bem difíceis de avaliar. Pode-se calcular o custo de um purificador de ar numa usina de força movida a carvão, mas como se mede o custo de uma vida encurtada, caso não seja usado esse purificador? Como se coloca um valor em dinheiro para o sofrimento por que passa uma pessoa com enfisema, ou um mineiro com pneumoconiose, ou um operário que trabalha com asbesto com câncer? Como se calcula os custos que os ainda não nascidos terão de pagar se nada for feito agora sobre a chuva ácida? E como se atribui um valor em dinheiro para a perda da beleza natural? Não há jeito de medir essas coisas em termos monetários. Por ser tão difícil ponderar os custos em termos convencionais de medida, os custos amiúde não foram ponderados no passado. Há, é claro, também a questão dos valores - o valor que os indivíduos atribuem a mais bens materiais, maior renda, espaços abertos, e ar puro. A solução de conflitos acerca de valores pode comumente ser cuidada apenas por políticos, em uma democracia pela comunidade como um todo tomando decisões através de seus representantes e, depois, exigindo que todos os membros da comunidade lhes obedeçam. O fato disso provocar controvérsia e mobilizar paixões não deve surpreender. É trabalho árduo.

CONCLUSÕES

O desenvolvimento é mais do que crescimento econômico: também inclui as mudanças sociais causadas pelo ou concomitantes ao crescimento econômico. Conforme este capítulo revelou, o incremento da produção de bens e serviços que acompanhou a industrialização teve, e ainda tem, custos assustadores. A pobreza foi fundamentalmente varrida de vários países pela industrialização - evidentemente um benefício impressionante da nova atividade econômica. Mas essa atividade prejudicou tanto as pessoas quanto o ambiente. Lenta e penosamente, as pessoas dos países desenvolvidos chegaram a perceber que o crescimento econômico não bastava. Tinha-se de prestar atenção aos seus efeitos sobre a Terra e as pessoas. (Se alguém pega câncer, por exemplo, de que vale a riqueza material?) E formou-se uma conscientização nas nações industrializadas, e continua a desenvolver-se, de que a pergunta de como o crescimento econômico está afetando o ambiente tem de ser formulada e respondida.

Os países ricos estão vagorosamente aprendendo que é mais barato e causa menos sofrimento tentar reduzir os efeitos daninhos de uma atividade econômica logo de início, quando é planejada, do que depois de aparecerem os prejuízos. Mas uma conscientização da necessidade desse esforço indica maior entendimento e preocupação moral do que a anterior atitude generalizada que se concentrava somente em criar novos produtos e serviços.

As nações menos desenvolvidas também estão aos poucos se dando conta de que os efeitos da atividade econômica sobre o ambiente não devem ser ignorados. Mas, nisto, a nova conscientização está menos difundida do que nos países ricos. Isso é compreensível, porque a redução da pobreza é naturalmente a primeira preocupação do povo. Assim se explica por que alguns países do Terceiro Mundo receberam de braços abertos indústrias poluidoras, tais como fábricas que produzem amianto, por serem os empregos mais importantes nessa ocasião do que uma vaga preocupação de que os trabalhadores contraíssem câncer dali a vinte ou trinta anos. Também em países desenvolvidos, porém, um número vagarosamente crescente de pessoas se dá conta de que se a atividade econômica que fornece empregos às pessoas danifica o ambiente ao mesmo tempo, os benefícios dessa atividade serão de curta duração.

A pobreza danifica o ambiente, conforme vimos por exemplo no caso do desmatamento, onde pessoas pobres procurando terra para cultivar e para obter combustível são a principal causa da extensa destruição das remanescentes florestas tropicais. O crescimento econômico que beneficie a maioria do povo é necessário para proteger o ambiente. E um controle das populações em rápida expansão, de muitos dos países mais pobres, também é necessário para proteger o ambiente, já que crescentes números de pobres maltratam a terra em que vivem ao se debaterem para sobreviver.

Tanto para as nações ricas quanto para as pobres, o ambiente é importante. Crescimento econômico também o é, especialmente para os países mais pobres. Continua de pé o desafio tanto para pobres quanto para ricos de alcançar um equilíbrio entre atividade econômica e uma proteção da terra, ar e água de que depende a vida.

NOTAS

1. Steve van Matre Bill Weiler (org.), *The Earth Speaks*, Warrenville, Illinois, Institute for Earth Education, 1983, p. 122.

2. Erik P. Eckholm, *Down to Earth*, Nova York, W.W. Norton, 1982, p.95.
3. Lester Brown, *The Twenty-ninth Day*, Nova York, W.W.Norton, 1978, p. 44. Uma das maneiras pelas quais a Grã-Bretanha reduziu a poluição do ar - construindo chaminés bem altas - provavelmente ocasionou piora do ar na Escandinávia.
4. *Environmental Quality 1982: 13th Annual Report of the Council on Environmental Quality*, Washington, DC, US Government Printing Office, 1982, p. 24.
5. *The New York Times*, últ. edição local, 23 de setembro de 1980, p.A2.
6. *The New York Times*, últ. edição local, 13 de maio de 1980, p.C3.
7. *The New York Times*, últ. edição local, 20 de maio 1980, p. A15; 2 de setembro de 1982, p. A13.
8. *The New York Times*, últ. edição, 9 de junho 1983, p.A17.
9. Barry Commoner, *The Closing Circle*, Nova York, Alfred Knopf, 1971 p.39.
10. *The New York Times*, últ. edição, 30 de junho de 1983, p.A16.
11. Eckholm, *Down to Earth*, p. 126.
12. *The New York Times*, últ. edição, 28 de março de 1983, p. 1.
13. Brown, *The Twenty-ninth Day*, p. 40
14. *Christian Science Monitor*, 30 de maio de 1984, p. 1.
15. Peter Stoler, "Is Clean Water a Thing of the Past?" *Sierra*, março abril de 1981, p. 15.
16. Ibid., p. 14.
17. Dennis Drabelle, "Exploring Water Problems", *Sierra*, maio/junho de 1983, p.99.
18. Joyce Egginton, "The Long Island Lesson", *Audubon*, 83, junho de 1981, p. 89.
19. Council on Environmental Quality and the Department of State, *The Global 2000 Report to the President*, vol. 1, Nova York, Penguin Books, 1982, p. 26.
20. Jorgen Randers e Dennis Meadows, "The Dynamics of Solid Waste Generation", *in* Dennis e Donella Meadows (org.), *Toward Global Equilibrium*, Cambridge, Mass., Wright-Allen Press, 1973, p. 167.
21. Ver Adeline Levine, *Love Canal: Science, Politics and People*, Lexington, Mass. Lexington Books, 1982 e Michael Brown, *Laying Waste: The Poisoning of America by Toxic Wastes*, Nova York, Panthesa Books, 1980.
22. Os totais variam conforme a definição empregada de detritos tóxicos e do órgão que faz as estimativas: *The New York Times*, últ. edição, 17 de março de 1983, p. B14; 28 de abril de 1984, p.9.
23. Levine, *Love Canal*, p. 218.
24. James Aucoin, "Dioxin in Missouri: The Search Continues for a Cleanup Strategy", *Sierra*, janeiro/fevereiro de 1984, pp. 22-26.
25. *The New York Times*, últ. edição, 11 de março de 1985, p. D12.
26. Barbara Ward, *Progress for a Small Planet*, Nova York, W.W.Norton, 1979, pp.65-6.
27. Mary Durant, "Here We Go A-Bottling", *Audubon*, 88, maio de 1986, p.32.
28. Michael Royston, "Making Pollution Prevention Pay", *Harvard Business Review*, novembro/dezembro de 1980, p. 12.

29. Sandra Postel, "Protecting Forests", *in* Lester Brown (org.), *State of the World*, Nova York, W.W.Norton, 1984, p. 74.
30. *The New York Times*, últ. edição, 5 de julho de 1983, p. C1.
31. Norman Myers, *The Primary Source*, Nova York, W.W.Norton, 1984, p. 143.
32. Anne LaBastille, "Heaven, Not Hell", *Audubon*, 81, novembro de 1979, p. 91.
33. *The New York Times*, últ. edição, 24 de janeiro de 1984, p. C2.
34. Christopher Uhl, "You Can Keep a Good Forest Down", *Natural History*, 92, abril de 1983, p. 78.
35. Brown, *The Twenty-ninth Day*, p. 57.
36. Richard Peto, "Why Cancer?" *in* Julian Simon e Herman Kahn (org.), *The Resourceful Earth*, Oxford, England; Basil Blackwell, 1984, pp. 528-44; *The New York Times*, últ. edição, 20 de março de 1984, p. C1.
37. David Weir e Mark Schapiro, *Circle of Poison*, São Francisco, Institute for Food and Development Policy, 1981, p.4.
38. Martin Wolterding, "The Poisoning of Central America", *Sierra*, setembro/outubro de 1981, p. 63.
39. Ibid., p. 64.
40. Weir e Schapiro, *Circle of Poison*, p. 28.
41. *The New York Times*, últ. edição, 21 de abril de 1986, p. A14.
42. *The New York Times*, últ. edição, 3 de março de 1984, p.10.
43. Commoner, *The Closing Circle*, p. 261.
44. Hans Landsberg et al., "Nonfuel Minerals" *in* Paul Portney (org.), *Current Issues in Natural Resource Policy*, Washington, DC, Resources for the Future, 1982, p.82.
45. Ibid., p. 83.
46. Dennis Piragens, *The New Context for International Relations: Global Politics*, North Scituate, Mass., Duxbury Press, 1978, p. 172.
47. Brown, *The Twenty-ninth Day*, p. 284.
48. Jeremy Rifkin, *Entropy*, Nova York: Viking Press, 1980, p. 117.
49. Brown, *The Twenty-ninth Day*, p. 284.
50. Charles Birch, *Confronting the Future*, Nova York, Penguin, 1976, p. 35.
51. Norman Myers, "The Exhausted Earth", *Foreign Policy*, 42, primavera de 1981, p. 141.
52. Loren McIntyre, "Jari: A Billion Dollar Gamble", *National Geographic*, maio de 1980, p. 701.
53. Após 14 anos construindo Jari, Ludwig abandonou o projeto em 1982 e vendeu-o, perdendo dinheiro, ao Brasil.
54. McIntyre, "Jari", p. 711.
55. Peter Raven, "Tropical Rain Forests: A Global Responsibility", *Natural History*, 90, fevereiro de 1981, p. 29.
56. Myers, "The Exhausted Earth", p. 145.
57. Ibid., p. 143.
58. Norman Myers, "Room in the Ark?" *Bulletin of the Atomic Scientists*, 38, novembro de 1982, p. 48.
59. Paul R. Ehrlich e Anne H. Ehrlich, *Extinction*, Nova York, Random House, 1981, pp. 242-243.

60. Ibid., especialmente capítulo 10. Note a seguinte afirmação deles: "mais de 95% dos organismos capazes de competir seriamente com a humanidade na busca de alimento, ou de causar-nos mal ao transmitir doenças, estão hoje controlados gratuitamente por outras espécies em ecossistemas naturais" (p. 94).
61. Harold Sprout e Margaret Sprout, *The Context of Environmental Politics* (Lexington, Ky., University Press of Kentucky, 1978), pp. 47-48.
62. Lester Thurow, *The Zero-sum Society*, Nova York, Nasic Books, 1980, pp. 104-105.
63. Commoner, *The Closing Circle*, pp. 45-46.
64. William Ophuls, *Ecology and the Politics of Scarcity*, São Francisco; W.H. Freeman, 1977, p. 75.

6. Tecnologia e desenvolvimento

> A força irrefreável do átomo modificou tudo, exceto nossas maneiras de pensar, e assim derivamos para catástrofes inigualáveis.
>
> Albert Einstein (1879-1955)

Para muita gente, tecnologia e desenvolvimento são sinônimos. A tecnologia é que faz o crescimento econômico e a mudança social ocorrerem. O emprego da tecnologia avançada é que torna "modernas" as sociedades modernas. As sociedades menos modernas - as nações não-ocidentais, menos desenvolvidas, pobres - usam muito menos tecnologia adiantada. Para muitos, o emprego limitado da tecnologia superior pelas nações menos desenvolvidas é uma das principais razões para serem menos desenvolvidas e menos prósperas do que as nações industrializadas do Ocidente. Mas o relacionamento entre tecnologia e desenvolvimento é complicado. Às vezes, os aspectos negativos da tecnologia aparentam predominar sobre os positivos. A tecnologia pode levar a sociedade a mudanças bastante indesejáveis. Neste capítulo, examinaremos de perto alguns dos relacionamentos negativos entre tecnologia e desenvolvimento e algumas das questões políticas originadas desses relacionamentos.

BENEFÍCIOS DA TECNOLOGIA

Um livro como este, cujos leitores provavelmente serão sobretudo das nações desenvolvidas, não precisa estender-se acerca dos benefícios da tecnologia. A propaganda e os veículos de comunicação de massa apregoam as alegrias esperadas da chegada de um novo produto, técnica ou descoberta. Nos Estados Unidos, estamos socializados para gostar de novidades; a fama americana de ser um povo pragmático significa que a ciência e sua aplicação, a tecnologia, são comumente empregadas para solucionar problemas, para fazer as coisas funcionarem "melhor". Seria preciso ser um tolo para não reconhecer os benefícios que a tecnologia trouxe. Em termos pessoais, permitiu-me visitar cerca de quarenta países; ver uma fotografia da Terra tirada do espaço; escrever este livro em um computador pessoal que facilitou enormemente sua composição; usar camisas que não precisam ser passadas a ferro; e manter controlado meu glaucoma de modo a não ficar cego.

Uma das principais razões pelas quais o mundo inveja os Estados Unidos não é só ele ser rico, mas porque sua tecnologia de múltiplas maneiras tornou a vida mais confortável, estimulante e isenta de trabalho enfadonho. Nós, norte-americanos, sabemos disto e precisamos lembrá-lo. Mas também precisamos aprender várias outras lições: (1) benefícios a curto prazo por empregar uma tecnologia podem impossibilitar-nos de alcançar algumas metas a longo prazo; (2) podem haver conseqüências imprevistas no emprego de uma tecnologia; (3) o emprego de certos tipos de tecnologia em certas situações pode ser inadequado; (4) há muitos problemas que a tecnologia não pode solucionar. A incapacidade de aprender estas lições pode levar-nos à nossa destruição, como o mostrará o estudo de caso neste capítulo acerca da ameaça de guerra nuclear.

BENEFÍCIOS A CURTO PRAZO EM FACE DOS DE LONGO PRAZO

Garrett Hardin, um biólogo, cunhou a frase "a tragédia das terras de propriedade comum" para descrever o que pode ocorrer quando interesses de curto prazo estão em conflito com os de longo prazo das pessoas.[1] Hardin mostra-nos quão racional é, em benefício dos seus melhores interesses de curto prazo, cada pastor de uma aldeia aumentar o número de cabeças de gado que tem pastado nos terrenos de propriedade comum da aldeia. O benefício para um pastor aumentar o número de cabeças que tem lá é maior que o prejuízo derivado do maior pastoreio decorrente do gado adicional assim originado; o custo desse excedente de capim devorado será compartilhado por todos os pastores que usam o terreno comum, enquanto o pastor individualmente colherá o lucro oriundo da venda de cabeças adicionais. Também se o pastor individual não aumentar seu gado, enquanto os outros o fazem, ele sai perdendo, porquanto o excesso de pastoreio prejudica seu gado. Assim, ocorre a tragédia. Cada pastor, agindo racionalmente e visando a seu interesse próprio a curto prazo, aumenta suas cabeças de gado nos terrenos comuns. Em breve há tanto excesso de pastoreio que o capim morre e, depois, o gado.

Os terrenos comuns globais hoje em dia são as partes do planeta utilizadas por muitas ou todas as nações: os oceanos, os sistemas fluviais internacionais, o leito do mar, a atmosfera e o espaço sideral. A tecnologia pode conceder a algumas nações vantagem sobre as outras na exploração dessas propriedades comuns e é evidentemente do interesse delas a curto prazo fazê-lo. O mesmo ocorre com a pesca comercial nos oceanos do mundo. A tecnologia possibilitou barcos de pesca maiores e mais potentes, equipados com sonar para localizar cardumes. Essa tecnologia foi a principal responsável pelas constantemente crescentes pescarias no mundo até os fins da década de 60, quando atingiram o auge e começaram a declinar. Há todos os indícios de que muitas espécies de peixes estão sendo "superpastoreadas", e se isto não for controlado, todas as nações que usam os oceanos para pesca serão prejudicadas. Não só sofrerão as indústrias de pesca, mas formas incomparáveis de vida na terra provavelmente se extinguirão. Tal destino bem poderia ser o de muitas espécies de peixes como a mamífera baleia, a menos que recentes esforços internacionais para reduzir o número de baleias mortas tenham êxito, permitindo que a população de baleias venha a aumentar.

Um exemplo de tecnologia dando vantagens a uma nação sobre outras na exploração das propriedades comuns do globo pode ser visto na história do Tratado da Lei dos Mares, que regula o uso e a exploração dos mares. Esse tratado, que levou oito anos sendo negociado, foi aprovado em 1982 por 130 nações nas Nações Unidas. Os Estados Unidos foram uma das nações a votar contra ele. Uma das razões para isso foi não querer compartilhar sua adiantada tecnologia de mineração do mar com uma autoridade mineradora minoritária. As vantagens a curto prazo dos Estados Unidos em não compartilhar sua tecnologia de mineração são claras, mas tais vantagens conflitam com interesses a longo prazo, deles próprios e de outras nações, de terem um acordo pacífico e concordado por todas as partes para o uso dessa fração dos bens comuns globais. Donald Puchala resume bem a questão:

> Os Estados Unidos provavelmente se beneficiariam de um "pega-pra-capar" destinado a fechar o que é comum e dividi-lo por jurisdições nacionais. Como nossa tecnologia permite-nos explorar agora o que outros só podem esperar poder fazê-lo no futuro, por algum tempo ficaríamos com a parte do leão na partilha dos bens comuns. Mas não haveria dúvida de que uma política assim estaria atraindo desafios e conflitos futuros...[2]

Outro exemplo do que seria uma situação de "tragédia dos bens comuns" é a poluição. Um indivíduo ganha uma vantagem a curto prazo ao poluir - por exemplo, desligando o dispositivo de controle da poluição de seu carro para reduzir o consumo de gasolina (alguns de meus alunos confessam agir assim) -, mas os interesses a longo prazo da comunidade inteira são prejudicados pela poluição do ar. De fato, os pulmões do indivíduo que está poluindo a longo prazo podem ser prejudicados pela poluição do ar. Embora isto seja verdade, o atrativo do benefício a curto prazo diante dos interesses a longo prazo para qualquer indivíduo pode ser esmagador. Tal foi o caso quando comprei meu carro em 1979. Tive uma possibilidade de escolher entre comprar um modelo 1979 que usava gasolina com chumbo, ou um modelo 1980 que usava gasolina sem chumbo. Conquanto soubesse de modo geral na ocasião que usando gasolina sem chumbo seria melhor para o ambiente, comprei o modelo 1979 por ser mais barata a gasolina com chumbo.

A saída desta situação em que indivíduos obtêm benefícios da poluição exige uma solução política - concebida pela comunidade ou por seus representantes, e a que todos os membros da comunidade terão de obedecer. No exemplo envolvendo meus alunos, uma solução possível seriam mais eficazes inspeções dos carros e o uso de multas pesadas para quem tirar o dispositivo controlador de poluição. No exemplo envolvendo a mim, uma solução simples seria o governo impor um maior imposto na gasolina comum do que na azul, a fim de igualar o preço delas para não haver vantagem para mim monetariamente ao adquirir o carro de 1979 em vez do modelo 1980.

A exportação de tecnologia nuclear também tende a ser situação de uma "tragédia dos bens comuns." Usinas nucleares de reprocessamento e de enriquecimento de urânio produzem plutônio e urânio que podem ser utilizados para fabricar armas nucleares. Os Estados Unidos, a Alemanha Ocidental e a França competiram entre si para vender aos países do Terceiro Mundo reatores e tecnologias nucleares. A União Soviética tem um prontuário melhor do que as nações ocidentais quanto a isso por ter sido muito relutante em exportar sua tecnologia nuclear. O fato de muitas das nações do Terceiro Mundo que estão conseguindo tecnologia nuclear serem politicamente instáveis e envolvidas em conflitos regionais torna essa potencial "tragédia dos bens comuns" bastante perigosa de fato. À medida que mais nações adquirem armas nucleares, aumentam as probabilidades delas virem a ser empregadas. E o perigo de um conflito local acabar atraindo as superpotências é real.[3]

CONSEQÜÊNCIAS NÃO PREVISTAS DA UTILIZAÇÃO DA TECNOLOGIA

Ecologia é o estudo das relações entre os organismos e o meio ambiente. Sem conhecimento da ecologia, a gente é tentada a utilizar a tecnologia para resolver um único problema. Mas há muitos exemplos para esclarecer a verdade de que não se pode modificar uma parte do meio ambiente humano sem de alguma forma afetar outras partes. Freqüentemente, esses outros efeitos são nocivos, e amiúde completamente não previstos.[4] Tome-se, por exemplo, a situação seguinte ocorrida em Bornéu. Lá, os esforços de autoridades de saúde para destruir mosquitos transmissores de malária borrifando casas com DDT levaram ao desabamento dos telhados das casas das aldeias, e à necessidade de lançar gatos de pára-quedas nas aldeias:

> Pouco depois (do borrifo) os tetos das casas dos nativos começaram a cair por estarem sendo comidos por lagartas, que, devido a seus hábitos peculiares, não haviam absorvido muito do DDT. Um certo marimbondo predatório, contudo, que havia mantido as lagartas sob controle até então, havia morrido aos montes devido ao DDT. Mas a estória não acaba aí, porque eles levaram o borrifo para dentro das casas a fim de combater moscas domésticas. Até então, o combate às moscas havia sido em grande parte tarefa de uma lagartixa chamada *gecko* que habita as casas. Ora, as *geckos* prosseguiram em sua tarefa de comer moscas, agora maciçamente carregadas de DDT, e as *geckos* principiaram a morrer. Aí, as *geckos* foram comidas pelos gatos domésticos. Os pobres gatos, no final dessa corrente de alimentação, haviam concentrado aquele material, e começaram a morrer. E morreram em tais quantidades que ratos começaram a invadir as casas e a consumir a comida. Mas, mais importante, os ratos eram potencialmente transmissores de pragas. A situação ficou tão alarmante que finalmente recorreram a lançamento em pára-quedas de gatos novos vindos de Bornéu para tentar restaurar o equilíbrio de populações que as pessoas, rápidas no gatilho dos vaporizadores, haviam destruído.[5]

O emprego de DDT nos Estados Unidos também teve efeitos imprevistos já que é persistente (não se decompõe facilmente em substâncias inócuas) e é venenoso para muitas formas de vida.[6] Segundo um estudo, muitos dos efeitos do uso do DDT não poderiam ter sido prognosticados antes de seu emprego.[7] O autor deste estudo acredita que somente por meio de um monitoramento cerrado dos efeitos de novos produtos químicos, e através de debate franco sobre esses efeitos, poderão ser controlados produtos químicos como o DDT.

Vejamos as fazendas industrializadas e as conseqüências não antecipadas que surgiram da adoção de técnicas fabris para produzir animais para consumo humano. Tais técnicas foram adotadas para criar aves domésticas, porcos, vitelas e gado. As técnicas permitem grandes quantidades de animais serem criadas em espaço relativamente pequeno. (Muitos desses animais nunca vêem a luz do dia até serem retirados para a matança.) O amontoamento de muitos animais em espaço pequeno e o confinamento de animais isolados em pequenos estábulos gera tensão, frustração e tristeza nos animais. A tensão pode diminuir as defesas naturais dos animais e doenças, e a situação de amontoamento facilita a rápida disseminação de doenças. É comum, para animais criados como que em uma fábrica, receber grandes doses de antibióticos em seu alimento, a fim de evitar surtos dessas doenças. Agora existem provas de que o uso abundante de antibióticos na comida dos animais está criando bactérias resistentes ao tratamento com remédios modernos e que podem provocar doenças nos seres humanos.[8] Grandes quantidades de outras drogas (para promover crescimento rápido, por exemplo) e pesticidas (para combater as condições altamente anti-sanitárias provocadas por muitos animais guardados em espaço reduzido) estão se revelando na carne que sai das fábricas-fazenda. Um estudo do Departamento de Agricultura [norte-americana], realizado entre 1974 e 1976, revelou que cerca de 15% da carne de vaca e de ave da amostragem apresentavam nível ilegalmente elevado de drogas e pesticidas.[9]

A Revolução Verde antecipa conseqüências negativas a par do sucesso no aumento da produção de cereais no Terceiro Mundo. Em partes da Índia, onde a terra estava eqüitativamente distribuída antes da Revolução Verde, as novas técnicas agrícolas funcionaram bem para incrementar tanto a produção quanto o emprego rural. Mas, em outras partes do mundo, onde a posse da terra era altamente desigual, com uns poucos grandes donos de terras e muitos pequenos - situação comum no Terceiro Mundo -, a Revolução Verde causou maior enriquecimento dos poucos fazendeiros ricos e empobrecimento dos muitos pobres. Eis por que tal ocorreu:

> Grandes fazendeiros geralmente são os primeiros a adotar os novos métodos. Dispõem do capital para fazê-lo e podem correr o risco. Conquanto as novas variedades de sementes não exijam mecanização com tratores, proporcionam muito incentivo econômico para esta, especialmente onde culturas múltiplas requeiram rapidez na colheita e no replantio. Em grandes fazendas, simples considerações econômicas levam inevitavelmente à utilização de maquinaria que dispensa mão-de-obra e a adquirir mais terra ainda. Os efeitos finais disso ... são desemprego agrícola, aumento da migração para as cidades, e quiçá até aumento da desnutrição, posto que os pobres e desempregados não têm meios para adquirir os novos alimentos.[10]

As conseqüências não antecipadas do emprego da tecnologia podem ser vistas em uma situação de que tenho algum conhecimento pessoal. Quando estive no Irã, no final da década de 50, trabalhando no programa norte-americano de ajuda ao estrangeiro, um de nossos projetos foi modernizar a força policial do monarca, o xá do Irã. Demos à polícia nacional novo equipamento de comunicações para as mensagens da polícia poderem ser enviadas para todo o país rápida e eficientemente. Os Estados Unidos deram tal ajuda ao xá para proteger seu regime e auxiliá-lo a manter a ordem pública no Irã enquanto eram iniciados os programas de desenvolvimento. Tudo bom e bonito, exceto pelo fato do xá utilizar sua agora eficiente polícia - e especialmente a polícia secreta, que a Agência Central de Informação (CIA) norte-americana ajudou a preparar - não apenas para pegar criminosos e os que tentavam derrubar pela violência o governo dele, mas para suprimir todos os opositores do regime. Sua polícia secreta, a SAVAK, em breve granjeou fama mundial de ser muito eficiente - e implacável. Sua dureza, que freqüentemente implicava a tortura aos suspeitos de oposição ao governo, foi uma das razões pelas quais o xá se tornou bastante impopular no Irã e acabou sendo derrubado em 1979 pelo Aiatolá Khomeini, pessoa com intensos sentimentos antiamericanos.[11]

UTILIZAÇÕES INADEQUADAS DA TECNOLOGIA

Em 1973, E.F. Schumacker publicou o livro *Small Is Beautiful: Economics As If People Mattered.*[12]* Este livro tornou-se o alicerce de um movimento que busca empregar a tecnologia de maneira que não prejudique as pessoas. Schumacher sustentou que as nações em desenvolvimento carecem de uma tecnologia intermédia (ou tecnologia com fisionomia humana), não a elevada (ou "dura") tecnologia das nações industrializadas do Ocidente. A tecnologia intermédia fica entre a tecnologia primitiva e ineficiente, comum nas regiões rurais do Terceiro Mundo - onde vive a maioria das pessoas do globo -, e a tecnologia do mundo industrializado, que tende a utilizar vastas quantidades de energia, polui o ambiente, exige recursos importados e, amiúde, aliena os trabalhadores de seu próprio trabalho. O movimento da tecnologia intermédia busca identificar as áreas da vida no Terceiro Mundo, e também no Ocidente industrializado, onde uma tecnologia relativamente simples possa fazer as pessoas trabalharem com mais facilidade, mas também significativamente, isto é, tendo um sentimento de satisfação pelo que fazem.

É a ausência de satisfação, ou contentamento, que está freqüentemente ausente nos trabalhadores das nações desenvolvidas. Um bom exemplo disto pode ser visto na "revolta dos operários" que ocorreu na ultramoderna fábrica de automóveis em Lordstown, no Estado norte-americano de Ohio, que devia produzir o carro Vegas para a General Motors e

---

* Publicado em português sob o título *O Negócio É Ser Pequeno*, tradução de Octavio A. Velho, Rio de Janeiro: Zahar Editores, 1977. (N.T.)

incorporava a última palavra em tecnologia. A revolta levou a uma votação de 97% dos trabalhadores para entrarem em greve devido às condições de trabalho. O descontentamento dos operários com a nova instalação e sua técnica de produção em massa pode ser sintetizado na sugestão de um dos grevistas para os trabalhadores usarem um aviso que estava colocado em algumas das máquinas "Trate-me com Respeito e Lhe Darei Trabalho da Melhor Qualidade com Menos Esforço", impresso em suas camisetas.[13]

A elevada tecnologia do Ocidente é freqüentemente muito cara, e assim grandes somas são necessárias para adquiri-la, somas essas de que a maioria das nações do Terceiro Mundo não dispõe. Essa tecnologia é citada como sendo intensiva em capital ao invés de mão-de-obra. Isso significa que é necessário dinheiro para consegui-la e mantê-la - mas não muita gente. Por outras palavras, a tecnologia elevada ou superior não oferece muitos empregos para os trabalhadores. (Isto é a essência da linha de produção em massa - uma porção de produtos feitos por número relativamente pequeno de trabalhadores.) Mas o problema capital de nações que estão procurando se desenvolver - e, de fato, nos Estados Unidos também quando sua economia entra em recessão - é não haver empregos suficientes para as pessoas, antes de mais nada. É a ausência de empregos nas regiões rurais que está fazendo grande número de pobres do interior do Terceiro Mundo migrar para as cidades em busca de trabalho, trabalho que amiúde não existe ali.

Assisti ao emprego inapropriado de tecnologia superior tanto na Libéria quanto nos Estados Unidos. Como parte da ajuda econômica norte-americana à Libéria, demos aos liberianos equipamentos para construção de estradas. Esse equipamento incluiu serras mecânicas. Quando me preparei para entregar parte desse equipamento a liberianos, em uma cidadezinha de uma região rural, percebi que as serras mecânicas que lhes estávamos dando eram bastante inadequadas. Para gente que tinha escassa ou nenhuma experiência com ferramentas mecanizadas - o que se aplicava a quase todos os liberianos daquela cidadezinha -, a serra mecanizada era um instrumento mortífero. Também, não seriam capazes de conservá-las ou consertá-las quando quebrassem. Seu ruído iria arruinar a tranqüilidade da região. Uma forma bem mais adequada de ajuda teriam sido caixotes com machados e serras manuais, ferramentas que eles poderiam facilmente aprender a manejar em segurança, e seriam capazes de conservar e consertar pessoalmente; estas teriam proporcionado trabalho para muita gente.

Nos Estados Unidos, dei-me conta do emprego inadequado de tecnologia superior quando minha esposa e eu começamos a nos preparar para o nascimento de nossos filhos. A maioria das crianças do mundo nasce em casa, mas nos Estados Unidos e em muitos outros países desenvolvidos quase todos os nascimentos ocorrem em hospitais. Número impressionante de estudos agora mostra que a mudança dos nascimentos para hospitais teve como resultado intervenções desnecessárias no processo de nascimento por médicos e enfermagem, que perturbam as etapas naturais do trabalho e ameaçam a saúde tanto da mãe quanto do bebê.[14] Até 85 a 90% das mulheres podem dar à luz naturalmente, sem necessitar o emprego de tecnologia.[15]

A assistência pré-natal pode geralmente identificar os 10 a 15% que não podem dar à luz normalmente, e para eles o uso da tecnologia pode ajudar a proteger as vidas da mãe e do bebê. Mas o erro capital que tem sido cometido é as normas adequadas a esses poucos casos serem rotineiramente empregadas para a maioria dos partos.

O movimento da tecnologia intermédia não é contra a tecnologia superior como tal (ele reconhece áreas onde a tecnologia superior é desejável - não há, por exemplo, outra maneira para produzir vacinas contra doenças mortíferas) mas apenas contra o uso de tal tecnologia onde outra mais simples seria adequada.

LIMITES AO "DILEMA TECNOLÓGICO"

Em nossa sociedade, que faz amplo uso da tecnologia, há uma crença generalizada de que ela pode solucionar nossos problemas mais urgentes. Acredita-se até que os problemas que a ciência e a tecnologia criaram possam ser solucionados por mais ciência e mais tecnologia. O que está faltando, de acordo com esta maneira de pensar, é um melhor uso da ciência e da tecnologia para solucionar o problema em tela, ou, digamos, para descobrir um "jeitinho tecnológico".

Conquanto a capacidade da tecnologia para resolver certas dificuldades seja impressionante, há diversos problemas sérios com que se defrontam os seres humanos - de fato, provavelmente, os problemas mais sérios que os humanos já enfrentaram - que aparentam não ter solução tecnológica. A própria tecnologia já desempenhou freqüentemente papel relevante na causação desses problemas. Vejamos alguns deles.

A explosão populacional aparenta não ter solução tecnológica aceitável. Artifícios de controle da natalidade certamente podem ajudar a reduzir o aumento da natalidade; sem eles, a solução do problema seria ainda mais difícil do que já é. Mas, segundo vimos no capítulo acerca de população, as razões para a explosão demográfica são bem mais complicadas do que a ausência de meios de controle da natalidade. Fatores econômicos, sociais e políticos desempenham papel expressivo nessa situação e têm de ser considerados em qualquer tentativa de controlar a explosão. Um adiantamento tecnológico que foi uma das causas da explosão demográfica - a extinção de doenças importantes, como a varíola, que costumava matar milhões - não pode ser empregado na solução. Não se pode defender piores cuidados médicos para solucionar o problema demográfico. Tem-se de procurar outras medidas em busca de uma solução. Algumas pessoas, como Garret Hardin, argumentaram que muitos dos que propugnam por soluções tecnológicas para o problema populacional, como cultivar os mares, criar novas estirpes de trigo ou criar colônias no espaço, "estão procurando um meio de evitar os males da superpopulação sem abrir mão de quaisquer dos privilégios de que agora desfrutam".[16]

Colossais instalações sanitárias foram certa feita consideradas a solução para nossos riachos, rios e lagos poluídos, mas o custo crescente de tais aparelhagens e sua eficácia apenas parcial estão pondo em dúvida tal medida.[17] O mesmo volume de poluição da água é provocado pelo escoamento de águas agrícola e urbano quanto pelos esgotos. Falar de um jeitinho tecnológico para este problema é o mesmo que falar em gastar somas de dinheiro astronômicas, e ainda assim tal solução seria duvidosa.

Um último exemplo será dado para esclarecer os limites ao jeitinho tecnológico. Conforme veremos na análise de caso abaixo, a corrida às armas nucleares ameaça o mundo com um holocausto que escapa à nossa compreensão. Muitos acreditam que a tecnologia solucionará este problema; tudo de que carecemos para conseguir segurança são armas melhores e em maior número do que as dos soviéticos. Mas a história da corrida armamentista a partir da Segunda Guerra Mundial mostra que a vantagem de um dos lados em breve será igualada ou ultrapassada por novas armas do outro lado. Sentimentos momentâneos de segurança de uma nação têm sido logo substituídos por crescente insegurança de ambas as nações, à medida que as armas ficam mais letais. O "dilema da segurança" é a frase cunhada para descrever uma situação onde os esforços de uma nação para conquistar segurança levam à sensação de insegurança por parte da opositora. Esta insegurança faz com que a nação que se crê atrás na corrida armamentista aumente o seu arsenal; mas isso leva a outra a sentir-se agora insegura. E assim prossegue a corrida. A tentação para acreditar que um novo armamento solucionará o problema é imensa. Uma breve história da corrida armamentista revela como ambas as superpotências foram apanhadas em um dilema de segurança.

Os Estados Unidos explodiram sua primeira bomba atômica em 1945 e sentiram-se razoavelmente seguros até os soviéticos explodirem a deles em 1949. Em 1954, os Estados Unidos experimentaram a primeira arma operacional termonuclear (uma bomba H ou de hidrogênio), que utiliza a bomba atômica como detonador, e um ano depois os soviéticos imitaram-no. Em 1957, os soviéticos experimentaram com sucesso o primeiro míssil balístico intercontinental (ICBM) e puseram em órbita o primeiro satélite artificial da Terra, o *Sputnik*, nesse mesmo ano. Os Estados Unidos sentiram-se muito inseguros, mas dali a três anos dispunham de mais ICBM operacionais do que a União Soviética.[18]

A União Soviética instalou o primeiro sistema de mísseis antibalísticos ao redor de uma cidade - Moscou - na década de 1960, e em 1968 os Estados Unidos retrucaram criando os MIRV (veículos múltiplos, com reentrada programável independentemente), que podem com facilidade sobrepujar os mísseis antibalísticos soviéticos. Os soviéticos começaram a desdobrar no terreno seus primeiros MIRVs em 1975, e esses mísseis de alta precisão com até dez ogivas de combate em um único míssil, cada uma capaz de atingir um alvo diferente, levaram o presidente Reagan, em 1981, a declarar que existe "uma janela de vulnerabilidade", já que os ICBM norte-americanos baseados em terra podem agora ser atacados pelos MIRVs soviéticos. Reagan solicitou maciço desenvolvimento militar, os soviéticos declararam que igualariam qualquer desenvolvimento conseguido pelos americanos.

A corrida tecnológica está agora mudando para o espaço, com o presidente Reagan anunciando, em 1983, planos para criar um sistema defensivo, parte do qual provavelmente se basearia no espaço, capaz de atacar quaisquer mísseis soviéticos disparados contra os Estados Unidos. Os soviéticos declararam que se os Estados Unidos criassem tal sistema (oficialmente conhecido como Iniciativa de Defesa Estratégica e vulgarmente chamado "Guerra nas Estrelas"), poderiam aumentar seus mísseis de molde a esmagar esse sistema ou criar outras contramedidas para bloquear sua eficácia.

A AMEAÇA DE GUERRA NUCLEAR: UM ESTUDO DE CASO

A ameaça de guerra nuclear é assunto que toca em muitos temas examinados neste capítulo. É o tema "definitivo" da política de desenvolvimento, já que são os feitos da tecnologia de armamento pelas nações desenvolvidas que puseram em questão a sobrevivência dos seres humanos. É um problema que reclama uma solução política. Karl von Clausewitz, o famoso autor prussiano de livros sobre estratégia militar, descreveu a guerra como a continuação da política por outros meios. Porém, dadas as prováveis conseqüências de uma guerra nuclear conforme apresentado a seguir, a gente tem de se perguntar se a guerra entre nações com armas nucleares pode permanecer como um meio de acertar conflitos políticos. Vejamos, primeiro, a natureza da ameaça que as armas nucleares geraram e, a seguir, as principais opções de que dispomos para enfrentar essa ameaça.

A Ameaça

Levou quatro e meio bilhões de anos para a vida alcançar seu atual estado de desenvolvimento neste planeta. O ano de 1945 representa um marco decisivo nessa evolução, já que foi então que os Estados Unidos explodiram suas primeiras bombas atômicas sobre Hiroxima e Nagasaki e demonstraram que os seres humanos haviam aprendido como aproveitar para a guerra as forças fundamentais do universo. Desde 1945, quando os Estados Unidos não dispunham de mais de duas ou três bombas atômicas, alcançamos agora um ponto onde as duas superpotências, os Estados Unidos e a União Soviética, dispõem de um total de aproximadamente 50.000 armas nucleares, o equivalente a um milhão de bombas de Hiroxima; ou, por outras palavras, cerca de três toneladas de TNT para cada homem, mulher e criança do mundo. A bomba de Hiroxima era um artifício de 15 kilotons (um kiloton tem a força explosiva de 1.000 toneladas de TNT): algumas das armas de hoje estão na classe do megaton [um megaton é o equivalente a um milhão de toneladas de TNT][19]. Além dos Estados Unidos e da União Soviética, a Grã-Bretanha, a França e a China dispõem de armas nucleares capazes de serem utilizadas em uma guerra nuclear.

O que ocorreria se essas armas forem um dia usadas? Não podemos estar seguros acerca de todos os efeitos, é claro, já que, conforme o autor Jonathan Schell enunciou, só temos uma Terra e não podemos fazer experiências com ela.[20] Mas sabemos dos bombardeios de Hiroxima e Nagasaki, e de numerosos testes com armas nucleares tanto acima como abaixo do chão, que existem cinco efeitos destrutivos imediatos de uma explosão nuclear: (1) a radiação inicial, sobretudo raios gama; (2) uma onda eletromagnética que, numa explosão a altitude elevada, pode pôr fora de ação equipamento elétrico em uma área bastante extensa; (3) uma onda térmica consistindo de luz brilhante (a pessoa ficaria cega fitando a bola de fogo mesmo de muitos quilômetros de distância) e calor intenso (igual ao do centro do Sol); (4) uma onda de sopro capaz de achatar edifícios; e (5) precipitação radiativa, sobretudo de lixo e detritos sugados para dentro de nuvem em forma de cogumelo e que depois caem no chão.

Os efeitos a longo prazo de uma explosão nuclear são três: (1) precipitação retardada ou de âmbito mundial, que gradativamente durante meses e até anos caía no solo, amiúde como chuva; (2) uma alteração do clima (possivelmente um drástico rebaixamento da temperatura da Terra através de todo o Hemisfério Setentrional, que poderia arruinar as colheitas agrícolas e provocar fome generalizada); (3) destruição parcial da camada de ozônio, camada essa que protege a Terra dos nocivos raios ultravioleta do Sol. Se a camada de ozônio for esvaziada, os caucasianos desprotegidos só poderiam ficar fora de casa por uns dez minutos antes de serem vítimas de uma queimadura do sol incapacitante (os negros, devido à cor da pele, poderiam ficar um pouco mais tempo), e as pessoas sofreriam um gênero de cegueira como a sofrida na neve devido aos raios que, se repetida, conduziria à cegueira permanente. Muitos animais teriam a mesma sina.[21]

Medidas de defesa civil podem salvar algumas pessoas em uma guerra nuclear limitada, mas de pouca ajuda seriam caso houvesse uma guerra nuclear total.[22] Abrigos subterrâneos nas cidades atingidas por armas nucleares seriam convertidos em fornos, já que tenderiam a concentrar o calor desprendido pelo sopro da explosão e pelas tempestades de fogo. Tampouco a evacuação de cidades parece um remédio adequado numa guerra nuclear de grande escala, posto que as pessoas não seriam protegidas da precipitação radiativa, ou de mísseis reorientados para outro alvo, e não poderiam sobreviver bem em uma economia aniquilada.

Visto como a maioria de nossos hospitais e muitos médicos está nas áreas centrais das cidades, e seriam atingidos primeiro pelos mísseis em uma guerra nuclear total, socorro médico não estaria disponível para os milhões de pessoas sofrendo com queimaduras, ferimentos perfurantes, choque e doença da radiação. Muitos cadáveres permaneceriam insepultos e criariam um grave risco para a saúde, que contribuiria para o perigo de epidemias disseminarem-se entre a população cuja resistência a doenças já teria sido reduzida pela exposição, desnutrição e choque.

Qual seria o resultado final disso? Eis como Jonathan Schell responde a essa indagação na provavelmente mais longa frase que você jamais tenha lido, mas sem sequer uma palavra desperdiçada:

> Tendo em mente que as possíveis conseqüências da detonação de milhares de megatons de explosivos nucleares compreende a cegueira de insetos, pássaros e animais pelo mundo afora; a extinção de muitas espécies oceânicas, dentre elas algumas na base da cadeia de alimentos; a alteração temporária ou permanente do clima do globo, com a possibilidade complementar de modificações "espetaculares" e "importantes" na estrutura da atmosfera; a poluição da ecosfera inteira com óxidos de nitrogênio; a incapacitação em 10 minutos de pessoas desabrigadas que se exponham à luz do sol; uma expressiva redução da fotossíntese dos vegetais pelo mundo afora; a escaldadura e morte de muitas colheitas; o incremento dos índices de câncer e de mutação através do mundo, mas especialmente nas zonas-alvo, e o risco concomitante de epidemias globais; o possível envenenamento de todos os vertebrados pelo violento aumento dos níveis de vitamina D em sua pele, como decorrência do acréscimo de luz ultravioleta; e a mortandade gene-

ralizada em todos os continentes alvejados da maioria dos seres humanos e outros seres vivos pela radiação nuclear inicial, as bolas de fogo, as emissões térmicas, as ondas de sopro, os imensos incêndios e a precipitação das explosões; e considerando que tais conseqüências interagirão umas nas outras de formas inimagináveis e, ademais, são muito provavelmente uma lista incompleta, que será aumentada à medida que cresça nosso conhecimento sobre a Terra, tem-se de concluir que um holocausto nuclear total poderia conduzir à extinção da humanidade.[23]

As Opções

Há duas opções políticas básicas referentes a como lidar com a ameaça de guerra nuclear: armar-se ou desarmar-se. Os defensores de cada escolha sustentam que a sua é a melhor maneira de evitar uma guerra nuclear. Já que não é possível ambas estarem certas - uma delas tende a tornar a guerra nuclear mais provável -, é da máxima importância sabermos quais os principais argumentos de cada lado e avaliar os pontos fortes e fracos de cada posição.

Armar-se. Segundo esta posição, os Estados Unidos são obrigados a incrementar seus armamentos nucleares por estar a União Soviética superior aos Estados Unidos em número total de veículos capazes de lançar armas nucleares (especialmente mísseis baseados em terra e submarinos), em mísseis de médio alcance apontados para a Europa e em poder explosivo total de sua força nuclear. Os soviéticos gastam na defesa uma porção mais elevada de seu PNB do que o fazem os Estados Unidos. Também a União Soviética tem superioridade sobre os Estados Unidos em forças militares convencionais na Europa, especialmente carros de combate; as armas nucleares norte-americanas são necessárias para impedir os soviéticos de usarem essa superioridade, a fim de ameaçar a Europa ou vitais interesses petrolíferos na zona do Golfo Pérsico. Os Estados Unidos precisam conservar o direito a empregar em primeiro lugar armas nucleares numa guerra com a União Soviética, porque esta tem de saber que, se invadir a Europa, ou a zona do Golfo Pérsico, os Estados Unidos utilizarão suas armas nucleares táticas (isto é, do campo de batalha) para deter o avanço soviético. É esta política norte-americana que impede a agressão soviética.

A URSS desenvolveu uma capacidade para travar uma guerra nuclear protelada, de modo que os Estados Unidos precisam adquirir a mesma capacidade, a fim de convencer os soviéticos de que eles não poderão ganhar uma guerra assim. Se os soviéticos ficarem convencidos disso, não atacarão os Estados Unidos ou seus aliados.

Os soviéticos são uma potência expansionista, e mesmo que não iniciem uma guerra com seu armamento superior, usarão tal superioridade para chantagear os Estados Unidos, fazendo-os concordar com várias exigências. Um incremento do armamentos norte-americano, por conseguinte, evitará o aventureirismo soviético, qualquer tentativa para conseguir vantagens no Terceiro Mundo e em outras regiões nas quais os Estados Unidos tenham interesses vitais.

A fim de manter incólume sua política de dissuasão (a capacidade para retaliar e destruir seu inimigo, ainda que este ataque primeiro), têm de ser feitos aperfeiçoamentos em diversos armamentos americanos. Têm de ser produzidos novos aviões, que aumentarão a capacidade para furar as defesas aéreas soviéticas aperfeiçoadas, a Marinha americana tem de conservar sua dianteira sobre os soviéticos em tecnologia anti-submarino, e nossos mísseis baseados em terra, atualmente vulneráveis a ataque pelos novos e mais precisos mísseis soviéticos, têm de ser tornados novamente incólumes.

O fortalecimento militar dos Estados Unidos obrigará os soviéticos a participar de conversações significativas sobre controle de armamento. A economia da União Soviética é fraca, e se ela não concordar com uma limitação de armas os Estados Unidos criarão sérias tensões na economia dela quando tentar igualar a expansão bélica norte-americana.

A dissuasão talvez não seja capaz de preservar a paz para sempre: pode falhar. Têm de ser desenvolvidos esforços na criação de um sistema defensivo capaz de proteger os Estados Unidos de ataques por mísseis. Malgrado ainda não se saiba se tal defesa pode ser criada, os Estados Unidos deverão fazê-lo. Não importa o que custe o sistema de Iniciativa Defensiva Estratégica/Guerra das Estrelas, pois bem valerão os fundos nele empregados.

A União Soviética é um país totalitário, país que tem usado repressão brutal contra seu próprio povo e contra povos sobre os quais adquiriu controle, tal como o Afeganistão que ela invadiu em 1979 e indiretamente em 1981 a Polônia. É um país em que não se pode confiar e que só respeita a força em seus opositores. A superioridade americana em armas nucleares tem mantido a paz nestas três últimas décadas; portanto, os Estados Unidos têm de fazer tudo que for necessário para recuperar tal superioridade.

Desarmar. Consoante esta posição, agora é a hora de insistir em desarmamento. Os Estados Unidos e a União Soviética estão a grosso modo empatados em forças estratégicas (forças capazes de atingir a pátria de cada uma). Com efeito, os Estados Unidos estão à frente da União Soviética em números de ogivas e bombas nucleares, e têm estado sempre à frente sob este ponto de vista. Devido à aproximada paridade agora, ambos os lados poderiam concordar com o desarmamento sem ficarem congelados em posição de inferioridade, algo com que nenhum dos lados concordaria.

Se prosseguir a corrida de armamento, as probabilidades para uma guerra nuclear crescerão muito. As novas armas que continuam a ser criadas agora ou já estão sendo desdobradas no terreno são armas para reagir a um ataque ou para dar o primeiro golpe; isto é, são muito precisas e podem ser usadas para atacar os mísseis e postos de comando do opositor. Quando muitas dessas armas estão em posição de ambos os lados, uma crise entre as duas superpotências poderia facilmente levar uma delas a atacar a outra por medo dessa estar planejando atacá-la. De fato, é provável que a União Soviética fizesse isso, já que a maioria de suas armas nucleares são mísseis com base em terra vulneráveis, ao passo que a maioria das ogivas de combate norte-americanas estão em relativamente invulneráveis submarinos. O pensamento dominante numa crise dessas provavelmente seria "lance-os ou perca-os". Quando se acham desdobradas muitas armas de reação, uma ou ambas as superpotências adotam um sistema de "lance ao ser alertado" (lançam-se os mísseis quando os computadores indiquem que mísseis inimigos estão vindo contra si). Isso seria muito perigoso para o mundo por poder um acidente dar início a uma guerra. Enganos de computadores não são incomuns: em 1979, um computador norte-americano acidentalmente leu uma mensagem gravada, usada para simples verificação do estado do sistema, como sendo um ataque soviético real, e em 1980 uma plaqueta (chip) de silício que custa 46 centavos de dólar funcionou erradamente em um computador americano, fazendo este comunicar que a URSS estaria lançando mísseis contra os Estados Unidos.

Superioridade de armas nucleares tornou-se algo inexpressivo. Nenhum dos lados pode impedir os mísseis do opositor de atingir seus alvos depois de lançados, de sorte que não haverá vencedor em uma guerra nuclear; ambos os lados perderão. Superioridade de armas fazia sentido em guerras passadas, onde um lado podia ganhar e o outro perder, mas as armas nucleares mudaram isso.

A corrida de armamento é assaz cara; um submarino agora custa mais de um bilhão de dólares; o sistema de Guerra nas Estrelas custaria mais de um trilhão de dólares. Tanto os Estados Unidos quanto a URSS têm necessidades sociais nas quais poderiam empregar melhor tais fundos.

A Guerra nas Estrelas representa outro exemplo de má aplicação da fé na tecnologia. Nenhum sistema de mísseis defensivos poderia sustar todos os mísseis atacantes de atingir seus alvos. Mesmo se apenas uns poucos passarem, seria o bastante para destruir os Estados Unidos ou a União Soviética como sociedades modernas.

Aonde nos conduzirá essa escolha de armas? Levará a um avanço para o espaço com armas anti-satélites e postos militares espaciais. Cada espiral da corrida de armamento faz o mundo em que vivemos mais ameaçador e deixa ambos os lados mais temerosos e desconfiados. Vivemos uma época de algum modo parecida com o período imediatamente anterior à Primeira Guerra Mundial, quando uma acumulação de armamentos e alianças militares opostas conduziu a uma guerra que nenhum país queria, guerra essa que acabou sendo muito mais sangrenta do que quem quer que seja tivesse antecipado.

CONCLUSÕES

Este capítulo focalizou os aspectos negativos da tecnologia. Assim o fez porque a maioria dos leitores deste livro provavelmente será de cidadãos de países que já acreditam firmemente nas vantagens da tecnologia. Não é minha intenção solapar essa crença, porque a tecnologia beneficiou seres humanos de maneiras incontáveis, e seu emprego é grandemente responsável pelos elevados padrões de vida dos Estados Unidos e de outras nações industrializadas. Pelo contrário, minha intenção é conseguir uma cautela saudável no emprego da tecnologia. Ignorar seu potencial negativo causou às pessoas no passado e poderia causar males inauditos no futuro. A tecnologia é essencialmente neutra. A maior parte dela não é boa nem má. É o emprego que os seres humanos fazem da tecnologia que determina se ela será sobretudo benéfica ou maléfica.

As nações menos desenvolvidas precisam de tecnologia para ajudá-las a solucionar muitos de seus tremendos problemas. Mas, com freqüência, deveriam utilizar a tecnologia intermédia ao invés da tecnologia superior das nações industrializadas. A tentação de imitar o Ocidente é forte, mas existem provas amplas disso poder ser um engano grave para nações em desenvolvimento. O Terceiro Mundo carece de lembrar que suas condições e necessidades diferem das do Ocidente desenvolvido, e que deve aproveitar da ciência ocidental somente o que for próprio para ele.

As nações industrializadas enfrentam tarefa diferente. Devem tornar-se mais discriminativas em seu emprego da tecnologia, perdendo parte do fascínio com uma fé verdadeiramente infantil na tecnologia. O destino da Terra acha-se agora literalmente em suas mãos, especialmente nas dos Estados Unidos e da União Soviética. A sabedoria ou ausência de sabedoria que eles mostrarem no emprego da tecnologia militar afetará a todos – os atuais habitantes da Terra, tanto humanos como não humanos, e as gerações futuras, que dependem de nossa sensatez para terem oportunidade de experienciar a vida neste planeta.

NOTAS

1. Garrett Hardin, "The Tragedy of the Commons", *Science*, 162, 13 de dezembro de 1968, pp. 1243-1248.
2. Donald J. Puchala, "American Interests and the United Nations", *Political Science Quarterly*, 97, inverno de 1982-3, p. 585.
3. Ver Nigel Calder. *Nuclear Nightmares: An Investigation Into Possible Wars* Nova York, Penguin Books, 1979, cap. 3, "The Nuclear Epidemic", sobre como isso pode ocorrer.
4. Uma descrição de cinqüenta estudos de caso de projetos de desenvolvimento no Terceiro Mundo que tiveram efeitos nocivos e não previstos no ambiente consta do seguinte relato de conferência: M. T. Taghi Farvar e John P. Milton (org.), *The Careless Technology: Ecology and International Development*, Garden City, NY, Natural History Press, 1972.
5. "Ecology". The New Great Chain of Being", *Natural History*, 77, dezembro de 1968, p. 8.
6. Conquanto esse uso tenha sido proibido nos Estados Unidos em 1972, resíduos de DDT ainda podiam ser medidos em gordura e leite materno humanos dez anos depois.
7. Thomas R. Dunlap, *DDT: Scientists, Citizens, and Public Policy*, Princeton, Princeton University Press, 1981, p. 6.
8. *The New York Times*, edição nacional, 1º de julho de 1982, p. 10.
9. Jim Mason e Peter Singer, *Animal Factories*, Nova York, Crown Publishers, 1980, p. 53. Sobre efeitos nos consumidores, nos fazendeiros, e nos próprios animais por usarem métodos fabris para criar animais para consumo humano, ver também Peter Singer, *Animal Liberation: A New Ethics for Our Treatment of animals*, Nova York: New York Review, 1975 cap. 3.
10. Donella H. Meadows, et al., *The Limits of Growth*, 2ª ed., Nova York, Universe Books, 1974, p. 147.
11. Para discussão mais ampla das conseqüências não previstas da ajuda norte-americana ao xá, ver John L. Seitz, "The Failure of US Technical Assistance in Public Administration: The Iranian Case", Public Administration Review, 40, Setembro/outubro de 1980, pp. 407-13.
12. E.F. Schumacher, *Small Is Beautiful: Economics as if People Mattered*, Nova York, Harper and Row, 1973.
13. Emma Rotschild, *Paradise Lost: The Decline of the Auto-industrial Age*, Nova York, Random House, 1973, p. 119.
14. Ver, por exemplo, Suzanne Arms, *Immaculate Deception: A New Look at Women and Chilbirth in America*, Nova York, Bantam Books, 1977; Dr Robert A Bradley, *Husband-Coached Chilbirth*, Nova York, Harper Row, 1974; Gena Corea, "The Caeserean Epidemic", *Mother Jones,* julho de 1980; Barbara K. Rothman, "Midwives in Transition: The Structure of a Clinical Revolution", *Social Problems* 30, fevereiro de 1983, pp. 262-271; Neal Devitt, "The Transition from Home to Hospital Chilbirth in the United States, 1930-1960", *Birth and the Family Journal*, 4, verão de 1977, pp. 47-58.

15. Dr. John S Miller, "Foreword" *in* Lester D. Hazell, *Commonsense Childbirth*, Nova York, Berkley Books, 1976, p. x.
16. Hardin, "The Tragedy of the Commons", p. 1243.
17. John R. Luoma, "The $ 33 Billion Misunderstanding", *Audubon*, 83, novembro de 1981, pp. 111-27.
18. Este "hiato dos mísseis", seguido pelos soviéticos, podia ter sido a razão para porem mísseis em Cuba em 1962, o que levou à crise dos mísseis de Cuba, a primeira aproximação mundial da iminência de guerra nuclear. A humilhação sofrida pela URSS, quando teve que retirar seus mísseis de Cuba, talvez tenha levado à sua recente grande estocagem de armas nucleares, que provocou intensa preocupação nos Estados Unidos.
19. Um trem transportando um milhão de toneladas de TNT teria 400 quilômetros de comprimento.
20. Jonathan Schell, *The Fate of the Earth*, Nova York, Avon Books, 1982.
21. Para discussão mais ampla dos efeitos de uma guerra nuclear ver ibid., capítulo 1; e Ruth Adams e Susan Cullen (org.), *The Final Epidemic: Physicians and Scientists on Nuclear War*, Chicago, Bulletin of the Atomic Scientists, 1981. Para discussão mais ampla das mudanças climáticas - conhecida como tese de "inverno nuclear" - capaz de ocorrer após uma guerra nuclear, ver Carl Sagan, "Nuclear War and Climatic Catastrophe: Some Policy Implications", *Foreign Affairs*, 62, inverno de 83/84, pp. 257-92; Thomas F. Malone, "International Scientists on Nuclear Winter", *Bulletin of the Atomic Scientists*, 41, dezembro de 1985, pp. 52-5; e Atarley Thompson e Stephen Schneider, "Nuclear Winter Reappraised", *Foreign Affairs*, 64, verão de 1986, pp. 981-1005.
22. Para uma discussão interessante da atitude negativa americana em face da defesa civil, ver Freeman Dyson, *Weapons and Hope*, Nova York, Harper and Row, 1984, especialmente capítulo 8.
23. Schell, *The Fate of the Earth,* p. 93.

7. Futuros alternativos

> Em assuntos humanos, o futuro *lógico*, determinado pelas condições presentes e passadas, é menos importante do que o futuro *desejado*, que é em grande parte fruto de escolhas deliberadas - tomadas pela livre vontade do homem.
>
> René Dubos (1901-1982)

Para onde nos está levando o desenvolvimento? O que se pode dizer acerca do futuro? Provavelmente a coisa mais sábia que se pode dizer é que o futuro é intrinsecamente incognoscível; não pode ser predito. Se é assim - e os melancólicos antecedentes das predições passadas levam-nos a acreditar que o seja -, então pode-se indagar: "Faz sentido pensar acerca do futuro, afinal?" Responderei: "Sim, faz." Embora a complexidade da vida e das forças naturais torne indiscernível o futuro, as ações humanas podem tornar um futuro mais provável do que um outro. É essa capacidade para influir no futuro que nos diz respeito neste capítulo final.

Se pudermos identificar algumas das tendências e movimentos capitais do passado e do presente, poderemos dar um palpite esclarecido sobre para onde nos estamos encaminhando. E se os seres humanos não gostam da direção que o mundo tem tomado, podem examinar seus comportamentos individuais e as orientações do governo para decidir se devem ser modificados, de modo a contribuir para um futuro mais desejável. René Dubos, o famoso bacteriologista, ajudou a cunhar a frase "Pense globalmente, aja localmente". Esta é a maneira, segundo Dubos, pela qual um indivíduo pode ajudar a produzir um futuro desejável. Um dos temas centrais deste livro, que você está prestes a terminar de ler, é que a política - o processo empregado por uma sociedade para alcançar metas comumente desejadas e a solucionar conflitos entre grupos com interesses diversos - também exercerá papel central na determinação de como será o futuro.

Dentre os muitos futuros possíveis com que a raça humana se defronta na Terra, três parecem mais prováveis de apresentar-se: juízo final, crescimento e estabilização. Alguma catástrofe pode conduzir à morte de centenas de milhões de pessoas; o crescimento econômico pode prosseguir pelo futuro afora; ou o mundo pode alcançar um equilíbrio no crescimento de sua população, utilização de recursos e produção de bens. Claro, poderia haver uma combinação de dois desses ou de todos os três. Por exemplo, uma parte do mundo pode experimentar vida mais dura no futuro, enquanto outra prossiga expandindo-se economicamente. Ou parte do mundo poderia alcançar a estabilidade, enquanto outra prossegue crescendo. No resto deste capítulo examinaremos o que os mais importantes propugnadores dessas três opiniões têm a dizer e terminaremos com minha avaliação do futuro.

RUÍNA

Atualmente há diversos escritos prevenindo que se a humanidade não modificar seus modos algum tipo de desastre ocorrerá no futuro. A finalidade implícita ou explícita da maioria desses autores é ajudar a evitar o esperado desastre sugerindo modificações no comportamento humano ou na política. Assim, esses trabalhos não são deveras predições do que o futuro será, mas antes do que poderia ser caso prossiga a atual tendência. Os desastres mais amiúde debatidos são os causados por guerra nuclear, carência de alimentos, poluição, superpovoamento e o esgotamento de recursos não-renováveis.

Guerra Nuclear

Jonathan Schell em *O destino da terra*[1] é provavelmente o autor mais conhecido atualmente que sustenta que o sistema de nações-Estados, com sua competição entre grandes nações equipadas com armas nucleares e com a proliferação de armas nucleares pelo Terceiro Mundo, está conduzindo o mundo para uma guerra nuclear. Schell argumenta, conforme foi assinalado com maior minúcia no capítulo 6 sobre tecnologia, que uma tal guerra poderia acarretar a extinção da vida humana em nosso planeta.

Poluição, Fomes, Superpopulação, Esgotamento de Recursos

Desde os primeiros anos da década de 60, vários livros amplamente divulgados foram escritos prevendo algum tipo de desastre a caminho por causa da poluição industrial, escassez de comida, superpopulação.

Um dos primeiros foi *Silent Spring*, de Rachel Carson, que predisse a morte prematura dos seres humanos e outros animais devido ao uso crescente de pesticidas e outros produtos químicos.[2] Outro livro que recebeu quase tanta divulgação quanto o de Carson foi *The Population*

Bomb, de Paul Ehrlich. Ehrlich enunciou a ameaça da superpopulação nos seguintes termos:

> A batalha para sustentar toda a humanidade terminou. Nos anos 70 e 80 centenas de milhões de pessoas morrerão à míngua, a despeito de quaisquer programas concentrados e urgentes até agora iniciados ... nenhuma mudança de comportamento ou tecnologia pode salvar-nos a menos que possamos controlar o tamanho da população humana. A taxa de natalidade tem de ser equilibrada com a de mortalidade ou a humanidade em breve se conduzirá para o olvido.[3]

Outro livro muito conhecido foi *Os limites do crescimento*, uma espécie de relatório do Clube de Roma, um grupo privado interessado nos problemas mundiais. O relatório baseou-se em uma análise por computador da situação do mundo realizada por uma equipe de pesquisa do Instituto Tecnológico de Massachusetts (MIT). Ressalta que a Terra é finita e que existem limites claros para seu solo arável, os recursos não-renováveis, e para a capacidade para absorver poluição. A principal conclusão do estudo foi a seguinte:

> Se continuarem imutáveis as tendências de crescimento mundial atuais da população, industrialização, poluição, produção de alimentos e esgotamento de recursos, os limites para crescimento neste planeta serão alcançados em algum momento dos próximos cem anos. O resultado mais provável será um declínio súbito e incontrolável tanto da população quanto da capacidade industrial. É possível alterar essas tendências de aumento e estabelecer uma condição de estabilidade ecológica e econômica que seja sustentável até bem adiante no futuro.[4]

Um segundo relatório do Clube de Roma, em 1974, chamado *A humanidade no ponto de inflexão*,[5] prevê um analogamente deprimente futuro para o mundo a continuarem as presentes tendências; mas, ao invés de predizer a ocorrência de um colapso mundial, conforme *Os limites do crescimento* fizera, vaticinou que desastres e condições deterioradas regionais levariam à guerra.

No final dos anos 70, o governo norte-americano levou a cabo um estudo trianual de como o mundo virá a ser no ano 2000 a continuarem as tendências atuais. As conclusões do *Relatório Global 2000 para o presidente* foram compatíveis com as dos anteriores estudos do Clube de Roma:

> A prosseguirem as tendências atuais, o mundo em 2000 estará mais apinhado, mais poluído, menos estável ecologicamente e mais vulnerável ao dilaceramento, do que o mundo em que vivemos agora. Tensões graves

envolvendo população, recursos e ambientes estão bem visíveis à frente. A despeito de maior produção material, a população do mundo estará mais pobre em muitos aspectos do que está hoje.

Para centenas de milhões dos desesperadamente pobres, a perspectiva de comida e outras necessidades da vida não estará melhor. Para muitos, estará pior. Salvo por conquistas revolucionárias da tecnologia, a vida para a maioria das pessoas na Terra será mais precária em 2000 do que o é agora - a menos que as nações do mundo ajam decisivamente para alterar as tendências atuais.[6]

O cenário de juízo final é visto claramente em um importante livro didático do final da década de 70, *Ecoscience*, de Paul Enrlich, Anne Ehrlich e John Holdren. A verossimilhança das deficiências próximas que levariam à guerra é um tópico central de sua conclusão:

[Nosso] breve levantamento das dimensões do apuro alvitra uma perspectiva sombria para as décadas vindouras. Um conjunto contínuo de carências é provável - alimentos, energia, matérias-primas -, gerando não só aumentos indiretos no sofrimento e privação dos seres humanos, mas também aumento da tensão política e (pervertidamente) capacidade aumentada dos recursos militares dos países menos desenvolvidos para resolver suas frustrações de forma agressiva. O apelo à ação militar é possível, não apenas no caso dos países menos desenvolvidos que não estão dispostos a sofrer quietos, mas, com igual ou até maior probabilidade, no caso de potências industrializadas, cujo padrão de vida elevado esteja ameaçado pela negação de recursos externos.[7]

Uma previsão pessimista para o futuro da humanidade levou alguns autores a sugerir políticas destinadas a lidar com tais situações. Uma chamada "triagem" foi discutida em *Famine-1975!* por Williams e Paul Paddock.[8] Triagem foi um processo empregado na Primeira Guerra Mundial, quando os médicos de hospitais de campanha tinham de decidir quais dos muitos feridos receberiam a limitada atenção médica disponível. Os feridos foram divididos em três categorias. A primeira eram os soldados apenas levemente feridos e, que conquanto com dores, provavelmente sobreviveriam mesmo sem ser tratados. A segunda categoria consistia de soldados tão seriamente feridos que, mesmo recebendo cuidados médicos, provavelmente morreriam. Na terceira categoria estavam os soldados feridos graves que podiam provavelmente ser salvos desde que tratados pelos médicos. Foi para esta categoria que os médicos militares voltaram primeiro suas atenções. Os irmãos Paddock recomendaram que os Estados Unidos colocassem os países do mundo que pediam ajuda de comida em três categorias análogas às do processo de triagem e dessem ajuda apenas aos da terceira categoria, isto é, aos que tinham uma boa probabilidade de progredir para um estado apto a sobreviver pelos próprios esforços, caso recebessem alguma ajuda.

"Ética do bote salva-vidas" é uma orientação alvitrada pelo biólogo Garrett Hardin em um mundo de países desesperadamente pobres e superpovoados.[9] Hardin usou a metáfora dos botes em alto-mar, alguns dos quais ameaçados de serem abarrotados por pessoas que estão na água tentando entrar. Segundo Hardin, as pessoas dentro dos barcos salva-vidas, que não estão completamente lotados, têm três opções. A primeira é receber todos que queiram subir a bordo; mas isso faria com que o bote afundasse e todos morressem afogados. A segunda escolha é receber apenas uns poucos para encher os lugares vazios; isso, porém, acarretaria a perda da pequena margem de segurança, além de uma decisão muito difícil a respeito de quem deveria ser escolhido. A terceira opção é não receber mais ninguém a bordo e defender-se contra os grupos que tentassem subir para o bote. Harding viu as nações ricas do mundo como barcos parcialmente lotados e as nações pobres em botes apinhados com pessoas caindo n'água, devido à sua incapacidade para controlar o aumento da carga de gente. Harding recomenda a terceira escolha para os Estados Unidos. Admite ser isso provavelmente injusto, mas aconselha aos que se sentirem culpados que troquem de lugar com os que estão dentro d'água. Esforços bem-intencionados, porém mal-orientados dos Estados Unidos para socorrer países pobres, tais como dar-lhes alimentos durante crises de fome prolongadas, podem levar a mais sofrimento a longo prazo. A ajuda de alimentos de emergência contribui para no final haver uma população ainda maior e, por isso, uma crise mais grave no futuro.

CRESCIMENTO

Julian Simon, professor de Comércio na Universidade de Maryland, é um dos principais porta-vozes da segunda posição sobre o futuro, de que o crescimento econômico prosseguirá e assim deve continuar indefinidamente pelo futuro afora. A seguir, um sumário do raciocínio que Simon apresenta em seu livro *The Ultimate Resource.*[10]

Recursos naturais não são finitos em nenhuma acepção econômica real. Quando existe uma escassez temporária de mineral, os preços sobem e isso estimula novos esforços para encontrar mais minério e métodos mais eficientes para processá-lo. O preço mais elevado também conduz à procura de sucedâneos capazes de proporcionarem o mesmo serviço que o mineral temporariamente em falta. Com efeito, o custo da maioria dos minerais tem de fato estado decrescendo, de sorte que realmente eles estão ficando menos escassos ao invés de mais escassos. Há vastos depósitos de minerais no mar e até na Lua, ainda não aproveitados. Não é preciso conservar recursos naturais por causa das necessidades de gerações futuras ou de nações pobres. O atual consumo de recursos naturais estimula a produção deles e melhora a eficiência com que são produzidos. Ambos esses desenvolvimentos ajudarão as gerações futuras. Nações pobres não são ajudadas pelas ricas quando utilizam menos recursos; o de que as nações pobres carecem é crescimento econômico e esse crescimento depende de sua utilização crescente dos recursos.

Assim como com os recursos naturais, o futuro a longo prazo da energia parece bastante promissor. À parte temporários aumentos de preços provocados por manobras políticas de alguns países, a tendência a longo prazo do custo da energia tem sido descendente. Trabalho extraordinário, o trabalho de uma hora a mais, tem comprado mais em vez de menos eletricidade. Isso quer dizer que a energia tem se tornado menos escassa ao invés de mais escassa. É provável que uma população em expansão acelerará o surto de fontes de energia barata quase inesgotáveis. No passado, a crescente demanda de energia levou ao descobrimento de novas fontes, de novos tipos de energia, e de processos de extração aperfeiçoados. Não há razão para tal tendência não prosseguir no futuro. Grande parte do mundo nem sequer foi ainda sistematicamente explorada em busca de petróleo.

É verdade que quanto mais desenvolvida se torna uma economia tanto mais poluição ela gera, mas de modo global vivemos em um meio mais saudável do que em qualquer outro tempo. O melhor indicador do nível de poluição é a duração de vida, indicada pela expectativa média de vida da população. A expectativa de vida está aumentando, e não diminuindo, pelo mundo afora. Nos Estados Unidos e em outras nações desenvolvidas ela tem subido nestes últimos séculos, e nas nações menos desenvolvidas nestas últimas décadas. Conquanto uma renda crescente em um país amiúde signifique mais poluição, também quer dizer maior desejo de limpar a poluição e capacidade crescente de pagar para fazê-lo. Se não se acreditar nisso, pode-se comparar a limpeza das ruas dos países ricos com a dos pobres.

A partir da Segunda Guerra Mundial, a situação de comida *per capita* do mundo tem melhorado. Tornaram-se mais raras as crises de fome durante este último século. O preço do trigo caiu a longo prazo. A tendência para cereais mais baratos deve prosseguir no futuro. Globalmente, a nutrição vem melhorando e não há razão para não prosseguir indefinidamente a melhorar no futuro. A quantidade de terra agriculturável do planeta vem crescendo, especialmente com a difusão da irrigação. A área de terra arável provavelmente continuará a crescer e não é irrealista imaginar a possibilidade de conseguir-se terra em outros planetas. A colonização do espaço não é um sonho impossível.

Mais crianças representam custos para a sociedade a curto prazo, mas a longo prazo elas se tornam produtores, contribuindo com muito mais do que consomem. Tanto para os países desenvolvidos quanto para os não desenvolvidos, uma população moderadamente crescente tende a conduzir a um padrão de vida mais elevado no futuro do que uma população estacionária ou em rápido crescimento. Quando nascem mais crianças, pais e mães trabalham mais arduamente e gastam menos tempo para o lazer. Também, uma população maior significa um maior mercado que possibilita economias de escala; isto é, as indústrias podem adotar processos mais eficientes, já que estão produzindo mais produtos para mais compradores.

Estudos antigos sobre o comportamento animal têm sido citados como prova de ser insalubre o amontoamento, tanto psicológica quanto socialmente, para os seres humanos. Isso é provavelmente verdadeiro para animais, mas não para seres humanos. O isolamento é que faz mal a seres humanos, não a aglomeração. Com efeito, uma população densa torna necessário e econômico um sistema de transportes eficiente. Tal sistema é indispensável ao crescimento econômico. Uma população densa também melhora as comunicações, algo que qualquer um pode perceber comparando um jornal de uma cidade grande com outro produzido em uma cidadezinha. Uma população crescente estimula a adoção de tecnologia existente e a busca de nova tecnologia, assim como a procura e produção de novos recursos naturais e energia.

A questão capital que a gente se deve propor ao pensar na população é: que valor se atribui à vida humana? Quem pode afirmar que a vida de uma pessoa pobre não tem valor? Quem pode dizer que um país de cinqüenta milhões de pessoas com uma renda anual *per capita* de quatro mil dólares é melhor do que um outro com cem milhões de pessoas e renda *per capita* de 3.000 dólares? O mais importante recurso de que dispomos na Terra é a mente humana. Ela é a fonte do saber. Quanto mais mentes humanas tivermos, tanto mais conhecimentos teremos para solucionar os problemas com que nos defrontamos.

ESTADO ESTACIONÁRIO

Lester Brown, diretor do Instituto Worldwatch, grupo de pesquisa consagrado à análise de problemas globais, é considerado um dos mais destacados porta-vozes em favor da terceira posição, de que o mundo pode e deve conseguir uma sociedade estável ou estacionária no futuro. Brown acha que o crescimento econômico está solapando a capacidade da Terra para sustentar a vida. Seu livro, *Building a Sustainable Society*,[11] foi publicado em 1981, o mesmo ano em que veio à luz o livro de Julian Simon. A seguir, veremos um sumário de como seria uma sociedade estável, segundo Brown.

O crescimento da população não pode prosseguir indefinidamente em um planeta finito. As nações do mundo deveriam esforçar-se para alcançar uma população relativamente estável de cerca de seis bilhões até o ano 2000, ao invés de deixá-la alcançar os dez bilhões que a ONU e o Banco Mundial agora projetam como vindo a ser atingidos antes da população estabilizar. Com a orientação correta, não há razão para não ser alcançado o dado menor. Mesmo com seis bilhões de pessoas o mundo será duramente pressionado para manter condições decentes para todos. Os esforços humanos devem ser focalizados em melhorar a condição humana, e isso exige uma população estável.

Numa sociedade de Estado estacionário a população não ficará concentrada em vastos centros urbanos como está agora, mas amplamente dispersada por comunidades relativamente menores, próximo de fontes de energia renovável. Essas comunidades, assim como indivíduos e nações, adquirirão maior autoconfiança; dependerão menos de outros para sua prosperidade do que ocorre atualmente.

Energia renovável, cuja fonte última é o Sol, predominará em uma sociedade estacionária. O sistema econômico será reprojetado de modo a reduzir as necessidades de energia. O suprimento declinante de petróleo será preservado, desempenhando as atuais atividades mais eficientemente e eliminando certas atividades desnecessárias. Planejamento melhor em nível de comunidade e pessoal reduzirá o uso do automóvel; viajar-se-á mais de trem e ônibus.

Haverá uma ressurreição da agricultura na sociedade estacionária, já que ela será usada para plantar culturas energéticas, tanto quanto para produzir alimentos e forragem, assim como fibras. A tendência do Terceiro Mundo será administrar a terra mais intensamente pela utilização de mais mão-de-obra. Grandes propriedades de terra, como são agora comuns no Terceiro Mundo, serão fragmentadas.

Uma rede de âmbito mundial de Reservas da Biosfera ajudará a proteger as espécies em seus habitats naturais. A Organização Educacional, Científica e Cultural da ONU [UNESCO] já decidiu ajudar a criar essas reservas.

Planejamento nacional de utilização da terra e de combate à erosão protegerá terras boas para plantio em um Estado estacionário. Excesso de pastoreio dos animais e pescaria excessiva serão sustados e haverá normas para maximizar uma produção sustentável. O replantio de árvores em grande escala reverterá o desmatamento e produzirá importantes benefícios econômicos e ecológicos.

Uma sociedade onde se joga tudo fora nas nações ricas, que repete por toda parte a obsolescência planejada de produtos, será substituída por outra onde se destaquem a durabilidade dos produtos e a reciclagem de materiais usados. Esta modificação reduzirá enormemente os desperdícios, a utilização de energia e a inflação.

Globalmente, os fundos gastos em Pesquisa e Desenvolvimento estão agora dominados por despesas militares. Isso provavelmente terá de mudar para ser estabelecida uma sociedade de Estado estável. Imensas somas de capital de investimento, tanto públicas quanto privadas, serão necessárias para financiar a transição para um Estado estável - fundos para projetos ligados à energia, programas de estabilização da população, conservação do solo e reflorestamento.

Os valores dominantes em uma sociedade estável serão expressamente diferentes dos comuns no mundo desenvolvido de hoje. Uma mudança do atual desejo de dominar a natureza será substituído por um desejo de viver em harmonia com a natureza. Esta alteração gerará uma nova reverência pela Terra. A questão da eqüidade - isto é, uma justa distribuição da riqueza dentro e entre as sociedades - receberá nova atenção em uma sociedade de estado constante. Pois a afluência, o materialismo - a busca de felicidade pela contínua aquisição de novos bens materiais - serão substituídos por uma nova ética de voluntária simplicidade, que limitará a aquisição de bens apenas à satisfação de necessidades fundamentais. O foco da vida será posto no desenvolvimento pessoal de cada um, o que abrange o melhoramento das relações humanas e a consecução de crescimento intelectual e espiritual.

CONCLUSÕES

Poderia o porvir do mundo conter partes de todas as três alternativas futuras apresentadas neste capítulo? Creio que poderia. Os riscos apresentados pela alternativa do "juízo final" são reais. Alguns deles já se manifestaram em partes da Terra, tal como a superpopulação da Índia e China, fome na África, e envenenamento tóxico nos Estados Unidos. A ameaça de guerra nuclear é largamente admitida. Se não se agir para reduzir a ameaça nuclear, reduzir o crescimento demográfico nas nações mais pobres, e pôr fim a certas formas de deterioração do ambiente, é possível que uma imensa perda de vidas ocorra no futuro. O aspecto positivo do cenário do juízo final é provocar nosso reconhecimento de perigos reais e levar-nos a tentar impedi-los de se concretizarem. O aspecto negativo desse futuro imaginado é que em certas pessoas poderá debilitar a vontade de agir. Isso as assusta tanto que literalmente desistem do futuro, tornando-se deprimidos, insensíveis ou inclinados a viver apenas para o presente. Exagerar na pregação do juízo final pode virar uma profecia auto-realizável, caso seu efeito seja desestimular a ação.

O futuro com "crescimento" parece ser bom para servir de objetivo às nações em desenvolvimento. Elas precisam de mais crescimento econômico a fim de elevar seus padrões de vida. Tentar conseguir uma distribuição mais igualitária de renda em muitos desses países hoje em dia, sem crescimento, iria criar tremenda agitação política e provavelmente traria escasso benefício para suas sociedades, já que em muitos desses países não existe muita riqueza para redistribuir. Sustentar que esses países não deveriam crescer economicamente seria condená-los a viver para sempre em sua atual pobreza. Mas advogar mais crescimento econômico para as nações menos desenvolvidas não nega a necessidade para muitas dessas nações lograrem melhor distribuição de renda. A abordagem de crescimento eqüitativo, apresentada no capítulo 1, encerra a possibilidade de tanto crescimento quanto eqüidade poderem ser alcançados no Terceiro Mundo. E advogar mais crescimento econômico para as nações menos desenvolvidas não nega sua necessidade vital de reduzir o crescimento demográfico e mudar para uma população mais estável.

Porém, será que crescimento econômico faz sentido nas nações desenvolvidas? Hoje em dia é impopular alvitrar que não, mas este talvez seja o caso na realidade. O desejo das nações ricas para adquirir cada vez mais posses materiais impôs uma distorção no planeta. Este livro tem procurado documentar essa distorção. As nações desenvolvidas conquistaram para seus cidadãos a meta que somente reis e rainhas podiam alcançar no passado - conforto material, abundância de alimento, vida relativamente longa e lazer. Mas esses países estão constatando ser muito difícil aprender quando o bastante é suficiente. A obsessão com o materialismo foi condenada por muitas das grandes religiões do mundo, porém ainda é uma idéia fixa para muitos homens. Não é difícil reconhecer não ser saudável tal obsessão - para o indivíduo e para o planeta - e que seres humanos carecem de uma meta diferente para suas vidas. Aleksandr Soljenitsyn, o grande autor russo do século XX, acredita que essa meta deveria ser "a busca de valioso crescimento espiritual" ao invés de busca de sucesso material.[12]

O futuro do Estado estável parece ser aquele pelo qual as nações deveriam esforçar-se, já que vivemos em um mundo no qual alguns dos recursos necessários à vida são finitos. Um mundo estável não significaria ausência de crescimento, mas o crescimento a ser ressaltado seria intelectual, moral e espiritual ao invés de crescimento com objetivos materiais. Isso não significa o fim do esforço para encontrar melhores maneiras de fazer as coisas, ou o término da busca de novas soluções para os problemas humanos. Os seres humanos carecem de desafios; uma sociedade estável deve contê-los.

Embora seja escassa a esperança de no presente as nações desenvolvidas adotarem o Estado estável como sua meta, ou sequer alimentarem um interesse pela possibilidade disso, ele poderá chegar. Os Estados Unidos já estão se voltando para uma economia na qual as ocupações que empreguem novos conhecimentos serão em breve mais comuns do que as do pessoal que usa macacão azul.[13] E quase todas as nações industrializadas já alcançaram uma taxa de natalidade no ou abaixo do nível de recompletamento, conduzindo assim a uma população relativamente estável em futuro não demasiadamente distante.

E há lentamente crescente consciência nas nações desenvolvidas - tanto quanto em partes do Terceiro Mundo - de que seres humanos precisam viver em harmonia com a natureza, abandonando sua compulsividade para dominá-la. Para pessoas que ainda não estejam assim conscientizadas, um dos melhores meios para aprender isso é a experiência pessoal. Quando aprendem, por exemplo, que a água que têm estado bebendo contém produtos químicos cancerígenos, aprendem uma lição sobre ecologia melhor do que qualquer compêndio poderia ensinar-lhes. Os seres humanos também podem aprender recorrendo a seu raciocínio; seu uso desta capacidade pode tornar menos necessária a experiência pessoal como ferramenta de ensino. De qualquer forma, porém, seres humanos podem aprender e de fato aprendem e mudam seus modos de agir quando sua própria sobrevivência depende disso.

Não sabemos se existe vida alhures no universo. Pode existir, em alguns planetas em volta dos bilhões de estrelas de nossa galáxia ou nos bilhões de outras galáxias. Mas até onde sabemos, somos a única vida existente. Em uma situação assim, conservar a vida neste planeta e aperfeiçoar a condição humana tem de ser a meta do desenvolvimento. Nenhuma outra servirá.

NOTAS

1. Jonathan Schell, *The Fate of the Earth,* Nova York, Avon Books, 1982.
2. Rachel Carson, *Silent Spring*, Greenwich, Connecticut, Fawcett Books, 1962.
3. Paul Ehrlich, *The Population Bomb*, edição revista, Nova York, Ballantine Books, 1971, pp. XI-XII.

4. Donella Meadows et al., *The Limits to Growth*, 2ª ed., Nova York, Universe Books, 1974, p. 24.
5. Mihajlo Mesarovic e Eduard Pestel, *Mankind at the Turning Point*, Nova York, New American Library, 1974.
6. Council on Environmental Quality and the Department of State, *The Global 2000 Report to the President*, vol. 1, Nova York, Penguin Books, 1982.
7. Paul R. Ehrlich, Anne H. Ehrlich e John P. Holdren, *Ecoscience: Population, Resources, Environment*, São Francisco: W.H. Freeman, 1977, p. 5.
8. William Paddock e Paul Paddock, *Famine-1975!*, Boston: Little, Brown, 1967, cap. 9.
10. Julian Simon, *The Ultimate Resource*, Princeton, Princeton University Press, 1981.
11. Lester Brown, *Building a Sustainable Society*, Nova York, W.W. Norton, 1981.
12. Aleksandr Soljenitsyn, "Men Have Forgotten God", *National Review*, 22 de julho de 1983, p. 876.
13. *New York Times*, 15 de agosto de 1986, p. 26. Para um exame de algumas dessas tendências, ver também John Naisbitt, *Megatrends: Ten New Directions Transforming Our Livre*, Nova York, Warner Books, 1982.

Bibliografia Selecionada

Adams, Ruth e Susan Cullen (orgs.), *The Final Epidemic: Physicians and Scientists on Nuclear War* (Chicago: Bulletin of the Atomic Scientists, 1981).

Adelman, Irma e Cynthia Taft Morris, *Economic Growth and Social Equity in Developing Countries* (Stanford, Cal.: Stanford University Press, 1973).

Albright, David, "Chernobyl and the US Nuclear Industry," *Bulletin of the Atomic Scientists,* 42 (novembro 1986), pp. 38-40.

Arms, Suzanne, *Immaculate Deception: A New Look at Women and Childbirth in America* (Nova York: Bantam Books, 1977).

Barnet, Richard, *The Lean Years: Politics in the Age of Scarcity* (Nova York: Simon and Schuster, 1980).

Berger, Peter, "Underdevelopment Revisited," *Commentary*, 78 (julho 1984), pp. 41-5.

Bernstein, Jeremy, "Recreating the Power of the Sun," *New York Times Magazine* (3 de janeiro de 1982), pp. 14-53.

Brown, Lester R., *The Twenty-ninth Day* (Nova York: W.W. Norton, 1978).

____, *Building a Sustainable Society* (Nova York: W.W. Norton, 1981).

____, Edward Wolf, "Food Crisis in Africa," *Natural History*, 93 (junho, 1984), pp. 16-20.

____, et al., *State of the World* (Nova York: W.W. Norton, anual).

Brown, Michael, *Laying Waste: The Poisoning of America by Toxic Wastes* (Nova York: Pantheon Books, 1980).

Calder, Nigel, *Nuclear Nightmares: An Investigation Into Possible Wars* (Nova York: Penguin Books, 1979).

Carson, Rachel, *Silent Spring* (Greenwich, Conn.: Fawcett Books, 1962).

Commoner, Barry, *The Closing Circle* (Nova York: Alfred Knopf, 1971).

____, *The Politics of Energy* (Nova York: Alfred Knopf, 1979).

Council on Environmental Quality, *Global Energy Futures and the Carbon Dioxide Problem* (Washington, DC: Council on Environmental Quality, 1981).

____, and the Department of State, *The Global 2000 Report to the President: Entering the Twenty-first Century*, vol. 1 (Washington, DC: US Government Printing Office, 1980; Nova York: Penguin, 1982).

____, *Global Future: Time to Act* (Washington, DC: US Government Printing Office, 1981).

Crictcfield, Richard, *Villages* (Garden City, NY: Anchor Press/Doubleday, 1981).

____, "Science and the Villager: The Last Sleeper Wakes," *Foreing Affairs*, 61 (outono de 1982), pp. 14-41.

Darmstadter, Joel, "Economic Growth and Energy Conservation: Historical and International Lessons," Reprint no. 154 (Washington, DC: Resources for the Future, 1978).

Deese, David A. e Joseph S. Nye (org.) *Energy and Security* (Cambridge, Mass.: Ballinger, 1981).

Deudney, Daniel e Christopher Flavin, *Renewable Energy* (Nova York: W.W. Norton, 1983).

De Walt, Billie, "The Cattle Are Eating the Forest," *Bulletin of the Atomic Scientists*, 39 (janeiro 1983), pp. 18-23.

Dubos, René, "A Celebration of Life," *First-Class, World Wide*, 1 (abril, 1982), pp. 9 e 102.

Dunlap, Thomas R., *DDT: Scientists, Citizens, and Public Policy* (Princeton, Nj: Princeton University Press, 1981).

Durant, Mary, "Here We Go A-Bottling" [recycling], *Audubon*, 88 (maio de 1986), pp. 32-5.

Dyson, Freeman, *Weapons and Hope* (Nova York: Harper and Row, 1984).

Eckholm, Erik P. *Down to Earth: Environment and Human Needs* (Nova York: W.W. Norton, 1982).

Egginton, Joyce, "The Long Island Lesson" [polluting the ground water], *Audubon* 83 (julho 1981), pp. 84-93.

____, "Just a Farm Story" [toxyc waste incinerators and agriculture], *Audubon*, 87 (novembro 1985), pp. 134-43.

Ehrlich, Paul R. and Anne H. Ehrlich, *Extinction* (Nova York: Random House, 1981).

____, e John P. Holdren, *Ecoscience: Population, Resources, Environment* (San Francisco: W.H. Freeman, 1977).

Eicher, Carl, "Facing Up to Africa's Food Crisis," *Foreign Affairs*, 61 (outono de 1982), pp. 151-74.

Farvar, M. Taghi and John Milton (org.), *The Careless Technology: Ecology and International Development* (Garden City, NY: Natural History Press, 1972).

Freed. Stanley e Ruth Freed, "One Son Is No Sons," *Natural History*, 94 (janeiro 1985), pp. 10-15.

Freeman, Christopher e Marie Jahoda (org.), *World Futures: The Great Debate* (Nova York: Universe Books, 1978).

Green, Harold, "The Peculiar Politics of Nuclear Power," *The Bulletin of the Atomic Scientists*, 38 (dezembro, 1982), pp. 59-65.

Guppy, Nicholas, "Tropical Deforestation: A Global View," *Foreign Affairs*, 62 (primavera de 1984), pp. 928-65.

Halle, Louis, "A Hopeful Future for Mankind," *Foreign Affairs*, 58 (verão de 1980), pp. 1129-36.

Hardin, Garrett, "The Tragedy of the Commons," *Science*, 162 (13 de dezembro de 1968), pp. 1243-8.

____, "Living on a Lifeboat," *Bioscience*, 24 (outubro, 1974), pp. 561-8.

Holdren, John P., "Nuclear Power and Nuclear Weapons: The Connection is Dangerous," *Bulletin of the Atomic Scientists*, 39 (janeiro, 1983), pp. 40-5.

Hopkins, Raymond, Robert Paarlberg, e Mitchel Wallerstein, *Food in the Global Arena: Actors, Values, Policies and Futures* (Nova York: Holt, Rinehart and Winston, 1982).

Insel, Barbara, "A World Awash in Grain," *Foreign Affairs*, 63 (primavera de 1985), pp. 892-911.

Jackson, Henry, "The African Crisis: Drought and Debt," *Foreign Affairs*, 63 (verão de 1985), pp. 1081-94.

Kellogg, William e Robert Schware, "Society, Science and Climate Change," *Foreign Affairs*, 60 (verão de 1982), pp. 1076-1109.

Kramer, Mark, *Three Farms: Making Milk, Meta and Money from the American Soil* (Boston: Little, Brown, 1980).

La Bastille, Anne, "Heaven, Not Hell" [Development in the Amazon Basin], *Audubon*, 81 (novembro, 1979), pp. 68-103.

Lappé, Frances Moore e Joseph Collins, *Food First: Beyond the Myth of Scarcity* (Nova York: Ballantine Books, 1978).

Levine, Adeline, *Love Canal: Science, Politics and People* (Lexington, Mass.: Lexington Books, 1982).

Lewis, W. Arthur, "The State of Development Theory," *The American Economic Review*, 74 (março, 1984), pp. 1-9.

Lovins, Amory, L. Hunter Lovins, e Leonard Ross, "Nuclear Power and Nuclear Bombs," *Foreign Affairs* (verão de 1980), pp. 1137-77.

Luoma, Jon, "Troubled Skies, Troubled Waters" [acid rain], *Audubon*, 82 (novembro, 1980), pp. 88-111.

____, "Forests are Dying But Is Acid Rain Really to Blame," *Audubon*, 89 (março 1987), pp. 37-51.

____, "The $33 Billion Misunderstanding" [sewage plants and clean water], *Audubon*, 83 (novembro, 1981), pp. 110-27.

Mahler, Halfdan, "People," *Scientific American*, 243 (setembro, 1980), pp. 67-77.

Marden, Parker, G., Dennis G. Hodgson, Terry L. McCoy, *Population in the Global Arena: Actors Values, Policies, and Futures* (Nova York: Holt, Rinehart and Winston, 1982).

Mason, Jim Peter Singer, *Animal Factories* (Nova York: Crown Publishers, 1980).

McNamara, Robert, "Time Bomb or Myth: The Population Problem," *Foreign Affairs, 62 (verão de 1984)*, pp. 1107-31.

Meadows, Donella H., et al., *The Limits to Growth*, 2.a ed. (Nova York: Universe Books, 1974).

Merrick, Thomas, W., "World Population in Transition," *Population Bulletin*, 41 (abril, 1986), pp. 1-51.

Miller, Lynn, *Global Order: Values and Power in International Politics* (Boulder, Colorado: Westview Press, 1985).

Murphy, Elaine, *World Population: Toward the Next Century*, edição revista (Washington, DC: Population Reference Bureau, 1985).

Myers, Norman, "The Exhausted Earth," *Foreign Policy*, 42 (primavera de 1981), pp. 141-55.

____, "Room in the Ark?" *Bulletin of the Atomic Scientists*, 38 (novembro, 1982), pp. 44-8.

____, *The Primary Source* (Nova York: W.W. Norton, 1984).

National Audubon Society, *The Audubon Energy Plan* (Nova York: National Audubon Society, 1984).

National Research Council, *Energy in Transition 1985-2010* (San Francisco: W H. Freeman, 1980).

____, *Population Growth and Economic Development: Policy Questions* (Washington, DC: National Academy Press, 1986).

Nelkin, Doroty, "Some Social and Political Dimensions of Nuclear Power: Examples from Three Mile Island," *American Political Science Review*, 75 (março 1981), pp. 132-42.

Ophuls, William, *Ecology And the Politics of Scarcity* (San Francisco: W.H. Freeman, 1977).

Peterson, Jeannie (org.), "Nuclear War: The Aftermath," *Ambio*, 11, nº 2-3, (1982), pp. 76-176.

Pirages, Dennis, *The New Context for International Relations: Global Ecopolitics* (North Scituate, Mass.: Duxbury Press, 1978).

Population Reference Bureau, *World Population Data Sheet* (Washington, DC: Resources for the Future, 1982).

Presidential Commission on World Hunger, *Overcoming World Hunger: The Challenge Ahead* (Washington, DC: US Government Printing Office, 1980).

Prosterman, Roy L. *The Decline in Hunger-related Deaths*, The Hunger Project Papers, nº 1 (San Francisco: The Hunger Project, 1984).

Rasmussen, Wayne e Paul Stone, "Toward a Third Agricultural Revolution," *Food Policy and Farm Programs: Proceedings of the Academy of Political Science*, 34, 3 (1982), pp. 174-85.

Raven, Peter, "Tropical Rain Forests: A Global Responsability," *Natural History*, 90 (fevereiro, 1981), pp. 28-32.

Royston, Michael, "Making Pollution Prevention Pay," *Harvard Business Review* (novembro-dezembro, 1980), pp. 6-14.

Sagan, Carl, "Nuclear War and Climatic Catastrophe: Some Policy Implications," *Foreign Affairs*, 62 (inverno de 1983/4), pp. 257-92.

Sampson, R. Neil, "Soil Conservation," *Sierra* (novembro-dezembro, 1983), pp. 40-4.

Sant, Roger, Steven C. Carhard et al., *Eight Great Energy Myths: The Least-cost Energy Strategy - 1978-2000* (Arlington, Va.: Energy Productivity, Wolfgang, "Energy," *Scientific American*, 243 (setembro,1980), pp. 119-32.

Schell, Jonathan, *The Fate of the Earth* (Nova York: Avon Books, 1982).

Schumacher, E.F., *Small is Beautiful: Economics as if People Mattered* (Nova York: Harper and Row, 1973).

Scrimshaw, Nevin e Lance Taylor, "Food," *Scientific American*, 243 (setembro, 1980), pp. 78-88.

Short, R.V., "Breast Feeding," *Scientific American, 250 (abril, 1984), pp. 35-41.*

Simon, Julian, *The Ultimate Resource* (Princeton, NJ: Princeton University Press, 1981).

____, e Herman Kahn (org.), *The Resourceful Earth* (Oxford, Inglaterra: Basil Blackwell, 1984).

Singer, Peter, *Animal Liberation: A New Ethics for Our Treatment of Animals* (Nova York: New York Review, 1975).

Sivard, Ruth, *World Military and Social Expenditures* (Washington, DC: World Priorities, anual).

Skolnick, Jerome e Elliott Currie, *Crisis in American Institutions, 6ª ed. (Boston: Little, Brown, 1985).*

Smil, Vaclav, "Ecological Mismanagement in China," *Bulletin of the Atomic Scientists*, 38 (outubro, 1982), pp. 18-23.

Solar Energy Research Institute, *A New Prosperity: Building a Sustainable Energy Future* (Andover, Mass.: Brick House Publishing, 1981).

Solomon, Stephen, "The Controversy Over Infant Formula," *New York Times Magazine* (6 de dezembro de 1981), pp. 92-106.

Spinrad, Bernard, "Nuclear Power and Nuclear Weapons: The Connection is Tenuous," *Bulletin of the Atomic Scientists*, 39 (fevereiro, 1983), pp. 42-7.

Sprout, Harold e Margaret Sprout, *The Context of Environmental Politics* (Lexington, Ky: University Press of Kentucky, 1978).

Starr, Roger, "The Case for Nuclear Energy," *New York Times Magazine (8 de novembro de 1981), pp. 122-9.*

Steinhart, Peter, "The Second Green Revolution," *New York Times Magazine* (25 de outubro de 1981), pp. 46-64.

____, "Down in the Dumps" [solid wastes], *Audubon*, 88 (maio, 1986), pp. 104-9.

Stobaugh, Robert, e Daniel Yergin (org.), *Energy Future: Report of the Energy Project at the Harvard Business School* (Nova York: Ballantine Books, 1980).

Talbot, Ross, "Food in the American Political Economy," *Food Policy and Farm Programs: Proceedings of the Academy of Political Science*, 34 (1982), pp. 1-11.

Tarrant, John R., *Food Policies* (Nova York: John Wiley, 1980).

Thompson, Starley and Stephen Schneider, "Nuclear Winter Reappraised," *Foreign Affairs*, 64 (verão de 1986), pp. 981-1005.

Thurow, Lester, *The Zero-sum Society: Distribution and Possibilities for Economic Change* (Nova York: Basic Books, 1980).

Uhl, Christopher, "You Can Keep a Good Forest Down," *Natural History*, 92 (abril, 1983), pp. 71-9.

Ward, Barbara, *Progress for a Small Planet* (Nova York: W.W. Norton, 1979).

Weaver, James e Kenneth Jameson, *Economic Development: Competing Paradigms* (Washington, DC: University Press of America, 1981).

Weir, David e Mark Schapiro, *Circle of Poison* (San Francisco: Institute for Food and Development Policy, 1981).

Wolterding, Martin, "The Poisoning of Central America," *Sierra* (setembro-outubro, 1981), pp. 63-7.

World Bank, *World Development Report* (Nova York: Oxford University Press, anual).

World Resources Institute, *journal* (Washington, DC: World Resources Institute, anual).

____ e International Institute for Environment and Development, *World Resources* (Nova York: Basic Books, anual).

Yergin, Daniel e Martin Hillenbrand (org.) *Global Insecurity: A Strategy for Energy and Economic Renewal* (Boston: Houghton Mifflin, 1982).

Índice analítico e onomástico